検証・アジア経済

深化する相互依存と経済連携

石川幸一・馬田啓一・清水一史

［編著］

文眞堂

はしがき

　21 世紀はアジアの世紀といわれて久しい。アジア開発銀行は，世界の GDP に占めるアジアのシェアは，「中所得の罠」に陥らなければ2050 年には 50% を超えると推測している。長期的にみてアジアが世界の成長地域であり世界経済を牽引することは間違いないだろう。

　しかし，現在，アジア経済は多くの課題に直面している。過去 40 年にわたりアジアの成長を牽引してきた中国経済は「新常態」とよばれる成長率の低下局面に入っている。東アジアの多くの国で中国が最大の輸出相手となるなど中国への経済的依存を高めてきており，中国の成長率低下はアジア各国の景気の後退要因となっている。また，鉄鋼など中国の過剰設備と過剰生産による価格の低下はアジア各国に波及している。

　こうした現下の問題だけでなく，アジア各国は構造的な問題に直面している。アジア主要国に共通しているのは「中所得の罠」である。中所得レベルに達したアジアの国の成長率の低下は，中国やタイ，マレーシアなど ASEAN でも起きており，その要因として「中所得の罠」が指摘されている。

　「中所得の罠」に陥らないためには産業の高度化が必要だが，そのための対応は不十分だ。産業人材は不足しており，教育や研究・開発の質の向上（国によっては量の拡充）が急務である。新しい産業，技術の導入には，外国投資の誘致が引き続き必要であり，投資環境の改善，インフラストラクチャーの整備，サービスや投資の自由化は引き続き継続しなければならない。

　人口動態の面では，中国，韓国，シンガポール，タイなどで合計特殊出生率が低下し高齢化が進展している。高齢化は貯蓄率の低下，社会保障経費の増加，労働力の逼迫などの問題を生み出し，成長率低下の要因となっている。シンガポールを除き，豊かになる前に老いる（未富先老）現象が起きている。

　アジア経済にとり新たなリスクとなりつつあるのが，米国のトランプ政権の保護主義である。トランプ大統領は TPP から永久に離脱する大統領令に署名

し，米国はTPPから離脱した。トランプ大統領は米国第一主義の下で二国間貿易不均衡を問題視し，メキシコや中国からの輸入に高関税賦課をちらつかせるなど保護主義的な姿勢を強めている。保護主義が連鎖的に拡大すれば，自由な貿易体制の下で世界を市場として成長してきたアジア経済に大きな打撃となる。

アジアは保護主義に反対し，自由貿易を推進して行くべきである。RCEPなどアジア域内およびEUなど域外のFTA締結を推進して行くことが急務である。アジアには多国籍企業を中心に構築された強固な生産ネットワークがあり，道路や港湾などインフラストラクチャーの建設ニーズも大きい。前政権で構造改革を進めたフィリピンやCLMVは比較的高い成長を維持しており，経済を成長させるアジア域内の基盤は脆弱ではない。

このようなアジア経済の現況と課題の把握と展望を示すことを目指して，本書はマクロ経済，貿易・投資，通貨・金融，経済連携の4つの視点で検証を行っており，次のように4部で構成されている。

第1部「アジア経済の現状と問題点」では，第1章で新常態局面に入った中国経済の現状と成長率低下の構造的要因を分析するとともに「供給側改革」の検証を行い，解決が先送りされ問題が深刻化しているとして「正念場」を迎えていると指摘している。第2章では韓国の中国への経済的依存を実体経済と金融協力の2つの面で検証し，中国依存の高まりにより韓国経済は景気の長期低迷と通貨暴落のリスクが高まっていると論じている。第3章では世界の成長センターとして注目されるASEANを発展レベルに分けて現状と課題を論じ，中所得国から脱出するために方策を提案している。第4章では，購買力平価では世界3位の経済大国インドの発展の軌跡を踏まえて分断社会インドの成長戦略の課題として2つの公共政策と先駆する州の事例を検討している。

第2部「深まるアジア経済の相互依存」では，第5章でアジアの経済統合の中核となっているASEANのFTAについて，経緯，現状，特徴と問題などを実務的な面を含め詳述している。第6章では，東アジア最後のフロンティアと呼ばれるCLMV諸国の産業集積の現状を中国とタイとの中間財貿易の動きを分析することにより描出している。第7章は，電機電子産業を取り上げて東アジアの生産ネットワークの形成を概観し，産業集積を製品アーキテクチュアの

特性と関連させて分析しアジア経済圏の展望を行っている．第8章は中国，インドネシア，タイ，カンボジア，ミャンマーの輸入におけるASEAN中国FTAとAFTAの関税削減効果を貿易統計とFTAの関税削減表の分析により計測している．

　第3部「アジアの通貨・金融：新たな課題」では，第9章で，アジア通貨危機後の東アジアの通貨・金融協力をチェンマイ・イニシアチブ，AMRO，債券市場育成イニシアチブなどASEAN＋3の枠組みでの取組みを検討し，通貨・金融協力の課題を論じている．第10章では，SDR構成通貨になった人民元の国際化の現状を冷静に分析するとともに特色の指摘と評価を行い「真の国際通貨」への課題を指摘している．第11章は，中国とEUと経済協力関係を詳細にみた上，「名を捨てて実を取る」戦略によりAIIBに参加したEUは中国と協力しユーラシア大陸で様々な分野でデファクトスタンダードを作っていくとして「名をとって実を捨てた」日本と対比して論じている．

　第4部「重層的なアジアの経済連携：今後の行方」では，第12章で，ASEANの経済統合の歩みを世界経済の構造変化の中で分析評価し，2015年末に創設されたASEAN経済共同体について目標の実現状況を検討し2025年に向けての課題を論じている．第13章では，東アジアのメガFTAとして重要性を増しているRCEPの経緯，交渉の概況，意義と課題について論じている．第14章では，日中韓の貿易構造の分析を踏まえ，機械関連産業の輸出構造の類似性を指摘し，日中韓FTAの重要性と投資障壁の高さを課題として論じている．第15章では，トランプ政権のTPP離脱により発効の見通しがなくなったTPPのFTAAP構想における役割，21世紀型貿易ルールとしての重要性，日本の成長戦略における意義，中国の国家資本主義とTPPなどについて論じた上で，補完協定に向けた再交渉を提案している．第16章では，65カ国が係わり世界で注目されている中国の一帯一路戦略を習近平ら国家主席の外交と経済交流事業の事例を検討することにより，進展状況と内容を明らかにし「一帯一路FTA」構築を今後のプロセスとする「運命共同体」建設に向かっていると論じている．

　このように本書は，極めて多角的にアジア経済の現状と課題，そして展望を論じている．執筆者はアジア経済，アジアの経済連携の分野で活躍している気

鋭の研究者である。研究者だけでなく，アジアに関わるビジネス関係者，アジア経済を学んでいる学生を読者として想定しており，平易な記述と判りやすい説明を心がけた。本書がアジア経済の現状，課題，将来に関心を持つ方々に役立てば幸甚である。

　末筆になるが，本書の刊行を引き受けていただいた文眞堂の前野隆社長，編集の労をとって頂いた前野眞司氏および編集部の皆様に心からの御礼を申し上げたい。

2017 年 2 月

編著者

目　次

はしがき ……………………………………………………………… i

第1部　アジア経済の現状と問題点 ………………………… 1

第1章　中国経済の減速と構造改革 ………………（遊川　和郎）… 2

はじめに ……………………………………………………………… 2
第1節　中国経済減速の構造的要因と「新常態」………………… 3
第2節　「供給側改革」……………………………………………… 7
第3節　迷走する経済政策 ………………………………………… 11

第2章　韓国経済のリスク：
　　　　対中依存による問題点 ………………（高安　雄一）… 16

はじめに ……………………………………………………………… 16
第1節　実体経済面における中国依存 …………………………… 17
第2節　金融協力面における中国依存 …………………………… 22
おわりに ……………………………………………………………… 26

第3章　ASEAN経済と中所得国の罠：
　　　　農・食・観光クラスターの提案 ………（朽木　昭文）… 28

はじめに ……………………………………………………………… 28
第1節　世界成長センターのASEAN …………………………… 29
第2節　産業構造の高度化が必要なASEAN：
　　　　安定したマクロ経済とサービス化する産業 …………… 32
第3節　ASEANの投資環境 ……………………………………… 40
第4節　シンガポールの食・観光クラスター形成 ……………… 41

第5節　ベトナム・ラムドン省・ダラットの農・食・観光クラスターの形成 ………………………………………………………… 48
　　第6節　今後の課題 ……………………………………………… 50

第4章　インド成長戦略の課題：
　　　　分断社会の長期的成長 ……………………（吉竹　広次）… 51

　　はじめに ………………………………………………………… 51
　　第1節　「輝くインド」 …………………………………………… 52
　　第2節　「不確かな栄光」 ………………………………………… 54
　　第3節　「世界最大の民主主義国家」と分断社会 ……………… 57
　　第4節　分断社会インドの長期的成長 ………………………… 60

第2部　深まるアジア経済の相互依存 ………………………………… 65

第5章　ASEANのFTA：その問題点 …………（助川　成也）… 66

　　はじめに ………………………………………………………… 66
　　第1節　ASEANのFTA形成の変遷 ………………………… 67
　　第2節　ASEANが締結するFTAの特徴と問題点 ………… 78
　　おわりに ………………………………………………………… 90

第6章　メコンの産業集積：
　　　　チャイナ+1とタイ+1 ………………………（大木　博巳）… 94

　　はじめに ………………………………………………………… 94
　　第1節　CLMVの貿易と直接投資受入れ …………………… 95
　　第2節　チャイナ+1としてのベトナム ……………………… 100
　　第3節　タイ+1としてのCLMV ……………………………… 107
　　第4節　CLMVの課題 ………………………………………… 114

第7章　東アジアの生産ネットワークとアジア企業：電機電子産業の事例から……………………（春日　尚雄）… 116

はじめに …………………………………………………………………… 116
第1節　東アジアにおける域内貿易拡大と生産ネットワーク ……… 117
第2節　電機電子産業のアジア生産状況 ………………………………… 119
第3節　産業集積の形成とアジア経済圏のゆくえ …………………… 123

第8章　東アジアのFTAの経済効果 ……………（高橋　俊樹）… 129

はじめに …………………………………………………………………… 129
第1節　ACFTAとAFTAの国別の平均関税率 ………………………… 131
第2節　中国，インドネシア，タイ，カンボジア，ミャンマーの
　　　　ACFTA効果を比較する ……………………………………… 137
第3節　インドネシア，タイ，カンボジア，ミャンマーにおける
　　　　AFTAの関税削減効果 ………………………………………… 144

第3部　アジアの通貨・金融：新たな課題 …………… 151

第9章　通貨危機後の通貨・金融協力 ……………（赤羽　裕）… 152

はじめに …………………………………………………………………… 152
第1節　ASEAN+3による通貨・金融協力の取組 …………………… 153
第2節　ASEAN+3による各種施策の現状と方向性 ………………… 158
第3節　アジアにおける通貨・金融協力の課題と展望 ……………… 161

第10章　中国の人民元の国際化は本物か ………（中條　誠一）… 170

はじめに …………………………………………………………………… 170
第1節　人民元の国際化はどこまで進んだか ………………………… 171
第2節　人民元の国際化の特色と評価 ………………………………… 175
おわりに …………………………………………………………………… 180

第11章　なぜヨーロッパがAIIBに参加するのか
……………………………………………（川野　祐司）… 183

   はじめに …………………………………………………………… 183
   第1節　動き出したAIIB ………………………………………… 184
   第2節　ヨーロッパと中国の経済関係 …………………………… 186
   第3節　日本はどうかかわるべきか ……………………………… 191

第4部　重層的なアジアの経済連携：今後の行方 ……… 195

第12章　ASEAN経済共同体の創設と新たな目標：
　　　　世界経済の構造変化の下での経済統合の深化
……………………………………………（清水　一史）… 196

   はじめに …………………………………………………………… 196
   第1節　2015年末のAEC創設とASEAN経済統合 …………… 197
   第2節　世界経済の構造変化と経済統合の深化 ………………… 202
   第3節　AECの新たな目標：「AECブループリント2025」…… 205
   おわりに …………………………………………………………… 208

第13章　RCEPの概要と課題 ………………（石川　幸一）… 212

   はじめに …………………………………………………………… 212
   第1節　アジアの広域FTAとしてのRCEP …………………… 213
   第2節　RCEPの概要 …………………………………………… 216
   第3節　RCEPの課題 …………………………………………… 221
   第4節　FTAAPに向けて ………………………………………… 224

第14章　日中韓の貿易構造とFTA ………（前野　高章）… 228

   はじめに …………………………………………………………… 228
   第1節　東アジアの貿易拡大と日中韓の国際分業の位置づけ … 229
   第2節　日中韓の貿易構造と貿易構造の類似性 ………………… 232

第3節　日中韓 FTA への課題とむすび ………………………………… 239

第15章　先行き不透明となった TPP と FTAAP：
　　　　アジア太平洋の新通商秩序に暗雲 ……（馬田　啓一）… 244

　はじめに ……………………………………………………………………… 244
　第1節　FTAAP 構想と TPP の役割 …………………………………… 245
　第2節　21世紀型の貿易ルールと TPP ………………………………… 247
　第3節　土壇場で決着した TPP，トランプ・ショックで風前の灯 … 248
　第4節　日本の成長戦略と TPP の意義 ………………………………… 250
　第5節　TPP と中国の国家資本主義 …………………………………… 252
　第6節　APEC の新たな争点：不透明となった FTAAP への道筋 … 253
　第7節　TPP 頓挫で一番喜ぶのは中国 ………………………………… 256
　第8節　日本の通商戦略は正念場：TPP の落としどころ …………… 257

第16章　中国の一帯一路構想の可能性：
　　　　習近平国家主席の一帯一路外交から見た視点
　　　　……………………………………………（江原　規由）… 261

　はじめに ……………………………………………………………………… 261
　第1節　一帯一路戦略の要点 ……………………………………………… 262
　第2節　一帯一路戦略は習外交の最前線 ………………………………… 263
　第3節　関係国の発展戦略と連携することで一帯一路戦略を推進 …… 265
　第4節　中・東欧諸国との経済交流・協力事業 ………………………… 267
　第5節　中・東欧諸国との経済交流・協力事業の最近の事例：
　　　　　セルビア，ポーランド，ウズベキスタンを中心に ………… 268
　第6節　一帯一路 FTA に向けた習外交の布石 ………………………… 272
　第7節　一帯一路 FTA に向けた習外交の次の一手に期待 …………… 275

索引 …………………………………………………………………………… 278

第1部
アジア経済の現状と問題点

第1章

中国経済の減速と構造改革

はじめに

　1980年代からの改革・開放政策で驚異的な高成長を実現した中国経済がそれを維持することが困難な局面に入っている。第11次五カ年計画期（2006～10年）には平均11.2％だった成長率は，第12次（11～15年）で同7.8％に低下し，2015年は6.9％と天安門事件直後の1990年以来25年ぶりの低水準となった。第13次（16～20年）では，平均6.5％の目標を掲げているが，その達成は楽観できない状況となっている。

　中国経済についてはこれまでも悲観論が語られることがあったが，過去の指摘とは根本的に異なった状態と認識した方がよい。まず，経済の発展段階として高度成長期はすでに終焉した。改革・開放政策が始まった1979年から2015年までの37年間，年平均9.6％の成長で1人当たりGDPは約8000米ドル（2015年）に達したが，「中所得国の罠」と呼ばれる成長の壁に突き当たっている。景気局面では，2008年のリーマン・ショックを受けて実施した4兆元の大型公共投資によって膨らんだ各種の債務や生産設備の過剰，不動産バブルといった負の遺産の清算を行わなければ次に進めない状況にある。その一方で，2010年に日本を上回った経済規模はすでに日本の約2倍に相当し，中国経済を救済できる国はどこにも存在しない。中国経済の変調が世界経済に与える影響は大きく，極端なショック療法を採ることもできない。持続的な成長のために取り組む改革も，着手できるところはすでに着手済みで，残された国有企業，人民元などの改革はその難度も高い。成長を持続させるための政策もすでに出尽くし感があり，打てる政策の余地も少なくなっている。さらに反腐敗を進める習近平指導部の政局運営は，行政や企業行動を委縮させ，政権内部の

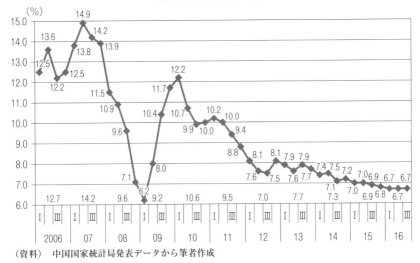

第1-1図　中国経済の推移

(資料)　中国国家統計局発表データから筆者作成

安定性や経済政策をめぐる考え方の不一致も散見される。

　本章では，中国経済が直面している課題とその対策の有効性について検証する。

第1節　中国経済減速の構造的要因と「新常態」

1．減速の構造的要因

　まず，成長減速の構造的要因から見てみよう。第1に挙げられるのが，人口構成の変化である。15〜60歳未満の生産年齢人口は2011年の9億4072万人をピークに減少に転じ，15年は9億2547万人とわずか4年で1525万人減少した。2014年から夫婦どちらかが一人っ子ならば第二子の出産を認めるよう，1980年代から続く一人っ子政策を緩和したものの，期待したほどの効果は上がらず，16年からは例外なく二人目を認めることとした。15年の出生数1687万人に対し，一人っ子の制限撤廃でピーク時には同2000万人を超え，2050年時点での生産年齢人口はこれまでの予測よりも約3000万人増えるとし

ている[1]。しかし，高齢者は増加の一途であり，社会保障費の増大も避けられない。

その間にも労働力のひっ迫は現実で，格差是正を図る胡錦濤・温家宝前指導部の方針もあり，最低賃金は2009年から15年の間に主要都市でほぼ2倍に引き上げられた。こうした短期間での急激な賃金上昇で低コストの優勢性は消失する一方で，産業構造の高度化は追い付かず，中所得国の罠に直面する結果となった。

次に，住宅と自動車の需要爆発期が終焉したことである。1990年代後半に始まった国有企業改革に伴ってそれまで職場が安価な賃貸で提供していた住宅を個人が市場で取得するようになった。これが2000年代の不動産ブームである。当初は手頃だった住宅価格も大都市を中心に急激な値上がりを始め，これがまた資産として購買意欲を刺激した。しかし，北京や上海などの物件はすでに庶民の購買能力を超えてバブル化する一方，都市部で購入できる層の取得は

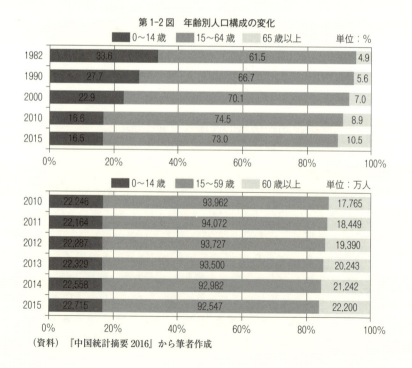

第1-2図　年齢別人口構成の変化

（資料）『中国統計摘要2016』から筆者作成

第1-3図　上昇した最低賃金

（資料）　各種報道から筆者作成

第1-4図　住宅売出し面積・投資額の推移

（資料）　『中国統計摘要2016』から筆者作成

一巡した。物件の売り出し面積も13年をピークにその後は停滞している。

　自動車もWTO加盟の2001年以降急激に庶民の購買意欲が高まり，中国国内の生産・販売台数200万台から10倍以上へ急増した。その間，2009年には米国を抜き世界一となり，2014年の千人当たり乗用車保有台数100台超えた。このように，中国経済はこれまでの延長線上で成長を続けることは不可能な状況となっている。

2.「新常態」の出現

 こうして成長率の低下が避けられないなか，習近平総書記は 2014 年 5 月に初めてこれを「新常態（ニューノーマル）」と呼び，過去とは異なる対応を求めた。ニューノーマルは元々，米国の債券運用会社 CEO が 09 年に提唱した概念で，信用の急激な膨張と収縮（リーマン・ショック）を経験した世界経済はそれ以前の状態には戻れない，といった意味合いだった。中国では，成長速度の減速転換，構造調整に伴う陣痛，過去の景気刺激（過剰設備問題等）の消化，という 3 つのタイミングが重なった状態（「三期畳加」）での経済現象を指し，具体的に以下の特徴を挙げている[2]。

 1 つはかつての 10％前後という高成長から 7〜8％の中高速成長への転換，成長速度のギアチェンジである。中国経済は過去 30 数年の高速成長を実現したが，持続可能な中高速（中程度の高速）成長の段階に入り，以前のような高成長を維持することは不可能でもあり，その追求をする必要もない。多くの国では 8％以上の高成長から 4％前後の中成長へと直接ギア転換したが，中国の場合，地域により成長のアンバランスがあるため，なお中高速の成長が可能である。

 次に，経済構造の全面的な変化である。2012 年に第 3 次産業が第 2 次産業を GDP で上回り，消費の成長寄与度が投資を上回った。都市人口が農村人口を上回り（2011 年），新型城鎮化（都市化）政策によって都市と農村の構造的な格差は縮小に向かい始めた。改革開放以来の所得の伸びは都市部住民 7.4％，農村部住民 7.5％と GDP 成長率（9.8％），財政収入（14.6％）を下回っていたが，今後所得の伸びが GDP の伸びを上回る可能性も出てきた。こうした経済構造の変化とともに，時代遅れの技術や過剰能力を抱える産業の淘汰が始まった。これらの変化に応じた最適化，高度化が必要となる。

 第 3 に，労働力，資源，土地等諸コスト上昇により，既存の製造業で従来型の成長を維持することは困難であり，新しい成長エンジンへの転換が必要である。要素投入型から技術革新けん引への成長へ向かうことが望まれる。

 第 4 に，不動産，地方債務，金融等の潜在的なリスクの顕在化や複合化の恐れを有しており，細心の注意が必要な局面に直面している。

第2節　「供給側改革」

1.「新常態」後の経済状況

　毎年春の全国人民代表大会（全人代）で打ちだされる成長率目標は2012年に8％から7.5％に，15年はさらに7％前後へと引き下げられ，15年第3四半期は6.9％とリーマン・ショック直後（09年第1四半期）以来の7％割れとなった。習近平体制発足以来，景気は減速傾向が続いているが，これは指導部の方針として，成長（景気刺激）よりも改革（構造調整）を優先する姿勢を打ちだしたことに起因する。

　しかし，構造調整は時間を要し，その間にも成長率はじりじりと下げ続ける。14年11月以来，政策金利を6回小刻みに計1.65％，預金準備率を2015年に4回計2.5％引き下げたものの効果は限定的で，当面を持ちこたえるための政策手段が少なくなったのも事実である。中国では金融政策よりも4兆元景気対策に代表される財政政策の方が効果は顕著だが，大型の財政出動による公共投資に踏み切るのは構造改革に逆行する。その結果，2015年11月の中央財経指導小組での会議以降，突如として出てきた処方箋が「供給側（サプライサイド）改革」である。投資・消費・輸出という需要面から供給側（企業）に軸足を移し，歳出増ではなく減税によって経済活動を活性化しようとするのが大きな特徴である。1980年代の米国レーガノミクスで注目された手法だが，「新常態」同様，中国では独自の含意を持った用語となっている。

　「供給側改革」が提起されたのは，製造業の過剰設備，企業の債務，不動産在庫，というリーマン・ショック以来積み上がった負の遺産を解消しなければ景気は上向かないと指導部が強く認識したことによる。企業は工業製品価格の下落や業績悪化の長期化で身動きが取れない一方，消費自体は海外での爆買いに見られるように旺盛であり，1つ上を求める消費者のニーズに合った製品が造られていないこともその問題意識に含まれている。

第 1-1 表 「供給側改革」による 2016 年の五大任務

	任　務	主な施策	予想される問題点
1	過剰生産能力の消化	・統合・再編を主に破産も ・財政による不良資産処置，失業対策推進 ・新たな設備増強抑制	・雇用への影響 ・行政の介入による恣意的な企業選別 ・金融リスク増大
2	企業コスト削減	・企業の税・費用負担軽減 ・企業の社会保険負担軽減 ・資金調達コスト軽減 ・物流コス低減 ・電力料金値下げ	・これまでも再三指摘されてきた課題。どこまで実効性のある措置が可能か
3	不動産在庫の消化	・農民工の住宅取得促進 ・保障住宅による在庫買取り ・賃貸市場の発展 ・購入制限など過去の抑制策廃止 ・不動産企業の再編	・戸籍・都市化政策の速やかな施行が不可欠 ・都市毎に状況が異なる ・地方の土地売却収入減
4	有効な供給の拡大	・ピンポイントでの貧困対策 ・企業の技術改造投資支援 ・イノベーション促進	・効果は未知数
5	金融リスクの予防・解消	・システミックリスク，地域的リスクの未然防止 ・デフォルトの法律に基く処置 ・地方政府の債務リスク解消 ・各種資金調達行為の規範化	・企業淘汰加速に伴う不良債権増 ・地方債務問題の再燃 ・人民元レートの不安定

（資料）　中国紙報道を参考に筆者作成

2. 過剰設備の解消

　過剰設備（過剰生産能力）については 2013 年 10 月，政府は「生産能力の深刻な過剰矛盾解消に関する指導意見」を出し，鉄鋼・セメント・電解アルミ・板ガラス・船舶の 5 業種を対象に対策を示しているもののその後も実効は上がっていない。なかでも最も深刻なのが鉄鋼である。中国の粗鋼生産量は 2000 年の 1.2 億トン台から 2014 年には 8.2 億トンに達した。設備能力は約 11 億トンで稼働率は 7 割強にとどまる。中国の需要は約 7 億トンとみられ，余剰分は輸出に回り，世界の鋼材市況にも悪影響を与えている。世界の余剰生産能力は 7 億トン超で，日本の粗鋼生産の 7 年分，中国がいかに過剰な生産設備を抱えているか明白である。2015 年，中国の粗鋼生産は 8.0 億トン（前年比

2.3％減）と1982年以降初めての減産となった。しかし鋼材価格の下落は止まらず，約半数の企業が赤字で赤字額は1000億元規模にもなる。従業員1人当たりの生産量は年間約500トンで日本の同業と比べると4分の1以下にとどまる。まだまだ設備と人の過剰は解消されていない。政府は2016～20年の5年間で設備を1～1.5億トン，人員を50万人削減する目標を掲げているが，その実現と効果はなお未知数である。

　石炭も過剰生産が深刻な業種である。2013年の39.7億トンをピークに，2015年には37.5億トンまで減産したが生産能力は57億トンもあり，2016年から3～5年かけて5億トンの設備削減，企業再編で5億トンの生産削減を計画している。石炭の赤字企業は9割に上り，同期間で130万人を削減する見通しである。石炭は炭鉱が集中している山西省や内蒙古，東北など地域経済への打撃も大きい。

　セメントは不動産ブームに支えられて大幅な増産が続いていたが，同ブームの終焉で2015年は23.6億トン（前年比5.3％減）と1990年以来の減産を記録した。それでも同年の世界のセメント生産の57％に相当し，生産能力はなお約40億トンもある。

　過剰設備の解消には，優勝劣敗による淘汰を進めるしかない。しかし現実には赤字を垂れ流しながら延命を続ける「僵屍（ゾンビ）企業」が無数に存在する。破綻させなければ不良債権や雇用問題が表面化しないため，地方政府も金融機関もなかなか手を下さない。1990年代末の国有企業改革では約10年をかけて3900万人という未曾有の規模で人員削減を行ったほか，2008年のリーマン・ショックでは沿海部の出稼ぎ1200万が失職，帰郷した例があり，それに比べれば，鉄鋼・石炭両業種で180万人の削減規模は小さく見えるが，重厚長大の不況業種が集中する地方では特に，再雇用は容易でないため可能な限り統合・再編を軸にして破産処理は多用しない方針をとっている。

3. 過剰債務問題

　2つ目の負の遺産が過大な債務である。中国政府の発表では，2015年末の総債務は168.5兆元で同年のGDP比249％に相当する。そのうち政府部門が中央10.7兆元，地方16兆元で合わせてGDP比約40％（保証債務を含む），家

第1-2表　商業銀行の債権分類（2015年末）

正常債権	71兆9756億元	（94.54％）
要注意債権	2兆8854億元	（3.79％）
不良債権	1兆2744億元	（1.67％）
うち破綻懸念先	5923億元	
うち実質破綻先	5283億元	
うち破綻先	1539億元	
貸倒引当金	2兆3089億元	
引当率	181.20％	

（資料）　中国銀監会資料から筆者作成

計も同約40％、残りの170％相当が企業部門の債務である。主要国と比べて政府債務の比率は小さい一方で、逆に民間債務の比率は日本のバブル期に相当する。中国の場合、家計の貯蓄率が高いことや最終的に企業の債務を政府が肩代わりする可能性もあり、他国と単純な比較はできないものの、4兆元対策前の2008年の同比率が148％であったことを考えると、それ以降の成長の中身が借金に依存し健全とは言えないことを示している。

　企業債務の増加は銀行の不良債権増加の前段階である。16年6月末時点での銀行の不良債権残高は前年同期比32％も増加した。不良債権比率は1.75％とそれほど大きくは見えないが、その予備軍である「関注」（要注意）債権の4.03％を合わせると5.78％に膨らみ、実態はさらに悪いのではという疑念も持たれている。

　過剰債務解消の切り札と目されているのが、債務の株式化（「債転股」Debt Equity Swap）と呼ばれる手法である。1990年代末、4大国有商業銀行が資産管理会社を設立して国有企業改革に伴う不良債権を切り離して経営健全化を実現した例がある。今回は銀行本体が貸出債権を株式転換することを可能にする方向で進められているが、現状では不良債権が株式に置き換わるだけにすぎない可能性の方が高い。また債務株式化の運用基準が明確でなければ、ゾンビ企業の延命につながるだけの危険性もある。

4. 不動産在庫の処理

　3つ目の負の遺産が膨大な不動産在庫である。住宅・オフィス・商業施設を合わせた在庫は7.14億m^2（2016年6月末）で，うち4.36億m^{2}が住宅である。さらに建設中が67億m^2（うち住宅46億m^2）もある。不動産市場は2000年代を通して過熱していたため2010〜11年にかけて2軒目の購入規制をしたが，その後市場が急激に冷え込んだことから2014年以降規制は緩和に転じた。需給状況は都市によって大きな差があり，一・二線都市（直轄市や省都など主要大都市）では売れ行きが回復する一方で，三・四線都市（地方の中小都市）では深刻な状況が続く。住宅在庫面積を月間販売面積で割った「消化月数」でみると，平均では約12ヵ月，三線都市になると20ヵ月にもなる。在庫の消化には，農民工など非戸籍居住者の住宅取得促進や保障性住宅による在庫買い取り，賃貸物件への投資奨励など買い手探しが中心である。2015年末の中央経済工作会議が中央都市工作会議（1978年以来）とセットで開催されたことからもわかるように都市化の制度的な進展がカギとなる。

第3節　迷走する経済政策

　2015年末に「供給側改革」を打ち出した後，2016年は第1四半期から3期連続で実質成長率は6.7％と横ばいで，景気は下げ止まっているようにも見えるが，実態は打ち出した経済政策が期待した効果を上げないまま停滞が続いている。

　大きな特徴の1つは，民間投資の伸びが2016年に入って月を追って鈍化し，その不振が全体に大きく影響していることである。2015年は固定資産投資全体の伸びとほぼ同じだったが，2016年1〜5月は全体が前年同期比9.6％に対し，民間投資は同3.9％に落ち込んだ（2000年以来最低）。民間投資が全体に占める割合は近年65〜70％の間だったが62％まで落ち込んだ。

　危機感を抱いた政府は5月下旬，9組の調査チームを18省市に緊急派遣して原因究明にあたらせた。その結果は，①民営企業に対する公平待遇が実現していない，②資金調達が困難，③行政手続きが依然として煩瑣，④コスト

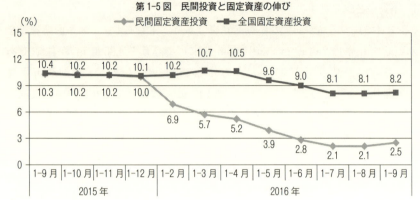

第1-5図 民間投資と固定資産の伸び

（出所）国家統計局HP（2016年10月27日確認）http://www.stats.gov.cn/tjsj/zxfb/201610/t20161019_1411212.html

負担が大きく投資意欲に影響，といった理由に集約された。どれも何年も前から指摘され，供給側改革の中でも取り上げられていた課題であり，今に始まった話ではない。そもそも「簡政放権」（規制緩和）による経済活性化は李首相の一丁目一番地の政策だったはずであり，それが現場では全く効果を表していなかったということだ。

上述の理由にはないが，反腐敗によって企業，役人ともに委縮していることも影響があるだろう。

2つ目の問題は，過剰設備の淘汰が中途半端に進行していることである。2016年7月末の時点で，鉄鋼（粗鋼）は年間削減目標の4500万トンに対し，進捗率47％，石炭は同2.5億トンに対し，同38％にとどまり，政府も計画が難渋していることを明らかにした[3]。ところが9月末時点では一転して鉄鋼，石炭ともに進捗率は80％を超え，年間目標は前倒しで達成可能と発表された[4]。わずか2カ月の間に何が起こったのか。いずれも7月末時点の発表を受けて政府が強力に能力削減を進め減産が進むとの思惑から投機マネーが流入し，価格は回復し業績も好転するところが出始めた。一部の鉄鋼メーカーは増産に転じ，物価の安定を狙う政府が石炭大手に増産を命令するなど，設備淘汰の目先の優先順位は下がってしまった。

もう1つの大きな問題は，2016年に入って一部都市の不動産（住宅価格）

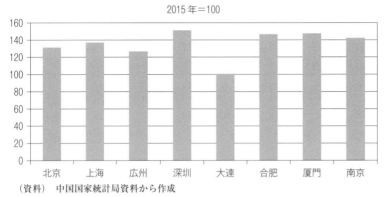

第1-6図 地方都市の不動産高騰（2016年9月）
2015年＝100
（資料）中国国家統計局資料から作成

が急騰し，制御できなくなっていることである。2016年の目標で掲げたのは不動産在庫の処理であって，不動産市況のテコ入れではない。一線都市と呼ばれる北京，上海，広州，深圳のみならず，南京，厦門，合肥などの地方都市の上昇幅が大きい。

　一部都市の不動産が急騰したのは，資産運用の手段が国内株式と不動産に限られる中，2015年夏以来の上海株式市場の急落で投機資金が不動産に流入した。景気が低迷する中で低金利が続き，緩和マネーの制御は個別の需要抑制策に限定される。各都市が2軒目以降の頭金比率の引き上げや非居住者（国内他都市）の購入制限を強化するなど方策は限られる。

　このように，「供給側改革」は当初の目的を果たせず，解決すべき課題を先送りしたまま問題はより深刻，複雑になりつつある。2016年3月の全国人民代表大会（全人代）で承認された第13次五カ年計画（2016～20）では，6.5％という平均成長率の目標が示された。この目標数値は2020年に「全面的な小康」を達成するためにGDPを2010年比倍増するとした大目標からの逆算であるが，社会の安定を維持し一定の成長を必要とする政府の対応も構造改革一辺倒にはなりにくい。構造改革は長期化することが予想される一方，打ち出す経済政策がきちんと効果を現していないことに対する苛立ちが政権内に存在していることも事実である。「供給側改革」は即効性を期待できる政策ではない。これを突破口にしてこれまで中国経済の足を引っ張っていた問題に正面か

第 1-3 表　緩和と引き締めを繰り返す不動産

	規制・緩和内容
2010/4/17 「国十条」49 都市で実施	2 軒目の頭金 50％以上。基準金利の 1.1 倍以上。ローンの有無に関係なく 1 軒所有していれば「2 軒目」。
2011/1/26「新国八条」	ローンで 2 軒目購入の場合，頭金 60％以上。基準金利の 1.1 倍以上。
2014/9/30	1 軒目は基準金利の 0.7 倍以上に引き下げ。1 軒目がローン返済済みで居住条件改善のため購入の場合，1 軒目と見なす。年末までに 42 都市が「限購令（購入制限）」解除。
2015/3/30 「3・30」	1 軒目ローン未返済で居住条件改善のため商業ローン利用の場合，頭金 40％以上に。
2015/8/31	1 軒目返済済みの場合，積立金ローンの頭金を 30％から 20％に引下げ。
2015/9/30	1 軒目の頭金を 25％以上に（「限購」不実施都市）。
2016/2/2	1 軒目の頭金をさらに 5％引下げ可（20％以上，「限購」不実施都市） 1 軒目ローン未完了でも頭金 30％以上（従前 40％）でローン可
2016/2/22	契税（不動産取引税）：1 軒目 90㎡以下 1％，90m^2 以上 1.5％に。2 軒目 90m^2 以下 1％，90m^2 以上 2％。営業税：個人が購入 2 年以上の物件を売却する場合，免除（2 年未満は徴収）。北京，上海，広州，深圳は 2 軒目の契税，営業税優遇政策は暫時不適用。
2016/3/25 上海市の規制再強化	① 非上海戸籍家庭の条件強化 　購入前 3 年内に個人所得税（又は社保）2 年以上→購入前連続 5 年以上　企業購入の住宅市場売却は 3 年後以上 ② 住宅ローン規制強化 　2 軒目の頭金 50％以上。自家用の「非普通住宅」は 70％以上。頭金は自己資金。
2016/10〜	20 都市超で相次いで購入制限策。（頭金比率の引き上げ，非現地居住者の購入制限等）

（注）　ゴチックは購入規制（引き締め）
（資料）　中国紙報道から筆者作成

ら取り組み，再び成長軌道に乗せることができるか正念場を迎えている。

（遊川和郎）

注
1）『朝日新聞』2015 年 10 月 31 日付
2）『人民日報』2014 年 8 月 4 日付
3）『人民日報』2016 年 8 月 5 日付
4）『人民日報』2016 年 10 月 26 日付

参考文献

遊川和郎（2016），「『リコノミクス』から『新常態』へ」，「『ゾンビ企業』と不動産問題」藤野彰・曽根康雄編著『現代中国を知るための44章』明石書店。
遊川和郎（2014），「新指導部の経済改革と方向性」『東亜』No. 562，霞山会。
遊川和郎（2015），「中国新指導部の格差是正に向けた取り組み」『海外事情』第63巻1号，拓殖大学海外事情研究所。
遊川和郎（2016），「サプライサイド改革で景気は上向くのか」『東亜』No. 584，霞山会。
遊川和郎（2016），「中国経済：強気の当局と不安視する海外」『東亜』No. 587，霞山会。
遊川和郎（2016），「『権威人士』が語る中国経済の誤算」『東亜』No. 590，霞山会。

第 2 章

韓国経済のリスク：対中依存による問題点

はじめに

　韓国経済の中国依存が強まっている。1つは実体経済面における依存である。韓国においては，自国で生産する付加価値が海外市場で需要される比率が高まっているが，国別に見れば，最近まではアメリカに対する依存度が高かった。しかし，近年は中国への依存度が急速に高まり，現在はアメリカを上回っている。韓国の景気は，アメリカの景気が後退すれば，この影響を受けて後退する傾向があったが，中国の影響が強まったことは，韓国の景気にとって悪い材料ではなかった。なぜなら，中国の景気は力強く推移してきたため，アメリカの景気が後退しても，韓国の景気を下支える役割を中国に期待できたからである。しかし近年，中国の景気減速が鮮明になっており，逆に韓国景気の足を引っ張る結果をもたらしている。実体経済面における中国の依存は，中国の中間層拡大による消費の拡大や旺盛な投資需要などを受けて，企業が合理的に行動した帰結であり，政策に誘導されたわけではないが，結果的には経済は長らく本格的な回復基調に戻れずにいる。
　また実体経済ほど目立たないが，金融協力の面における中国依存も強まっている。韓国は，1997年に通貨危機に直面して以降，資本移動規制をおおむね撤廃したが，これにともない，資本の流出入，特に急激な資本流出が起こるリスクが高まった。実際に，リーマン・ショック後には資本の急激な流出にともなうウォン暴落が起こり，二国間金融協力，具体的には通貨スワップ取極を締結することにより，韓国政府は危機への備えを強めるようになった。リーマン・ショックの後，しばらくは，日本，中国，アメリカと然るべき規模の通貨スワップ取極を締結していたが，現在は，通貨スワップ取極の合計規模に占め

る中国の比率が高い状態となっている。しかし，韓国が外貨不足に陥った場合，中国から供給される外貨はハードカレンシーではない人民元であり，急激な資本流出に対する備えとしての金融協力体制が十分に構築されているとはいえない状況である。

以下では，第1節で実体経済面における中国依存の状況，第2節で金融協力面における中国依存の状況を示し，最後に，これら中国依存により韓国経済は景気の長期低迷や通貨暴落の危機が高まっていることを示す。

第1節　実体経済面における中国依存

1. 国外景気が韓国経済に与える影響

実体経済面における外的ショックとしては主要な輸出相手国（正確には国内で生み出される付加価値の最終需要国）の景気（以下，「国外景気」とする）の変動を挙げることができる。国外景気が後退すれば，輸出を通じて総需要が減少し景気の後退につながる。

国外景気が国内景気に与える影響は国によって異なるが，それは国内で生産される付加価値のうち，輸出を通じて国外の需要と直接リンクしている部分の比率が国によって異なることが理由の1つである。韓国が国外景気の動きに影響を受けやすいことの根拠となってきた指標は，GDP に対する輸出比率である。韓国の GDP に対する輸出比率を見ると，1990 年には 15.0％であったものが，ほぼ一貫して上昇し，2011 年には 50％を超え，2013 年には 57.1％にまで達した。その後，比率は若干低下したものの，2015 年でも 55.4％と 50％を超える水準で推移している。しかし，特に近年，GDP に対する輸出比率では国外景気の動きに影響を受けやすいか否か測ることは難しくなっている。

韓国の GDP に対する輸出比率が 50％を超えているといっても，これは国内で生産された付加価値の半分が国外で需要されていることを意味してはいない。なぜなら，GDP 統計の輸出には，国内で生産された付加価値のみならず海外で生産され輸入された付加価値も含まれているからである。また韓国経済は，年々グローバル・バリュー・チェーン（Global Value Chain：GVC。以

下,「GVC」とする) へ組み込まれるようになっており, これが, GDP に占める輸出比率と GDP のうち最終的に国外で需要されたものの比率 (GDP に占める国外最終需要比率) の間のギャップを高めている。よって, 国外景気の動きに影響を受けやすいか否か測るためには, GDP に占める国外最終需要比率を見ることが望ましい。

GVC を通じてグローバル市場へ参加する方法には, ① 他国の財やサービスの生産過程に自国の生産する中間財や資本財などを供給することでバリュー・チェーンの上流から下流に向けて参加する「前方への参加」, ② 自国の生産する財やサービスの生産工程に, 他国から中間財や原材料などの供給を受けることで, バリュー・チェーンの下流から上流に向けて参加する「後方への参加」がある。OECD は, 各国の GVC への参加の程度を定量的に測る指標を作成している (Global Value Chain Index)。2013 年に公表された最新値によれば, 韓国の「後方への参加度 (Backward Participation Index)」は, 1995 年の 23.7％から 2009 年には 40.6％へ高まっている。これは輸出に含まれる海外で生産された付加価値の比率が高まっていることを意味し, ますます, GDP に対する輸出比率では, 韓国が国外景気の影響を受けやすいのか判断しにくくなっている[1]。

韓国が国外景気の影響を受けやすいのか判断するためには, GDP に占める国外最終需要比率を見ることが望ましいが, 2013 年から公表が始まった TiVA (Trade in Value-Added) 指標により, これを把握することができるようになった。TiVA 指標は, OECD と WTO が共同で作成する指標であり, 国や地域間の財・サービス貿易の流れを付加価値で測っていることが特徴である。TiVA 指標の公表により, GDP に占める国外最終需要比率を把握でき, これを見ることで, 韓国経済が国外景気の影響を受けやすい構造であるのか正確に判断することができるようになった。

韓国の GDP に占める国外最終需要比率を見ると, 1995 年には 22.9％であったが, 2000 年には 28.0％に高まり, 2005 年は 27.3％と横ばいとなったものの, データが取れる最新年である 2011 年には 33.4％に再び高まっている。この数値を GDP に対する輸出比率と比較してみよう。GDP に対する輸出比率は 1995 年から 2011 年の間に 35.0％ポイント高まっているなか, GDP に占める

国外最終需要比率は10.5%ポイント高まるにとどまっている。また2011年におけるGDPに対する輸出比率は54.9%であるが，GDPに占める国外最終需要比率はそれより21.5%ポイント低い33.4%である。

ただし，2011年におけるGDPに占める国外最終需要比率を国際比較すると，韓国は国外景気の変化に相対的に翻弄されやすい国であることには変わりないようである。具体的な数値で比較してみると，日本が12.0%，アメリカが10.4%，EU（28カ国）が13.1%であり，韓国の33.4%はOECD加盟35カ国の中でも高い順から12番目である[2]。韓国経済は，GDPの半分以上を国外経済に依存しているわけではなく，実際の国外需要への依存度は30%を超える程度である。しかし，GDPに占める国外最終需要比率が10%台にとどまる日本でさえ，景気循環の流れを変える主要な要因の1つが国外景気であることを勘案すれば，韓国の数値は相当程度高いと考えられる。よって，国外景気の動きに影響を受けやすいか否か測る新しい指標によっても，国外景気が韓国経済に与える影響は大きいと結論づけることが妥当であろう。

2. 中国による需要の依存度の高まり

国外景気が韓国経済に与える影響は大きいことがわかったが，どの国の景気の影響が大きいかについて見ることも重要である。韓国経済がどの国の景気の動きに影響を受けやすいか測るために利用されてきた指標として，輸出総額に占める国別の輸出額比率（通関ベース）が挙げられる。この指標を見ると，1995年はアメリカの輸出額が総輸出額の19.3%を占めており，中国は7.3%を占めるに過ぎなかった。しかし，中国の比率は年々上昇する一方，アメリカの比率は2000年をピークに低下し始め，2003年には中国の比率がアメリカを上回った。その後もこの傾向が持続し，2015年にはアメリカが13.3%，中国が26.0%と，中国がアメリカの2倍の比率となるまで差が開いた。

しかしながら，輸出総額に占める国別の輸出額比率が高いからといって，その国の景気の動きに影響を受けやすいとは限らない。なぜなら，韓国は，他国の財やサービスの生産過程に自国の生産する中間財や資本財などを供給することで，バリュー・チェーンの上流から下流に向けても参加しているからである。OECDより2013年に公表された最新値から，韓国の「前方への参加度

（Forward Participation Index)」を見ると，1995年は14.2％であったものが，2009年には24.4％に高まっている。

　GVCへの参加を勘案すれば，輸出額の大きさだけをもって，韓国経済がどの国の景気の動きに影響を受けやすいか正確に測ることはできない。例えば，ある国（A国としよう）への輸出額は大きくても，この多くがA国の財やサービスの生産過程への中間財などの供給であり，A国が完成した財を第三国に輸出するような場合，A国への輸出額が大きくても，A国の景気変動の影響が大きいとは限らない。そこで，まずは韓国の中国への輸出構造を先行研究から見てみよう。

　韓国の中国への輸出構造は中間財の比重が大きいことが特徴である。中国に対する輸出に占める中間財の比率を見ると，1992年は88.7％，2005年は82.0％と，この間一貫して高い水準を維持している。しかし，内訳，すなわち半製品と部品・部分品の比率には大きな変化が見られた。1992年における部品・部分品の比率は4.7％に過ぎず，半製品が84.0％と大部分を占めていた。その後は，部品・部分品の比率が徐々に伸びていったが，2000年以降はその動きが強まった。具体的な数値を見ると，部品・部分品の比率は，2005年には40.0％に高まり，その一方で半製品の比率は42.0％に低下した。部品・部分品の比率が高まった背景としては韓国の対中国直接投資の増加がある。韓国の中国に対する直接投資額は2000年から2006年までの間に急増したが，韓国の対中国輸出は，韓国の現地企業向けに部品・部分品を中心に，直接投資規模と軌を一にして増加した。

　2000年代後半に入ると，中国の技術力の向上したこと，韓国の部品企業が組立工場と同時に中国に進出するケースが増えたこともあり，中国に進出した韓国企業が部品などを現地で購入する比率が大幅に高まった。同比率の具体的な数値を見れば，2003年には35.0％であったが，2010年には64.7％となり，この帰結として，韓国から部品などを輸入する比率は，同じ時期で51.6％から19.2％へ急落した。そして，韓国現地企業のこのような動きもあり，輸出に占める中間財の比率は，2010年には67.2％と，2005年より15％ポイント近く低下した。中でも部品・部分品は8％ポイント以上数値を下げた。その反面，最終財が占める比率は，2005年には17.3％に過ぎなかったが，2010年には資本

財を中心に31.2%に高まった。ただし，韓国の対中国輸出構造は，依然として中間財輸出が中心であることには変わりはない[3]。

韓国の中国に対する輸出構造は中間財中心であるが，中国において，韓国から輸入された中間財を組み込んだ完成品を組み立て，これを第三国に輸出しているならば，輸出総額に占める中国への輸出比率が高くても，中国の景気が韓国経済に大きな影響を与えるとは限らない。どの国の景気変動の影響が大きいか測るためには，国外で最終的に需要される付加価値に占める，各国で最終的に需要される付加価値の比率を見る必要があるが，2013年から公表が始まったTiVA指標からこの比率を得ることができる。1995年においては，アメリカが24.5%と4分の1程度を占めており，中国は3.4%に過ぎず，2000年においては，アメリカは29.0%，中国は6.5%と，それぞれ比率が高まった。流れが変化するのは，2000年代前半であり，2005年にはアメリカが23.7%と低下に転じた一方で，中国は14.1%と大きく高まった。ただし，輸出総額に占める国別の輸出額比率で見れば，2003年に中国がアメリカを上回ったが，各国で最終的に需要される付加価値の比率は，2005年の時点でもアメリカが中国を上回っていた。しかしながら，アメリカの比率が低下し，中国の比率は高まるといった流れは変わらず，2010年に中国はアメリカを上回ることとなった。現在の最新値である2011年の数値を見ると，中国が19.1%，アメリカが17.3%である。ちなみに他の国や地域も見ると，EU（28カ国）が12.3%，日本が8.4%，ASEANが8.0%となっている。

つまり，韓国経済がどの国の景気の動きに影響を受けやすいか測ることができる新しい指標で見ても，近年は中国の影響力が僅かではあるがアメリカを上回っている。韓国の中国への輸出は中間財が中心であることには変化がない。こうした状況の下で，中国で最終的に需要される付加価値が増加している理由としては，韓国から輸入された中間財を組み込んだ完成品が，第三国に輸出されるだけでなく，そのまま中国で最終的に需要されるようになっていることがある。そして背景には，中間層が拡大したことによる耐久品消費の増加とともに，旺盛な設備投資需要があると考えられる。

第2節　金融協力面における中国依存

1. 資本移動による通貨危機発生リスクの高まり

　韓国では資本移動が経済に与える影響が大きくなっており，近年は外国で発生した金融危機の影響に翻弄されるリスクが高まっている。韓国では資本移動は厳格に管理されていたが，1990年代に入り国際社会からの要請もあり，本格的に資本規制の緩和を行うこととなった。まず株式については，1992年1月に国内株式市場が外国人に開放された。ただし，銘柄ごとに外国人全体の取得限度，1人当たりの取得限度が定められ，それぞれ10％，3％とされた。この比率は順次引き上げられたが，1997年12月にもそれぞれ50％の所有限度が残っていた。また債券については，内外金利差が大きく規制緩和により大規模な資金流入が予想されたことから，通貨危機以前は株式以上に強く規制されていた。つまり外国人による国内の株式や債券への投資に対する規制については，通貨危機以前には，政府は規制緩和に慎重な立場を崩していなかった[4]。

　通貨危機以降は資本規制が一気に緩和された。株式投資については1998年5月に外国人に課せられた，銘柄ごとの全体の取得限度，1人当たりの取得限度が完全に撤廃された。また債券投資についても，1997年12月に大幅な規制緩和が行われ，上場された会社債，国公債および特殊債について外国人の投資が全面的に許容され，1998年には残っていた非上場債券への投資も許容された。この結果，通貨危機以降は資本規制がほとんど撤廃された状態となった。

　そのようななか，2000年代には，グローバル・インバランス，高レバレッジといった国際金融面での環境変化もあり，欧米金融機関の投資資金が拡大した。そして，資金の一部は韓国にも流入したが，これが韓国経済に対して大きな外的ショックをもたらすリスクを高めた。一国の通貨が急落する場合，その要因が国内にあることも少なくないが，外国から危機が伝播することで，国内に要因がなくても通貨が急落することもある。外国から危機が伝播する経路の1つが金融チャンネルである。そしてこのチャンネルは欧米の危機が原因となることが多い。まず欧米の金融機関がダメージを受けると，欧米の金融機関が

資金を引き上げ，新興市場国の通貨安，資産価格下落をもたらす[5]。

典型的な例がリーマン・ショック後のウォン急落であり，これは，欧米における金融危機が金融チャンネルによって伝播した結果といえる。韓国政府によれば，1998 年 4 月から 2008 年 9 月までの 10 年 6 カ月に 2219 億ドルが純流入した後，2008 年 9 月から 2009 年 1 月までの 5 カ月間に 695 億ドルが純流出した。つまり 10 年かけて流入した資金の 3 分の 1 が，4 カ月という短期間で流出しており，資本流入は比較的緩やかな一方で，資金流出は一気に起こることが示唆されている[6]。

2008 年の通貨危機時において，韓国政府は外貨準備高を取り崩すことで対処したが，それでも通貨価値が下落した理由として，外貨準備を短期間に大量に使うことが難しいという事情を挙げることができる。韓国の外貨準備の大半は欧米の有価証券という形で保有されているが，そもそも，金融チャンネルにより外国から危機が伝播する場合，欧米の危機が原因となることが多い。よって，外貨準備として保有している欧米の債券などを一気に市場で売却すると，金融市場の混乱に拍車をかけてしまう可能性があり，通貨価値を維持するための大胆な介入が難しい。

大規模な資金流出により外貨が不足した場合，IMF より支援を受けることができる。ただし IMF から支援を受ける場合，コンディショナリティと呼ばれる条件が課されるが，この条件の履行により国内景気が大きく停滞することがある。よって，先進国，新興国を問わず，IMF からの金融支援に依存せず，通貨スワップ取極にもとづく金融支援で対処する方法が一般化しつつある[7]。

通貨スワップ取極については，1997 年のアジア通貨危機以降，東アジアにおける金融協力の必要性が認識され，外貨準備を使って短期的な外貨資金の融通を行う二国間の通貨スワップ取極のネットワークであるチェンマイ・イニシアチブ（CMI）が合意された。総資金枠は 2000 年の発足以来，徐々に増加し 2009 年 4 月には 900 億ドルとなった。2010 年には複数の二国間契約から，1 本の多国間契約とされ，CMI のマルチ化が実現し，総資金枠も 1200 億ドル，さらに 2014 年には 2400 億ドルに増額された。しかし問題は，定められた資金枠の 30％以上を利用する場合，IMF プログラムの実施対象国となることが条

件となっている点である。韓国の場合，384億ドルが危機時に支援を受けることのできる資金枠であるが，IMFの支援とリンクしていない部分はその30％である115億ドルである。IMFとリンクしない資金枠の比率は2014年に20％から30％に引き上げられたものの，この条件が，CMIの利用をためらわせる要因となっている。

2. 二国間通貨スワップ取極の相手国は中国が中心に転換

　IMFやCMIの支援スキームの利用がためらわれるなか，外貨不足時の金融支援のスキームとして二国間の通貨スワップ取極が重要となっている。韓国については，特に2008年に直面した通貨暴落以降，積極的に二国間通貨スワップ取極を締結した。2008年以前に締結された二国間通貨スワップ取極はCMIにもとづくものが大半であった。2001年7月には，日本との間で，上限20億ドル規模の，ドルとウォンを交換する一方向スワップ取極が締結された[8]。そして2002年6月にも，中国との間で，20億ドル規模の，元とウォンを交換する通貨スワップ取極が締結された。CMIにもとづかないものとしては，2005年5月に，30億ドル規模の円とウォンを交換する通貨スワップ取極が日本との間で締結された。

　一方，2008年10月以降の二国間通貨スワップ取極は，CMIにもとづかないものが主流となった（以下，単に「通貨スワップ取極」とした場合，CMIにもとづかない二国間通貨スワップ取極とする）。2008年12月には，2005年5月に日本との間で締結された通貨スワップの規模が，30億ドルから200億ドルに拡大された。また，中国との間で，中国側が1800億人民元（当時の為替レートで263億ドル），韓国側が38兆ウォンの規模の，人民元とウォンを交換する通貨スワップ取極が新たに締結された。さらに，アメリカとの間でも300億ドル規模の自国通貨を交換する通貨スワップ取極も締結された。つまり，2008年12月においては，通貨スワップ取極の規模の合計が763億ドルに急拡大した。その後，2010年2月にはアメリカとの通貨スワップ取極の契約期間が満了し，4月には日本との通貨スワップ取極の規模も，2008年12月に拡大された部分の契約期間が満了し30億ドルに戻った。よって，2010年4月には，通貨スワップ取極の規模が合計で約300億ドルに縮小し，その大半は中国

との間のものが占めるようになった。

　しかし 2011 年 10 月には日本との通貨スワップ取極の規模が再び拡大した。2010 年 4 月に 30 億ドルに戻った通貨スワップ取極の規模が，300 億ドルに拡大され，さらに 300 億ドル規模のドルと自国通貨を交換する通貨スワップ取極が新しく締結された。すなわち，日本との通貨スワップ取極の規模の合計は 600 億ドルとなった[9]。また同じ時期に，中国との通貨スワップ取極の規模が，中国側が 3600 億人民元（565 億ドル），韓国側が 64 兆ウォンに拡大された。

　通貨スワップ取極の規模が日本と中国の合計で 1100 億ドルを超える状態は 1 年程度続いたが，2011 年 10 月以降，日本との間の取極の規模が段階的に縮小していった。2012 年 10 月には，日本との通貨スワップ取極の規模は 30 億ドルに急減し，2013 年 7 月にはゼロとなった。また 100 億ドル規模の CMI にもとづく通貨スワップ取極も 2015 年 3 月に終了することとなった。一方，中国との通貨スワップ取極は規模が維持されたまま延長された。そして，2013 年には，マレーシアと 150 億リンギット・5 兆ウォン（47 億ドル），アラブ首長国連邦と 200 億ディルハム・5 兆 8000 億ウォン（54 億ドル），2014 年には，オーストラリアと 50 億オーストラリアドル・5 兆ウォン（45 億ドル），インドネシアと 115 兆ルピア・10 兆 7000 億ウォン（100 億ドル）の通貨スワップ取極が締結された[10]。

　2016 年 8 月末現在で韓国は，中国，マレーシア，アラブ首長国連邦，オーストラリア，インドネシアとの間で通貨スワップ取極を結んでいる。これらの規模を，2016 年 7 月の為替レートで換算すれば合計で約 760 億ドルとなり，十分な額が確保できているように見える。しかし，そのうち中国が占める比率が 70％を超えており，中国に偏っていることが問題である。韓国が外貨不足に陥った場合，中国から人民元を受け取ることは可能であるが，韓国が外貨不足を解消するためには，人民元をさらにドルに交換する必要がある。しかしハードカレンシーではない人民元を，大規模かつ迅速に外国為替市場でドルに交換することは現実的ではない。一方，日本円は外国為替市場での取引量が比較的大きく，ドルへの交換も容易であることから，日本と通貨スワップ取極を結んでいた時期の方が，資本の急激な移動にともなう外貨不足への備えが強固

であったといえる。

おわりに

　韓国経済は，実体経済面と金融協力面の双方において中国への依存を強めた。中国経済が力強く成長している時期は，実体経済面における中国依存は，韓国景気を下支えする効果を期待できた。しかし，現在は逆にアメリカの景気が底堅いにもかかわらず，韓国の景気が本格的に回復しない要因となっている。今後の中国景気については，さらに下振れする可能性も否定できず，韓国の景気は中国に引きずられる形で長期的に後退するリスクを抱えることになった。また，中国との通貨スワップ取極は規模こそ大きいものの，効果的な金融支援のスキームとして十分機能するとは考えにくい。よって，二国間通貨スワップのかなりの部分を中国に依存している現状では，韓国は通貨危機に陥るリスクを抱えた状況であるといわざるをえない。韓国は，実体経済面および金融協力面で中国依存を強めているが，これらがもたらすリスクを軽減するためには，中国依存が弱まることが必要であろう。

（高安雄一）

注
1）「後方への参加度」は，自国の輸出財・サービスの生産に中間投入として使用されている他国からの輸入財・サービスの金額が，自国の輸出総額に占める割合を表す。ちなみに，「前方への参加度」は，他国の輸出財・サービスの生産に中間投入として使用されている自国の輸出財・サービスの金額が，自国の総輸出額に占める割合を表す。GVC および Global Value Chain Index に関する説明は，内閣府（2014）200-202 ページを適宜引用した。
2）　比率が韓国より高い国は，ルクセンブルグ，アイルランド，ハンガリー，エストニア，アイスランド，スロバキア，チェコ，スロベニア，スイス，ノルウェー，ラトビアである。
3）　中国の輸出構造に関する記述は，イボンゴル（2012）9-12 ページによる。数値についても，同文献の表で示されている数値を引用した。
4）　Kim et.al（2001）26-41 ページによる。
5）　伊藤（2010）226 ページによる。
6）　企画財政部ほか（2008）「資本流出入変動緩和方案」（報道資料 2010 年 6 月 14 日）による。
7）　大田（2009）156 ページ，183-184 ページによる。
8）　この取極は，2006 年 2 月に自国通貨をドルと交換する両方向スワップに転換された（日本側は 100 億ドル，韓国側は 50 億ドルをコミット）。

9) ほかに CMI にもとづく通貨スワップ取極の規模が 100 億ドルであったので,これも加えると 700 億ドルであった。
10) マレーシア,アラブ首長国連邦,オーストラリア,インドネシアとの通貨スワップ取極のドル換算の規模は,韓国銀行報道資料による。

参考文献
伊藤隆敏(2010),「世界金融危機のアジアへの影響と政策対応」植田和男編著『世界金融・経済危機の全貌』慶応義塾大学出版会。
大田英明(2009),『IMF(国際通貨基金)—使命と誤算—』中央公論新社。
内閣府(2014),『平成 26 年度 年次経済財政報告』。
イボンゴル(2012),「韓・中修好 20 周年 対中国輸出の成果と課題」『Trade Focus』韓国貿易協会。
Kim Soyoung, Sunghyun H.Kim, Yunjong Wang(2001)"Capital Account Liberalization and Macroeconomic Performance:The Case of Korea", Korea Institute for International Economic Policy.

第3章

ASEAN経済と中所得国の罠：
農・食・観光クラスターの提案

はじめに

　ASEAN経済共同体は，2015年12月に成立した。この成立は，アジアに関係する国のメガFTAの始まりである。そこで，ASEANの置かれた経済状況を本章が概説する。本章の目的は，ASEANの経済状況を把握することにより「農・食・観光クラスター」政策が次のASEANの飛躍に有効な政策の1つであることを理解することである。

　さて，ASEANの人口は6億人を超え，そのGDPは日本の約半分，中国の約4分の1である（2014年時点）。ASEANが安定したマクロ経済の状態にあり，世界の成長センターの一極となりうる。ただし，ASEANは，2015年時点で1人当たり1万5000ドルを超えない中所得国の水準にある。

　そこで，ASEANは，高所得国に入るためには産業構造の高度化が必要である。ASEANの投資環境として，CLM（カンボジア，ラオス，ミャンマー）が労働集約産業の集積が必要である。また，ベトナム，タイ，マレーシア，フィリピン，インドネシアが産業構造の高度化を必要とする。

　ASEANは，中所得国から脱出するためにサービス産業化を必要とする。イノベーションを生む必要があり，「農・食・観光クラスター」の形成が政策として有効な手段の1つである。本章はこのことを提案する。

　以下，第1節で世界の成長センターのASEANを説明する。第2節でASEANが中所得国にあり，産業構造の高度化が必要なことを示す。また，ASEANの安定したマクロ経済とサービス化する産業を説明する。第3節がASEANの投資環境の説明である。第4節でシンガポールの食・観光クラス

ター形成について，第5節でベトナム・ラムドン省・ダラットの農・食・観光クラスター形成について明らかにする。第6節が結論である。

第1節　世界成長センターのASEAN

　ASEANは，アジアのみでなく，世界全体でも，「世界の成長センター」としての地位を固めている。ASEAN経済は，ASEAN経済共同体が成立し，一体化により世界的に大きな勢力となりつつある。

　それは，次の6点にある。すなわち，① 世界全体に占めるASEANの人口，② 世界全体に占めるASEANの名目GDP，③ アジアに占めるASEANのGDPの規模，④ 世界全体に占めるASEANの輸入占有率，⑤ 世界全体に占めるASEANの対外投資，⑥ 世界全体に占めるASEANの外貨占有率であ

第3-1表　世界の人口（2014年）

国名	総人口（単位100万人）	世界の占有率
中国	1,367	19.2
インド	1,259	17.7
アメリカ	319	4.5
インドネシア	251	3.5
ブラジル	202	2.8
パキスタン	186	2.6
ナイジェリア	173	2.4
バングラデシュ	158	2.2
ロシア	143	2.0
日本	127	1.8
ASEAN	619	8.7
アジア合計	3,854	54.2
世界合計	7,105	100.0

（出所）　IMF-World Economic Outlook Databese, Apr. 2015.

第3-2表　世界の名目GDPの占有率（2014年）

	10億ドル	％
アメリカ	17,418	22.5
日本	4,616	6.0
中国	10,380	13.4
ドイツ	3,859	5.0
ASEAN	2,476	3.0
世界合計	77,301	100.0

（出所）　IMF-World Economic Outlook Databese, Apr. 2015.

30　第1部　アジア経済の現状と問題点

第3-3表　アジアの名目GDP（2014）

国	単位：10億ドル	アジアでの占有率
中国	10,380	46.5
インド	4,616	20.7
韓国	2,049	9.2
インドネシア	1,416	6.3
台湾	888	4.0
タイ	529	2.4
マレーシア	373	1.7
シンガポール	326	1.5
香港	289	1.3
フィリピン	284	1.3
パキスタン	250	1.1
ベトナム	186	0.8
バングラデシュ	185	0.8
スリランカ	74	0.3
ミャンマー	62	0.3
ネパール	19	0.1
カンボジア	16	0.1
ブルネイ	15	0.1
モンゴル	11	0.0
ラオス	11	0.0
東ティモール	4	0.0
ブータン	2	0.0
ASEAN合計	2,476	11.1
アジア合計	22,308	100.0

（出所）　IMF-World Economic Outlook Databese, Apr. 2015.

る。

① 世界全体に占める ASEAN の人口は，第3-1表に関して，中国とインドの約13億に対して半分の6億を超え，世界の第3位になる。中国とインドは，それぞれ世界の約5分の1を占める。ASEAN の占有率は，その半分

第3-4表 世界の輸入の占有率（2014年）

	（100万ドル）	占有率（％）
アメリカ	2,347,685	12.3
中国	1,963,105	10.2
日本	817,103	4.3
ドイツ	1,215,915	6.3
ASEAN6	1,194,257	6.2
世界	19,163,322	100.0

（出所）日本貿易振興機構，『世界貿易投資報告書』，2006年，2014年，2015年。

第3-5表 世界の対外直接投資（国際収支ベース，ネット）（2014年）

	（100万ドル）	占有率（％）
アメリカ	336,943	24.9
中国	116,000	8.6
日本	113,629	8.4
ドイツ	112,227	8.3
EU28	280,124	20.7
インド	9,848	0.7
ASEAN5	80,048	5.9
世界	1,354,046	100.0

（注）EUは，2007年は27カ国。
（出所）日本貿易振興機構，『世界貿易投資報告書』，2008年，2014年，2015年。

第3-6表 外貨準備高の占有率（2014年）

	（10億ドル）	占有率
中国	3,900	33.6
日本	1,260	10.9
アメリカ	434	3.7
インド	325	2.8
シンガポール	261	2.3
ドイツ	193	1.7
タイ	157	1.4
マレーシア	115	1.0
ASEAN合計	771	6.6
世界全体	11,600	100.0

（出所）World Bank, Data Indicators, 2015.

　近くの人口規模であり，8.7％を占める。なお，アジアの人口は，地球全体の半分を超える。
② 世界全体に占めるASEANの名目GDPは，第3-2表に関して，日本の半分

であり，中国の4分の1である。アメリカのそれは，世界全体の22.5％を占める。中国は，13.4％であり，アメリカに迫りつつある。日本は6％であり，ASEANは3％である。

③ 日本を除くアジアに占めるASEANのGDPの規模は，第3-3表に関して，韓国よりは大きく，インドの約半分である。中国の占有率が46.5％であり，インドのそれが20.7％であり，ASEANのそれが11.1％である。

④ 世界全体に占めるASEANの輸入占有率は，第3-4表に関して，アメリカの半分である。アメリカの占有率が12.3％であり，中国のそれがアメリカに接近する10.2％である。ASEANの占有率は，6.2％であり，日本の4.3％を上回る。

⑤ 世界全体に占めるASEANの対外直接投資は，第3-5表に関して，アメリカの約4分の1であり，中国と日本に接近する。アメリカの占有率は約25％であり，ASEAN5カ国が約6％である。

⑥ 世界全体に占めるASEANの外貨占有率は，外貨準備高に関する第3-6表により，中国が30％であり，日本が10％であり，ASEANは世界第3位の6％を占める。アメリカのそれは3.7％である。

第2節　産業構造の高度化が必要なASEAN：安定したマクロ経済とサービス化する産業

1．中所得国

アジアの各国が一般的に抱える問題は，「中所得国の罠」と言われる。中所得の水準にあることは間違いなく，この水準から抜け出た国が日本，韓国など既に存在し，罠であるとは言えない。抜け出ることはできるが，一般的な方法が確立されているわけではない。

中所得とは，1人当たりGDPが2000ドルから1万5000ドルという推計がある（Aiyar et al. (2013) による。2005年固定価格PPP）。またGabriel et al. (2013) では1人当たりGNIでは1005ドル〜1万2275ドル（ただし，厳密な定義は統一されていない）。固定価格を何年とし，GDP（国内総生産）な

ど何で測るのかでその水準が変化する。ただし，1万5000ドルから2万ドルに産業構造を高度化せずに超えることの難しい水準がある。

第3-7表からアジアの国を分類すると，

グループC：中所得国の罠を脱した国・地域は，4タイガーと呼ばれたシンガポール，香港，韓国，台湾と日本，ブルネイの6カ国である。ASEANでは，シンガポールとブルネイが5万6319ドルと3万6606ドルと第1位と第3位に位置する。

グループA：中所得国の罠まで達していない国は，CLM（後発ASEAN）とインドを含む南アジアである。カンボジア，ラオス，ミャンマーは1人当たりGDPが2000ドルを超えていない。これらの国は，転換点と言われる生存水準の賃金に達しない1人当たりのGDPの水準に属する。

グループB：中所得国の罠の中にある国は，先進ASEAN5カ国と中国である。マレーシアが1万803ドル，タイが5444ドル，インドネシアが3553ドル，フィリピンが2865ドル，ベトナムが2052ドルである。ASEANではCLMVに属したベトナムのそのGDPが，2000ドルを突破した。

さて，グループBは，これから脱するためには産業構造の高度化が必要となる。つまり，投資構造の高度化と消費の質の高度化を必要とする。このためにはアジアの経験から外国資本の活用が有効である。その誘致の誘因（インセンティブ）の1事例が，産業クラスター（農・食・観光クラスターの展開）である。

2．マクロ経済：ブルネイ以外に安定しているASEAN

GDP成長率に関して，2008年から2015年の平均成長率がASEAN全体で5％に達せず，高成長ではないが，タイとブルネイ以外は順調な成長をしている。ブルネイはマクロ経済に関して全般に課題がある（石川・朽木・清水（2015）参照）。

物価上昇率に関して，2015年時点でミャンマーが11％であり，政策対応が難しい局面にある。インドネシアが5％を超え，注意が必要である。ベトナムは物価上昇に問題があったが，2015年に収束させたといえる。

対外経常収支に関して，カンボジア，ラオス，ミャンマーが問題である。そ

第 3-7 表　アジアの 1 人当たり GDP（2014 年）

国・地域	単位：ドル	
シンガポール	56,319	グループC
香港	39,871	
ブルネイ	36,606	
日本	36,331	
韓国	28,100	
台湾	22,597	
マレーシア	10,803	グループB
モルディブ	8,341	
中国	7,589	
タイ	5,444	
モンゴル	4,095	
東ティモール	3,637	
スリランカ	3,557	
インドネシア	3,553	
フィリピン	2,865	
ブータン	2,729	
ベトナム	2,052	
ラオス	1,692	グループA
インド	1,628	
パキスタン	1,342	
ミャンマー	1,221	
バングラデシュ	1,171	
カンボジア	1,080	
ネパール	698	

（出所）　IMF-World Economic Outlook Databese, Apr. 2015.

れぞれの国の GDP に占める対外経常収支の比率が，マイナス 11.2％，20.3％，8.9％である。この水準は危機ライン 8％を突破している。

　GDP に占める財政収支の比率は，2015 年にブルネイがマイナス 14％であ

り，問題がある。ベトナムはマイナス 5.4％であり，注意を必要とする。

貨幣供給率に関して，2015年にミャンマーのそれが 31.7％であり，比較的高い。それ以外の国は 20％以下であり，問題がない。

3. 産業構造の高度化の必要性

第3-8表と第3-9表に 2010年と 2014年の GDP に関する農業，工業，サービス業の占有率を示す。ASEAN のうちブルネイとシンガポールは島嶼国であり，人口規模も小さく除外して考えると，その工業の占有率が，カンボジアが27.2％であり，インドネシアが 43％である。それ以外の国は 30％台である。

第3-10表に関して，一般的な産業構造の変化を示すと，経済発展の初期には，農業 GDP の占有率が高く，製造業のそれが低い。次の段階で農業 GDPのそれが減少し，製造業 GDP のそれも減少し，サービス業 GDP のそれが大きくなる。農業 GDP の占有率が 10％を切り，サービス業 GDP のそれが 60％を上回る。

その農業の比率に関して，10％前後の国は，インドネシア，マレーシア，フィリピン，タイの先進4カ国である。20％を超える国が CLM のカンボジア，ラオス，ミャンマーである。一般的に産業構造が高度化すると，農業のGDP の比率がさらに減少し，5％前後に低下する国が多い。インド，中国，韓国の農業，工業，サービス業の GDP を参考すると，国の産業構造がそれぞれ「5％，35％，60％」程度に収束する可能性があることを示す。

第1に，中国の工業化は，GDP の占有率に関して，2010年に 59.5％まで進み，2012年には 45.3％まで「後退」した。タイの工業は，2010年に 48.7％まで進んだが，2012年に 43.6％まで後退した。第2に，インドの工業化は，2012年でも「27.2％」までしか進んでいない。インドネシアのそれも 46.8％である。第3に，韓国の工業化は，2001年に 44％まで進み，2012年に 39.1％まで後退した。農業の占有率が 2012年に 2.6％まで落ちた。

第3-11表の雇用の産業構造に関しての労働全体の農業の雇用の占有率である。マレーシア，韓国，日本のそれは，2013年に 12.7％またはそれ以下の 5％前後となる。製造業の雇用の占有率は，タイ，インドネシア，フィリピンに関して 20％前後である。この占有率は，経済発展の過程で一度は上昇する。し

第3-8表　ASEANの産業構造（2010年）

国	農業	工業	サービス業
ブルネイ・ダルサラーム	1.1	52.5	46.3
カンボジア	29.4	28.6	42.0
インドネシア	13.2	41.1	45.7
ラオス	31.6	27.7	40.7
マレーシア	7.1	36.9	56.0
ミャンマー	n.a.	n.a.	n.a.
フィリピン	11.6	32.6	55.8
シンガポール	0.0	32.9	67.0
タイ	8.3	48.7	43.0
ベトナム	16.4	41.9	41.6

（出所）　Asian Development Outlook 2015 を基に著者作成。

第3-9表　ASEANの産業構造（2014年）

国	農業	工業	サービス業
ブルネイ・ダルサラーム	0.8	66.8	32.4
カンボジア	29.0	27.2	41.6
インドネシア	13.7	43.0	43.3
ラオス	24.3	32.4	43.3
マレーシア	9.0	37.6	53.5
ミャンマー	27.9	34.4	37.7
フィリピン	11.3	31.4	53.7
シンガポール	0.0	25.5	74.5
タイ	10.2	36.8	53.0
ベトナム	18.9	37.6	43.5

（出所）　Asian Development Outlook 2015 を基に著者作成。

かし，25％程度に減少する。サービス業の雇用の占有率は70％まで上昇する。以上を総合すると，一定の経済発展の後では農業，工業，サービス業の雇用の占有率が，それぞれ「5％，25％，70％」となる。

第 3 章　ASEAN 経済と中所得国の罠：農・食・観光クラスターの提案　37

第 3-10 表　アジアの産業構造（農業・工業・サービス業の GDP 比率）

国	年	農業	工業	サービス業	1 人当たり GDP
インド	1970	44.5	23.9	31.6	
	1980	38.1	25.9	36.0	
	2001	24.3	26.8	49.0	
	2005	19.7	26.2	54.1	
	2010	14.5	27.8	57.7	
	2012	17.9	27.2	54.9	
	2013	18.7	31.7	49.6	1,510
インドネシア	1970	35.0	28.0	37.0	
	1980	24.4	41.3	34.3	
	2001	16.2	36.0	47.8	
	2005	14.5	44.1	41.4	
	2010	13.2	41.1	45.7	
	2012	14.5	46.8	38.7	
	2013	13.7	43.6	42.6	3,510
タイ	1970	30.2	25.7	44.1	
	1980	20.2	30.1	49.7	
	2001	8.0	44.0	48.0	
	2005	8.9	47.0	44.1	
	2010	8.3	48.7	43.0	
	2012	12.3	43.6	44.2	
	2013	12.0	42.5	45.5	5,676
中国	1970	42.2	44.6	13.2	
	1980	25.6	51.7	22.7	
	2001	11.3	64.6	24.0	
	2005	11.1	57.3	31.7	
	2010	8.2	59.5	32.3	
	2012	10.1	45.3	44.6	
	2013	9.4	43.7	46.9	6,959
韓国	1970	29.7	23.8	46.4	
	1980	14.2	37.8	48.1	

(韓国)	2001	5.1	44	50.9	
	2005	3.9	43.6	52.4	
	2010	3.0	39.6	57.7	
	2012	2.6	39.1	58.2	
	2013	2.3	38.6	59.1	25,975
フィリピン	2012	11.8	31.1	57.1	
	2013	11.2	31.1	57.7	2,791
マレーシア	2012	10.2	38.9	50.9	
	2013	9.4	38.6	52.0	10,457
一般的構造変化	初期型	30	30	40	
	中間型工業化	10	45	45	
	収束型サービス経済化	5	35	60	

(出所) Asian Development Outlook, Asian Development Bank 各年をもとに著者作成。

第3-11表 アジアの産業構造（農業・工業・サービス業の雇用比率）

国	年	農業	工業	サービス業
タイ	2008	42.5	19.6	37.9
	2009	39.0	20.8	40.2
	2010	38.2	20.7	41.0
	2011	41.0	19.4	39.5
	2012	42.1	19.8	38.0
	2013	41.9	20.3	37.6
インドネシア	2008	41.1	18.2	40.6
	2009	40.7	18.1	41.2
	2010	39.5	18.7	41.9
	2011	36.2	20.9	43.0
	2012	35.3	21.5	43.1
	2013	34.8	20.4	44.8
中国	2008	39.6	27.2	33.2
	2009	38.1	27.8	34.1
	2010	36.7	28.7	34.6
	2011	34.8	29.5	35.7

（中国）	2012	33.6	30.3	36.1
	2013	31.4	30.1	38.5
フィリピン	2008	35.3	14.8	49.9
	2009	34.4	14.5	51.1
	2010	33.2	15.0	51.8
	2011	33.0	14.9	52.2
	2012	32.2	15.3	52.6
	2013	31.0	15.6	53.4
マレーシア	2008	14.0	28.7	57.4
	2009	13.5	27.0	59.5
	2010	14.2	27.7	58.1
	2011	11.5	28.9	59.6
	2012	12.6	28.4	59.0
	2013	12.7	27.9	59.3
韓国	2008	7.2	25.0	67.9
	2009	7.0	24.5	68.5
	2010	6.6	25.0	68.5
	2011	6.4	24.8	68.9
	2012	6.2	24.5	69.3
	2013	6.1	24.4	69.5
日本	2008	4.2	27.8	67.3
	2009	4.2	26.9	69.3
	2010	4.0	26.3	70.0
	2012	3.8	25.9	69.2
	2013	3.7	25.8	69.1

（出所）　ILO-ILOSTAT Database.

　したがって，ASEANのブルネイとシンガポール以外は，農業就業人口の占有率を小さくする必要がある。サービス業の就業人口の占有率を70％に近くすれば1人当たりのGDPを高められる可能性がある。

第3節　ASEAN の投資環境

ASEAN の投資環境の整備は，中所得国の罠から脱出するために必要である。投資環境を整備し，外資を導入し，ASEAN の生産性を向上させることが有効である。第3-12表は，日本企業の中期的な有望事業の展開国・地域が示されている。ASEAN のブルネイとラオス以外の国は，ベスト20に2008年から常に選ばれている。

ASEAN で有望事業国として順位を上げている国は，インドネシアとフィリピンである。順位を下げている国は，ベトナムである。その他のタイ，ミャンマー，シンガポールカンボジア，ラオスは順位を循環させている。

アジアの他の国の特徴として，2014年からインドは中国を抜き，第1位となった。インドネシアは，順位を上げ，2014年から2位である。中国が順位を下げ，2013年に1位から4位となった。しかし，その後は3位を保っている。これが上位の特徴である。

第3-12表　中期的（今後3年程度）有望事業展開国・地域（複数回答可）

国	2008	2009	2010	2011	2012	2013	2014	2015	
インド	2	2	2	2	2	2	1	1	⇧
インドネシア	8	8	6	5	3	1	2	2	⇧
中国	1	1	1	1	1	4	3	3	⇩
タイ	5	4	4	3	4	3	4	4	
ベトナム	3	3	3	4	5	5	5	5	⇩
フィリピン	21	13	14	14	14	11	11	8	⇧
ミャンマー	n.a.	35	20	19	9	8	10	10	
マレーシア	12	10	10	9	11	12	12	12	
シンガポール	13	18	13	13	17	16	14	13	
韓国	9	9	9	11	12	13	15	14	⇩
カンボジア	n.a.	n.a.	n.a.	16	16	17	15	17	
ラオス	n.a.	n.a.	n.a.	n.a.	23	20	32	20	

（出所）　国際協力銀行，『中期的（今後3年程度）有望事業展開国・地域（複数回答可）』。

労働集約の製造業は，中国からのシフトを考慮している。ASEANのうちでCLMのカンボジア，ラオス，ミャンマーは，労働集約産業を受け入れることにより雇用を増やし，賃金収入を高めることができる。また，先発ASEANのインドネシアとフィリピンの雇用が充足していない地域も同様である。

第4節　シンガポールの食・観光クラスター形成

　中所得国の罠から脱出するためには，産業構造の高度化が必要である。
　GDPは，消費と投資から構成される。1人当たりGDPは，1人当たり消費と1人当たり投資を加えたものである。1人当たり消費を高めるためには消費の質を高める必要がある。1人当たり投資を高めるために投資構造を高度化する必要がある。
　生産面の高度化では，設備投資の増強，イノベーション，外資の導入による技術進歩などが必要である。消費面では，消費の質の高度化を必要とする。そのための方策の1つは，農業，食品産業，観光産業を確立し，その産業連関効果を高めることである。「農・食・観光クラスター」は，3つの産業の産業連関効果を高めるのに有効である。本節では，ASEANで進められる農・食・観光産業クラスターの形成に関して説明しよう。
　農・食・観光クラスターとは次のとおりである。観光産業は，産業分類に存在しなく，観光に関する業種の総称である。含まれる代表的な業種は，旅行業（旅行代理店など），宿泊業，飲食業，運輸業，製造業（名産品など）などである。そして，新しい観光産業が発展しており，観光資源を活用した生態系を学ぶエコツーリズム，農業に関わるグリーンツーリズム，医療に関わるヘルスツーリズム，産業ツーリズムがある。近年では，製造工場の工場見学も観光に含まれる。観光産業は伝統を活用するとともに，そこでイノベーションが起こり，新しい産業が興る。ここに，消費の質の高度化がある。以下で農・食・観光クラスターを説明する。
　産業連関がある場合とない場合は，産業連関表により明らかにされる。産業連関がない極端な場合は，農産物は農業にのみ投入される。稲を作るのに稲の

みを投入する。肥料など一切を使用しない場合である。食品は食品にのみ投入され，観光産業は観光産業にのみ投入される。現実にはこのような場合はほとんどない。

産業連関がある場合は，農産物が食品に投入される。例えば，ジャガイモが食品会社に投入され，ポテトチップが作られる。食品会社は原料の農産物がないと成立しない。また，農産物は観光にも投入され，ジャガイモがホテルに売られ，ホテルがレストランで調理をし，ステーキに添える。したがって，農・食・観光クラスターの「第1条件」として，農業，食品，レストラン（観光）に産業連関がある場合を想定する。農・食・観光クラスターは，観光産業を中心に置く。観光産業，食品産業，農業と顧客から逆の後方へ「後方連関効果」を最大化する。

第3-1図は，沖縄の経験をもとにした農・食・観光クラスターを形成するための「政策手段のシークエンス」を提示した。農・食・観光クラスターの発展段階は，順番に第1次産業（農・水産物），第2次産業（食品加工），第3次産業のそれぞれの企業集積段階がある。

第3次産業に関して，ロジスティックス，エンターテインメント業，観光業（特に，アジアなど外国からの観光客）がある。また，第3次産業として，金融業，IT産業，製造業の研究・開発がある。さまざまな第3次産業の業種の存在がクラスターを形成するために必要である。

産業クラスター政策は，第1次の農・水産業，第2次の食品加工産業，第3次の観光業などへとフローチャートが進行し，それぞれのステップで産業クラスターの組織部門（セグメント）の形成が必要である。組織部門（セグメント）とは，第3-13表に示すようにインフラ，人材，制度，ビジネス・生活環境からなる。その組織部門（セグメント）の形成における適切なシークエンス（順序）が政策の成否を決める。

「シークエンスの経済」とは，産業クラスターの組織部門（セグメント）の形成が効率的な順序であり，莫大なコストを要し，形成過程がストップすることなく組織部門が効率的に形成されることである。「シークエンスの不経済」とは，組織部門の形成の順序を間違えたために形成過程が次の組織部門の形成に莫大なコストを要し，進まないことである。

第3-1図　「農・食・観光クラスター」の集積過程のための「政策手段のシークエンス」

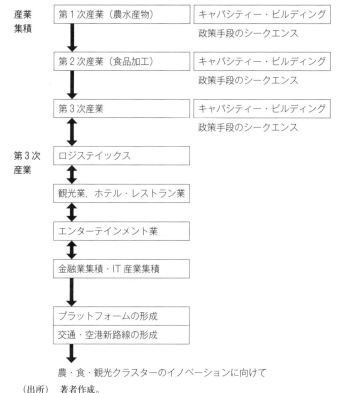

（出所）著者作成。

　「フローチャート・アプローチ」は，産業クラスターの形成過程において「シークエンスの経済」を統合した手法である。効率的であると明らかになった組織部門の形成の順に形成過程を統合するとフローチャートに要約できる。このフローチャートが，プロトタイプ（原型）である。プロトタイプをそれぞれのクラスターの形成に一律のマニュアルではなく柔軟に「効率的な順序」であるかを検討しながら適用する。

　以下でASEANに必要となる「組織部門（セグメント）」を検討する。例えば，観光産業の振興における観光客の誘致にはインフラは①「空港」がある。観光につながる陸路の場合は②「鉄道」が重要である。また，③「大型

第3-13表　産業クラスターの組織部門（Segment）

キャパシティー	基礎因子
インフラ	道路
	鉄道
	空港
	港湾
	通信
	水
	電力
	工業団地
人材	非熟練
	エンジニア
	マネージャー
制度	税制
	土地所有
	為替
	政治
ビジネス・生活環境	学校
	病院
	ショッピング
	大型娯楽施設

（出所）朽木昭文作成。

娯楽施設」としては，ディズニーランドやユニバーサルスタジオ，カジノなどが考えられる。これらの3つの段階を経て農・食・観光産業クラスター政策を成功に導くことがASEANを中所得国の罠からの脱出につながる。

　アジアの農・食・観光クラスターの組織部門（セグメント）形成のシークエンスは，第3-14表に示すような事例がある。第1に，インフラに関して，(1)空港ターミナルの例としてシンガポールの「LCC専用のターミナル」がある。また，沖縄が「第2ターミナル」を建設している。(2)中心都市への「アクセス道路」は，沖縄の石垣空港が建設された際にその次のシークエンスとして有効であった。空港まで観光客が来ても空港から市内へのアクセスが悪いと

第 3-14 表　アジアの農・食・観光クラスターの組織部門（セグメント）形成のシークエンス

インフラ：	(1) 空港ターミナル：シンガポール，沖縄
	(2) 直行便
	(3) 中心都市へのアクセス道路
	鉄道：新幹線：アモイ
	水道供給
制度：	入国制度：ビザ
ビジネス環境：	大型施設：総合リゾート：カジノ：マカオ，NZ，マレーシア・ゲンティン
	水族館，動物園，植物園：セントーサ
	ショッピング：香港，日本：ブランド・ショッピング
	ホテル（Enclave）：ダラット，沖縄，宮崎：シーガイヤ，シンガポール：ラッフルズ
	映画化：北海道
自然：	沖縄：海の色
	北海道：雪景色
	九州：温泉

（出所）　朽木昭文作成。

リピーターが増加しない。また，空港のインフラではないが，制度として，(3)直行便の運航が観光客の誘致に不可欠である。例えば，ベトナムのホーチミンから北へ 200 キロメートルの「ラスドン省ダラット」では，シンガポールとの直行便の運航開始を目指している。1500 メートルの高地にあるダラットは，シンガポールの避暑地として距離も近く，ダラットの観光活性化に有効であると期待される。

鉄道の「新幹線」の建設が有効であった例として中国の福建省のアモイ（2010 年 4 月）がある。福建省は広東省の隣に位置し，台湾の対岸に位置する。観光資源は十分にあるが観光客の誘致が可能となるのは新幹線の建設からであった。また，インフラの建設の中で観光客の誘致にとって沖縄では「水道供給」インフラが不可欠であった。これは，ASEAN の各地で必要な都市が存在する。

組織部門の形成のうち「制度」に関しては，入国制度の「ビザの緩和」が有効である。沖縄は，中国客の入国に関して一度の入国ビザで 3 年間有効にする

制度を導入した（2014年11月10日日本政府・外務省）。なお，沖縄の外国観光客誘致活動は，「沖縄国際物流ハブ形成」事業を中心に実施された。

「ビジネス環境」に関して，「大型施設」の建設がある。シンガポールは，総合リゾート（Integrated Resort）計画として「カジノ」を核として大型施設を建設し，観光客の増加に繋げた。マカオは，カジノを使用するために，大型ホテルの建設し，アメリカ・ラスベガスの資本を導入し，観光客の誘致増加に繋げた。アジアでは，ニュージーランドやマレーシア・ゲンティン・ハイランドにカジノがあるが大型施設としてはそれほど有効に機能してはいない。カジノが一概に観光客の誘致に有効であるとは言えない。ただし，カジノを有効に観光客の誘致に活用した例は存在する。

「ショッピング」に関して香港が有名である。近年は，日本がブランド・ショッピングなどで有効に機能している。「ホテル」が観光資源として重要な要素の1つである。ダラットのダラット・パレス・ホテル，沖縄のブセナホテル，宮崎のシーガイアホテル，シンガポールのラッフルズなどは，ホテルそのものが大型施設の役割を果たす。

また，都市が，「映画化」されたり，テレビ・ドラマ化されたりすることは大きな観光客招致の誘因となる。北海道に関して，中国ドラマを撮影したことが中国観光客の誘致に貢献した。「自然・観光資源」に関して，沖縄の海の色，北海道の雪，九州の温泉がASEANの観光客誘致に有効となっている。

そこで，シンガポールの発展過程を第3-2図に「シークエンスの経済」として示す。1980年代に金融集積を目指し，1979年から1982年まで賃金倍化政策を実施した。1990年代にサービス産業立国を目指し，情報通信技術（IT）に力点を置いた。2000年代に1998年に商用化された「シンガポール・ワン計画」として「IT2000計画」を具体化するためのインフラ計画を実施し，地域統括会社（HQ）の集積を目指した。その後に，バイオ産業の集積を進めた。観光産業クラスターの形成に向けて，チャンギ空港ターミナル（1，2，3，4）に加えて第5ターミナルを2025年ぐらいに開始すると発表した（2015年3月12日，日本経済新聞）。

シンガポールは，観光客の誘致，企業のヘッドクオーター・オフィス（HQ）の誘致に成功している。この観光政策に関して，これまで示した「空

第3-2図　シンガポール観光クラスターの形成のフローチャート・アプローチ

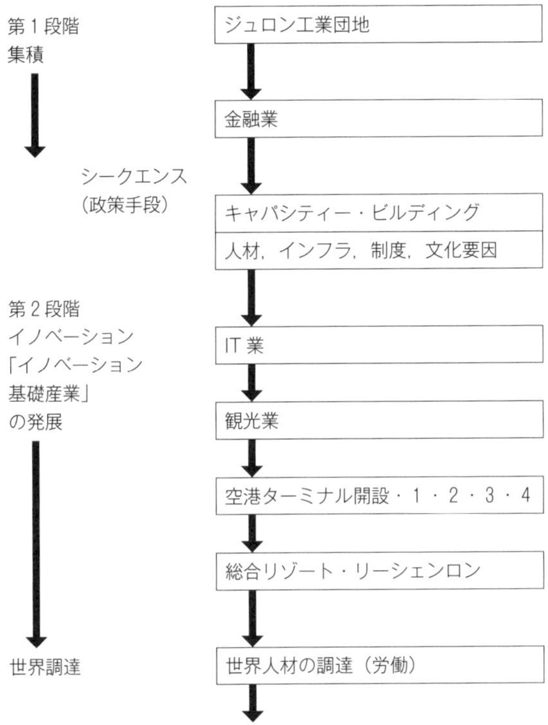

第1段階 集積		ジュロン工業団地
		↓
		金融業
	シークエンス（政策手段）	↓
		キャパシティー・ビルディング 人材，インフラ，制度，文化要因
第2段階 イノベーション「イノベーション基礎産業」の発展		↓
		IT業
		↓
		観光業
		↓
		空港ターミナル開設・1・2・3・4
		↓
		総合リゾート・リーシェンロン
		↓
世界調達		世界人材の調達（労働）

（出所）朽木昭文作成。

港開発」，「大型施設」総合リゾート政策に加えて，水族館，動物園，植物園（セントーサ島），ユニバーサルスタジオを提供した。シンガポール総合リゾート政策の成果が第3-15表に示されている。

　以上のようにシンガポールの食・観光クラスターの形成を成功に導く決定的に重要な組織部門（セグメント）の形成の「シークエンスの経済」がある。ASEANはこの成功例を参考に農・食・観光クラスターを形成することが望ましい。

第3-15表　シンガポール観光客数（単位：万人）

年	観光客数
2004	833
2005	894
2006	975
2007	1,028
2008	1,012
2009	968
2010	1,164
2011	1,317
2012	1,450
2013	1,556
2014	1,509
2015	1,523

（出所）　Singapore's Integrated Resorts - Marina Bay Sands (MBS) and Resorts World Sentosa (RWS) - were opened in 2010.

第5節　ベトナム・ラムドン省・ダラットの農・食・観光クラスターの形成

　ベトナムのホーチミン市から307キロメートルのところにラムドン省・ダラットは位置する。ラムドン省の農業の環境は，つぎのとおりである。総面積が97万7219ヘクタールのうち31万6168ヘクタールが農地である。農地の72％は玄武岩などが風化して生成された肥沃な土地である。年間の平均気温は摂氏19度であり，平均雨量が1800ミリメートルである。標高は800～1500メートルである（国際協力機構など（2015）を参照）。
　フランスは，ベトナムを1884年に保護国化し，1950年に解放した。ラムドン省は，フランス植民地時代にフランス人が避暑地として好んだ。ベトナムのバオダイ帝も同様である。ダラット市は，1899年にフランス人が避暑地として創設することとされた。ダラット市にフランス様式の「建築物」が多く建設

されている。ダラット・パレス・ホテル，ダラット駅，バオダイパレス，ダラット教会，マイアイン教会などがある。これらの観光資源としての建物がダラットに古いフランスの雰囲気を残している。

　ラムドン省の観光産業に繋がる主要農産物は，野菜，花卉，コーヒー，茶，ワイン，乳製品の6品目である。その方向として，「花卉」を使ったフラワー・フェスティバルの世界的な宣伝，「ダラット・コーヒー」のアラビカ種のブランド形成，ウーロン茶のブランド化，乳製品の高級化・ブランド化，「ダラット・ワイン」の製品のブランド化が必要である。ここで，フランスとの関係を強調するためには，ダラット・ワインの品質の向上とブランド化が特に重要であり，またダラット・コーヒーも同時にブランド化し，ダラットを世界に広めることが都市を確立する上で望ましい。しかしながら，農産物のブランド化は，シークエンス（順序）として取り組みをすぐに始めなければならないが，土などの改良も必要とするために長い時間を要する。

　「シークエンスの経済」から形成する順序として，ハードのインフラの建設が次に来る。すなわち「高速道路の建設」と「高速鉄道の建設」が第1である。これらは，ホーチミンとのダラットの接続である。数多くの観光客を呼ぶにはハードのインフラが不可欠である。ホーチミンとダラットはベトナム南部の一帯的な開発が望ましい。

　ラムドン省のラムドン空港は，ハードとして国際空港に対応した施設を備えており，観光産業の振興に有効な「国際便の運航」が必要である。ダラットのANAマンデラ・ホテルにシンガポールのリー・カーシン元首相の宿泊した写真がある。シンガポールの高い所得水準と年間を通して気温の高い気候からシンガポールとダラットの直行便の運航開始は，ラムドン省の世界ブランド化，そして世界遺産化の起爆剤となりうる可能性がある。

　ラムドン省の産業としてアグロツーリズムが期待できる。農・食・観光クラスターの形成は，アジアのモデルとなりうる。

第6節　今後の課題

　本章は，ASEAN の経済概況を把握し，中所得の水準にあることを示した。この水準から脱出するためには1人当たりの投資と1人当たりの消費を高める必要がある。前者のために設備投資が必要であり，ロボットの導入も有効である。後者のために消費の質の高度化が必要である。その有効な手段の1つが「農・食・観光クラスター」政策であり，次の ASEAN の飛躍に有効であることを理解した。

　農・食・観光クラスターの政策実施ために本章が提案した政策が「シークエンスの経済」の実践化である。それは，クラスターの組織部門（セグメント）の形成の効率的な順序，つまりシークエンスを決定することである。これにより農・食・観光クラスターの形成のための「フローチャート・アプローチ」を政策化する。ASEAN は，シークエンスの経済による組織部門の形成を着実に実行し，実施後にシークエンスが効率的であるかを検討し，組織部門の形成に柔軟に対応することを必要とする。

　日本企業の貢献が以上の点で大きい。また，日本政府は，その貢献を含めた地域統合を支援する国際協力を必要とする（これを朽木・馬田・石川（2015）で「四本柱国際協力」と呼んだ）。

（朽木昭文）

参考文献
石川幸一・朽木昭文・清水一史編著（2015），『現代 ASEAN 経済論』文眞堂。
朽木昭文・馬田啓一・石川幸一編著（2015），『アジアの開発と地域統合』日本評論社。
国際協力機構・ドリームインキュベータ・コーエイ総合研究所・日本工営・ベトナム国ラムドン省・ベトナム社会科学院（2015），『ベトナム国ラムドン省農林水産業及び関連産業集積化にかかる情報収集・確認調査ファイナルレポート』国際協力機構，ベト事 JR15-082。
Aiyar, S., R. Duval, D. Puy, Y. Wu, and L. Zhang (2013), "Growth Slowdowns and the Middle-Income Trap," *IMF Working Paper*, WP/13/71, p.12.
Gabriel, I. F. and D. Rosenblatt (2013), "Middle-Income Traps," Policy Research Working Paper 6594, World Bank, p.3.

第4章

インド成長戦略の課題：分断社会の長期的成長

はじめに

　2014年9月，インドの火星探査機が米露，EUに続いて火星軌道入りに成功し，世界を驚嘆させた。トーマス・フリードマンのベストセラー『フラット化する世界』の冒頭も「インドのシリコンバレー」，バンガロールの描写から始まる。IMFによれば，購買力平価GDPは，中国，米国，インド，日本の順であり，既にインドは日本を抜き世界第3位の経済大国である。名目GDPは約2兆ドルでアジア第3位，世界第7位，ASEANの約2倍になる。人口は12億9千万人。2030年までには中国を抜いて最大の人口大国となる。平均年齢は26歳，生産年齢人口（15-64歳）は，毎年1000万人のペースで増加し「人口ボーナス期」にある。

　インドは80年代後半から成長率が上昇し，かつて年3％台の低成長から'ヒンドゥー的成長'と揶揄されていたのが一変し，BRICsに象徴されるように，新興国代表の1つとなった。BRICsではブラジルとロシアは景気後退が顕著であり，また中国経済も過剰投資，過剰債務を抱え減速している。そうした中で，インドも2011年度後半から一旦は減速したが，その後，7％台に上昇し，経済大国中で最も高い成長率となっている。2014年の政権交代からはインド人民党（BJP）のモディ首相がモディノミクスと呼ばれる一連の改革に取り組んでいる。

　こうした「輝くインド」の一方，インドには4億人という世界最大の絶対的貧困層が存在し，「世界最大の民主主義国家」ながら，特権階層とその一方でカースト，富，ジェンダー，民族などによって複合的に差別，抑圧される人びととを分断する社会でもある。また，因習的で貧しい農村社会と共存する世界

52　第1部　アジア経済の現状と問題点

第4-1図　インドGDP成長率の推移

（資料）　IMF World Economic Outlook Databaseより作成

的ハイテク産業は「アフリカにあるカリフォルニア」とも表現される。アマルティア・センとジョン・ドレゼは共著『A Uncertain Glory』で，インドの経済成長が必ずしも成長の目的である人間の自由とケイパビリティの拡大をもたらしていないとし，その背景である分断社会の淵源を精査する。インドの当面する成長課題として水，電力，運輸インフラの不足は周知のことであるので，本章ではインド経済の軌跡を踏まえたうえで，センらの議論に敷衍して，インド社会を俯瞰し，分断社会インドの長期的成長の指針になりえると思われる，2つの公共政策と経済・社会開発で先駆するケーララ，ヒマーチャル・プラデーシュ，タミル・ナードゥ3州，なかでも公共サービスがインド1とされるタミル・ナードゥ州の経験を取り上げる。

第1節　「輝くインド」[1]

英国からの独立後は，ネルーの混合経済型輸入代替工業化政策がとられる。1950-80年の成長率は3.7％，1人当たりでは1.5％で，いわゆる「ヒンドゥー的成長」と揶揄された低成長期である。「緑の革命」によって77年に穀物自給が達成された。79年の第2次石油ショックの国際収支危機からインディラ・ガンジー首相はIMFからの支援を受けた。彼女の後を継いだ息子のラジブ・ガンジーは輸出促進，税制合理化，規制緩和といった改革を続け，1985-1990年の間，経済成長率は5.6％になった。ソ連崩壊，湾岸戦争の影響から外貨準備が払底し，深刻な外貨危機に直面した1991年に国民会議派のラオ首相とマモハン・シン蔵相は経済自由化政策として，産業ライセンス制度（ライセン

ス・ラジ）廃止，保険，銀行，通信など公共独占の緩和，直接投資規制の緩和，関税率引下げ，変動相場制移行を実施した。この頃から，欧米企業が事業のアウトソーシング先としてインドに注目し，ビジネス・プロセス・アウトソーシング（BPO），ノレッジ・プロセス・アウトソーシング（KPO）などの新しいサービス産業が発展，90年代は年率50％の急成長となった。90年代の成長を受け，2003年ゴールドマン・サックス社のレポート『Dreaming With BRICs』はインドをブラジル，ロシア，中国とともにBRICsと呼び4カ国の所得が，G6（米国，日本，英国，ドイツ，フランス，イタリア）を2040年までに追い抜くとした。インドは新興国を代表する一国となった。

2004年に国民会議派が連立政権として復帰し，マモハン・シンが首相に就任する。2005-2008年の平均成長率は9％に達し独立以来最高となった。連立政権は包摂的成長戦略を唱え，全国農村雇用保障法と国家食料安全保障法[2]が施行された。シン首相はまた「ルック・イースト政策」により，東南アジアや日本，韓国とFTAを締結した。インドの貿易は2000年代に入って，対内直接投資は2004年から急増する。成長のモメンタムを得て，経済成長は加速し，2010年には成長率は10.3％を記録した。医薬品は国際的評価を高め，生産の4割が輸出され，インドは「世界の薬局」と呼ばれるまでになった。ITやBPOなど新しいサービス産業の輸出は，2005年から2015年に5倍以上に増え世界最大級の輸出国となった。

2011年度以降は，経済の鈍化傾向が鮮明になり，物価上昇，財政赤字，経常赤字が拡大し，2013年8月には通貨も史上最安値をつけ，外貨危機の再来が懸念された。シン政権の政策運営は不安定な連立から停滞し，2014年5月の総選挙ではインド人民党（BJP）のナレンドラ・モディが地滑り的勝利によって政権についた。

モディ首相は公約で，財政再建，インフレ対策，汚職撲滅，産業政策では，物品・サービス税（GST）の導入，総合小売業を除く外資規制の原則緩和，労働法，土地収用法の見直しを掲げた。就任後は「Make in India」構想，低所得層への銀行口座普及のための国民財形計画などを矢継ぎ早に打ち出した。「Make in India」構想はモディ首相の国内・外の企業への投資促進策であり，ビジネス環境の改善，インフラの整備などによって雇用を創出する労働集約型

製造業の振興をはかるものである。加えて，インドがアジアで率先した役割を果たす Act East 政策を掲げ，インドの国際生産拠点化を目指している。

公約では GST と土地収用法改正が最大の難題とされた。GST は州税である VAT と連邦税である物品税やサービス税等の間接税を一本化するものであるが，GST 導入には憲法改正が必要で，2016 年 8 月に憲法改正が上・下両院を通過した。インドが単一市場となり，ビジネス環境が改善する画期的な税制改革であり，モディ政権の求心力を高めた。2016 年 11 月には突然，高額紙幣廃止による異例のブラックマネー，腐敗撲滅策を打ち出し大きな混乱を招いたものの国民の支持は高い。

モディ政権発足後，2014 年の経済成長率は 7.2％と 4 年ぶりに 7％台になった。経常赤字は縮小し，対内直接投資は過去最高となり，インド経済への外資の期待感を裏打ちした。2014 年秋以降，最大の輸入品目である原油価格の下落によりインフレ率も急速に低下し，2015 年度の GDP 成長率は 7.6％と中国の 6.9％を上回った。IMF は 2016 年度も 7.5％と世界で最も高成長する経済大国と予測している。

第 2 節 「不確かな栄光」

長期停滞する先進国や減速する中国を上回る高成長経済となり世界から注目を集める「輝くインド」であるが，複雑な分断社会のもつ課題は重く，大きい。インド出身のノーベル経済学賞受賞者であるアマルティア・センとデンマーク出身の開発経済学者ジョン・ドレゼは，「高成長の成果の評価は人びとの暮らしや自由から判断されなければならない，経済成長のゴールは人間の自由とケイパビリティの拡大にある」として，その共著『A Uncertain Glory』でインドの栄光と裏腹の現実を指摘する。その論点を下敷きに敷衍して，インドの経済成長が抱える歪みを見てゆく。

1. 低い社会開発指標

20 年間にわたる急速な成長ながら，インドの 1 人当たり GDP1617 ドル（中

国：7989ドル）はサブサハラ以外では最低の水準であり，世界の絶対的貧困の3分の1にあたる4億人がインドに集中している。UNESCOによればインドの半数[3]の家庭にトイレがない。インドは1人当たり所得でバングラデッシュの1.5倍ながら，バングラデッシュは平均余命，幼児の予防注射接種率，幼児死亡率，栄養不足児童，幼児死亡率，女子児童就学率などの社会指標でインドを追い抜いている。スリランカは学校教育，識字率では大幅にインドを上回っている。1人当たりGDPがインドの3分の1であるネパールでさえ，80年には識字率が21％でインドの半分に過ぎなかったが，2010年には60％とインド（63％）に追いつき，15-24歳の女性識字率は78％でインド（74％）を追い抜いた。就学に関する最高裁判決によって，政府も2010年に「子どもの教育権法」を施行し，その後，ダリット[4]やイスラム教徒（ムスリム）の児童も95％が就学するようになった。しかし，学校教育の質は依然として問題で，学習達成度も著しく低い。

　予防接種率はサブサハラや最貧国の平均を下回る。90年にはインドと同じ70％だったバングラデッシュは2010年までの間に100％に近づいたが，インドはほとんど70％のままである。栄養状態指標もほとんど改善されていない。5歳以下の幼児の4割が過小体重で，貧血は増加さえしている。

　インドでは各国が保健医療の基盤としてきた公的保健医療の確立なしに，多くが医学の正規教育を受けていない民間医療への依存を続けてきた。経済成長率で中国に追いついたインドだが，低い経済成長率のもとでも多くの途上国が保健，栄養状況の改善を達成しているなか，依然，基礎的な公共サービスである教育，保健，上下水道は不足している。

2. 雇用なき成長

　依存人口比率は80年代の70％から，近年は55％に低下しており，インドは「人口ボーナス期」にある。独立後の4-50年間，インドは食料と外貨の「2つの不足」が深刻であったが，「緑の革命」と輸出や対内直接投資の増加によって2つの不足はほぼ解決されたが，現在の不足は雇用である。労働力は毎年1000万人規模で拡大しているが，雇用は約500万人しか増えていない。インドの経済成長は高進したが，その成長メカニズムは中国のような輸出・投資主

導型でも,アジア経済危機前の東南アジアのような生産要素投入型成長とも異なるサービス・投資型成長の「雇用なき成長」という特徴をもっている。製造業のGDP比率が15％程度で推移する一方,サービス産業は6割と圧倒的で,他は農林水産（15％）,建設業（7％）となっている。総労働人口約5億人のうち,フォーマル部門は7％にすぎず,半数以上は公務員である。このうちの僅か300万人程度がIT,ソフトウェア産業に従事している。世界的に有名なIT産業も貧しい大多数の国民に職を与えてはいない。93％はインフォール部門の就労で,自営業や労働法の適用を受けない小規模事業所である。

　農村には圧倒的な人口と貧困が集中している。インドの農家の9割が1,2ヘクタールほどの小さな土地しか所有していない。1億人の土地なし層もいる。低賃金労働力による製造業の労働集約財輸出を成功させた中国は製造業に不可欠なインフラを整備し,初等教育の普及により製造業に求められる人材の供給を支えたが,インドは輸送,電力などのインフラは不十分で,教育の不足から製造業に就労できる人材も限られる。一方で,大規模なインフラを必要とせず,エネルギー消費も少なく,インド工科大学卒業生や英語力を有する人材など質の高い労働力を集約的に投入する金融,IT,ソフトウェア産業などの新しいサービス産業が発展した。急速な経済成長は貧困を撲滅する必要条件だが十分条件ではない。成長の質が問われる。それが雇用創出効果の大きい労働集約的製造業か,雇用創出の少ないサービス産業かで,成長の成果の分配が異なる。

　インドでは世界の動向と異なり,都市化率の上昇は緩慢である。都市は経済活動の中心だが,インドの32.4％はサブサハラアフリカの37.4％よりも低い。これにも製造業の雇用成長の停滞が影響している。農村では,下位カーストは捕らわれの身のような生活にあり,プッシュ要因は十分だが,貧しい農民は都市に出稼ぎに出ても,家族が出られないのはプル要因となる都市での雇用が不十分なためであり,これが都市化率を停滞させる。

第3節 「世界最大の民主主義国家」と分断社会

　民主的憲法のもと，議会制民主主義を維持し，7億人を超える有権者をもつ「世界最大の民主主義国家」だが，非特権階層の基本的権利が享受されてきたとはいえない。

1. 憲法
　アンベードカルはダリット出身の弁護士で1950年憲法の起草委員会議長を務め，「インド憲法の父」とされる。憲法は，すべての国民に表現の自由，結社の権利，法の下の平等，差別からの自由などの「基本的権利」を保障している。基本的権利以外の経済・社会的権利は「指導原則」としてあげられている。これらには労働する権利，教育を受ける権利，公的支援を受ける権利などがある。こうした権利保護を政府が果たせない場合はどうなるか。アンベードカルは，「民主的選挙が適切な処方を与える」と考えた。

2. カースト
　『国家はなぜ衰退するのか』でダロン・アセモグルらは，カースト制が市場機能を制約し，職業間の自由な移動を妨げていることを指摘する。アンベードカルは民主主義がカースト制度を解体させると期待した。51年の憲法改正で，指定カースト（ダリット），指定部族の人口比に応じ，公務員採用や高等教育就学を優遇するアファーマティブ・アクションである「留保制」が設けられた[5]。

　人口の約20%である上位カースト（ブラフマン，クシャトリアなど）が権力や影響力を持つ職業の75%を占めるとみられる。人口の約4分の1を占めるダリットや少数民族は少ない。留保制のある公務員よりも民間企業の役員や労働組合の幹部における上位カーストの割合が高い。イスラム教やキリスト教に改宗したダリットは「ダリット・ムスリム」，「ダリット・クリスチャン」と蔑視され，「留保制」の対象である低位カーストよりも不利になる。

1960年代後半以降，国民会議派の一党優位が揺らぎ始め，州にもよるが農民や下位・中位カーストの発言力が増し，多様な政党が州，中央で競合する状況になった。しかし，下位カーストの代表政党はカースト制度の廃止ではなく，留保制をより有利にさせることに注力する。下位カーストは経済的階級として団結するよりも，同族集団的行動をとるといえよう。70・80年代から，留保制によって，低位カーストや少数民族からも高等教育を受けた人びとが生まれてきたが，あくまで一部に過ぎず，全体の改善ではない。

3. ジェンダー

女性差別問題は依然としてインド社会の大問題である。第1は乳幼児（0～6歳）の男女比が急速に女児減少に推移していることである。2001年には男子1000人に対し女子927人であったが，2011年には女子914人となった。これは性選択的中絶の拡大によるものである。これには地域差もあり，940人を境にこれを下回る北・西部州と，上回る東・南部州に2分される。

第2には女性の就労である。バングラデッシュなど他のアジア諸国では改善が進む中，インドは改善がみられない。これは，インドの成長が「雇用なき成長」であることも一因ではあるが，女性の家庭外での就労を好まないインド社会の家父長的な価値観の反映でもあり，所得や教育の改善がかえって女性の労働参加率の低下につながる場合もある。

家父長的規範は消失どころか，強まってもいる。かつて富裕階級の習慣であった持参金（ダウリー）の習慣は，裕福な州に集中して広がり，金額も増加しているという。これが男児選好，持参金の少ない嫁の迫害などにつながる。女性の社会進出は，インドの国のありようを変えるのに不可欠である。

4. 世界の頭脳と非識字者の共存

60年代初頭にインド工科大学，インド経営大学などが設立された。上流階級や上位カーストへの高等教育に注力する一方で大衆の教育は軽視された。インドの教育問題は，限定された中間層以上での高学歴競争と，貧困層，特に農村貧困層など圧倒的多数が貧弱な教育しか受けられないことである。教育システムは公平・平等に生徒・学生の能力を引きあげるものではなく，カースト，

ジェンダー，社会的特権によって分断するものである。英語も社会的分断の要因である。英語は高裁以上の法廷用語であり，高等教育，現代ビジネス，ハイレベルの公文書言語である。英語学校とその他の学校は学校システムによる分断の境界になる。

　日本をはじめとする，東アジアの発展が実証してきたように，経済成長と教育，人的資本の拡充には相互連関がある。センも教育の決定的役割を重視する。

5. メディアと投票行動

　独立以来，自由な選挙による議会制民主主義が維持されてきたにもかかわらず，憲法が禁じるカースト制度など基本的権利を侵害する差別や抑圧が，解体・廃止されることはなかった。

　なぜ，議会制民主主義がインド社会の差別や分断を解決できないのか，センとドレゼは，ロールズの「公共的理性」(Public Reason) の視点から，投票行動に与えるメディアの役割を厳しく批判している。

　人びとの投票行動は，解決されるべき社会・経済的課題，その課題と自身や他者のかかわりへの認識や理解である「公共的理性」によって決まるが，「公共的理性」を深めるのは容易ではなく，公の議論が重要であり，その過程に大きく関わるのはメディアである。インドの新聞発行部数は世界最大で，テレビ局は 800 を超える。表現の自由も保障されている[6]。

　しかし，インドのメディアは「公共的理性」の深化につながる，経済的・社会的不公正，差別され虐げられる大半の人びとの生活にかかわることをほとんど取り上げない。こうした偏向の背景は，先進国にも共通するメディアが広告ビジネスであることもあるが，センらは，インド特有の事情はメディア関係者も特権階層出身者が大半を占めていること，さらに「中間層」，「民衆 (common people)」の存在を指摘する。インドの政治的言説で用いる「民衆」は，富豪ではないが，所得も生活水準も平均を大きく上回る階層で，非特権階層が得られない生活を享受し，高等教育を受けた人びとである。「民衆の要求」や「ポピュリスト政策」というのはこうした層を対象としたもので，主要政党は，「民衆の要求」を取り上げる。社会的分断はメディアの報道の偏向を

通じて，社会的弱者の欠乏の惨状を覆い隠す。「公共的理性」が深まらず，低位カーストもカースト廃止よりも，目先の利益を追う。こうして民主主義がカーストを解体するというアンベードカルの期待は裏切られることになる。

第4節　分断社会インドの長期的成長

　これまでインドが高度成長を続ける一方で，半数がサブサハラアフリカなみの貧困にあり，特権階層と非特権階層に分断され，「世界最大の民主主義国家」ながら，そうした分断，不公正が自由な選挙でも是正されない背景をみた。

　経済成長はそれ自身が目的ではなく，その結果が，圧倒的多数の国民から欠乏をなくし，不公正な不平等を減少させ，アマルティア・センのいう自由やケイパビリィティの拡大を実現させることにある。学校教育，保健医療，栄養補助，環境保護などの公共サービスが貧困層，非特権階層に届くとともに，彼らの所得を増加させることが必要であり，そのためには高成長の維持とその成長の性格が平等で持続可能なものでなくてはならない。こうした厄介な課題の指針となり，長期的成長に希望を与えると思われる，2つの公共政策と先進3州の経験を取り上げる。

1．2つの公共政策

　分断社会では，市場メカニズムが前提とする参加者間でのルールの平等・公平な適用が担保されない。このため均質的な社会と異なり「市場の失敗」は著しく，これを是正する社会政策や公共政策の役割は極めて大きい。

　2005年の全国農村雇用保障法（NREGA）はシン政権が直接的政府介入による貧困削減に取り組んだ最も野心的政策である。NREGAは18歳以上の農村住民であれば自己選択制により希望者すべてに，100日間の仕事を保障する[7]。2006年2月の施行から，全国で毎年5千万の農村世帯が参加するようになった。年間では1世帯，約40人・日に当たる。経費は年間予算の10～20％となる。NREGAは雇用保障や農村の生産的資産形成のほか，参加者の半

分がこれまで所得獲得機会が限られていた貧困層の女性であることから，女性の所得獲得や，両性の平等，農村女性のエンパワー，女性の自宅外への活動，村落会議の活性化などジェンダー問題への貢献も大きい。さらに，農村開発の原則に参加，透明性，説明責任を置いた点も重要である。モディ政権も2017年度予算でNREGAを増額している。

　NREGAとともに，貧困削減のための公共政策として重要なものはNFSA（全国食料安全保障法）である。これは前身となる貧困層向け食糧配給制度（PDS）を拡充したもので，2013年に制定され，インド国民の約7割（農村人口の75％，都市人口の50％程度）をカバーする食料補助金制度[8]が2014年から実施されている。これは配給カードの種類に応じて家庭が補助された穀物を得られるものである。中央政府は州政府に貧困率に応じて，米や小麦を供給し，州によってはこれに州として上乗せする。NFSAは貧困に喘ぐ人びとには大きな支援である。NFSAはその適用を制限するため，政府の定める貧困線（PL）以下のBPL（貧困線以下）を対象とする。州は少なくともBLP，APL（貧困線以上）の2種か，それ以上の区分によるカードを家庭に配布する。対象制限には問題があり，APLを取り込む過剰と，BPL家庭を排除する過少が頻発した。この問題から，いくつかの州では全家庭に変更している。もっともユニバーサル制は費用がかかるが，その実施の容易性，効率のメリットもある。もっとも，アショク・グラティらは，PDSによる政府買付量と消費者購入量の差（漏れ）は40％に達するため，現金給付の方が効率的かつ公正としているが，今後，検討されるべき課題であろう[9]。

2．3州モデル

　連邦制はインドの政策決定で重要であり，州政府は土地，水，電力といったインフラなど投資環境，企業行動に影響を与える政策，さらに雇用関係規制に一義的責任をもっている[10]。州政府による政策の相違が各州経済のパフォーマンスに大きく影響するため，成果の良好な州の政策から学ぶことは肝要である。

　事実，インド国内では地域差が大きい。ビハール，チャッティースガル，ジャールカンド，マディヤ・プラデーシュ，オリッサ，ラージャスターン，

ウッタル・プラデーシュの7州はインド総人口の約半分を占めるが，所得合計は人口がほぼ等しいアフリカの最貧27カ国と大差ない。つまり，インドの貧しい半分は，アフリカの貧しい半分と変わらない。他方，ケーララ，ヒマーチャル・プラデーシュ，タミル・ナードゥ3州の所得は高く，貧困率は低い。3州は50・60年代までは大変貧しい州であったが，近年における3州の生活水準，1人当たり所得，ケイパビリィティの改善は目覚ましい。特にタミル・ナードゥ州は，70・80年代でも，農村部，都市部ともに全インドの平均を下回り，人口の半分が貧困線以下であった。しかし，今日ではタミル・ナードゥ州は公共サービスの質において全国一とされるに至った。上述のPDSの漏れもビハール，西ベンガル，パンジャーブでは70%程度と高いが，ケーララ，ヒマーチャル・プラデーシュは20%弱，タミル・ナードゥでは皆無に近い[11]。

　タミル・ナードゥ州の保健システムの基礎はすべての患者を受け入れるプライマリヘルスケアのネットワークにある。保健センターは比較的良く組織されている。保健センターの薬品の無料処方は義務化されている[12]。

　小学校での全児童を対象とした無料給食もタミル・ナードゥ州が最初であった。これは出席率の向上のみでなく，子どもの栄養状態改善，学業への集中力，給食をつうじたカースト意識の緩和などにもつながった。給食のほか，無償の制服，教科書，文房具，健康診断も実施されている。

　NFSAに対してもBPL，APLの別はない。こうしたタミル・ナードゥ州のユニバーサリズムは保健，給食，雇用保障，公共輸送，水道，電力におよぶ。

　何が良質な公共サービスを可能にしたのか。タミル・ナードゥ州では保健医療や教育が政治的課題とされない北部とは対照的に，過去30年以上にわたって社会政策に関する議論が州選挙のテーマであり続けた。これは支配エリートの善意によるものではなく，ダリットや女性などの不平等是正を求める社会運動や協同組合活動などの民主的行動によって公共サービスを政治化させてきたためであった。こうした民主的行動が上位カーストを含め，人びとの関心を引き付け，「公共的理性」を深めて，より良い公共サービスに結びついたといえる。タミル・ナードゥ州には内外からの民間投資が流入し，これによる雇用の創出から州民の半分が都市に居住して，都市化がまたカースト感情を薄める好

循環をもたらす。タミル・ナードゥ州は独自の言語，文字を持つ，ある意味の有利さもあり，タミル・ナードゥ州にも水不足や農村の灌漑といった問題はあるが，それらを勘案しても，その経験は示唆に富む。

　タミル・ナードゥ州をやや詳しく見たが，3州に共通していることには，社会政策の重視，平等な市民権にたつ全住民への公共サービス，効率的で機能的な公共機関，非特権層の学校，保健センター，「グラム・パンチャヤート」（村協議会），協同組合における活発な役割などがある。社会開発は州政府任せでなく，州民が民主政治に参加し，公共政策にたいして自らの意見を表明する参加型開発が重要だが，多くの州では未だこうした状況に至っていない。タミル・ナードゥ州など3州の経験は分断社会インドのこれからの指針たりえよう。

（吉竹広次）

注
1) 現与党 BJP の選挙スローガンに使われた。
2) WTO の認める農業補助に反するとの議論となったが，2013年12月の WTO バリ・パッケージ合意で承認された。
3) バングラデッシュでトイレのない家庭は10％。以下社会開発指標などデータは世界銀行 World Development Indicators による。
4) カースト（インドではヴァルナ・ジャーティ）外に位置づけられた，最も厳しい差別の対象となる階層。インド憲法では指定カーストと呼ぶ。
5) 2006年の憲法改正では「その他後進階級」にも適用を拡大。
6) インドのメディアへの政府介入，禁止や検閲はカシミールなどの治安問題と宗教的対立を煽るものにのみに適用される。サルマン・ラシュデーの『悪魔の詩』(1988年)を世界で初めて禁止した。
7) 賃金は1日50～80ルピー程度である。NREGA は働ける権利だけでない，最低賃金，15日以内に賃金支払いを受ける権利でもある。仕事がなかった場合には州政府による失業手当の支払いが義務づけられ，賃金支払いの遅延補償や役人の不作為への罰則も決められている。
8) コメ1キロ3ルピー，小麦同2ルピー，トウモロコシ雑穀同1ルピーという安価で，毎月1人5キロを上限に供給するもの。1兆2500億ルピーの財政負担となる。
9) Bibek Debroy et al., *Getting India Back on Track*（Washington, D.C.: Carnegie Endowment for International Peace, 2014), p.53
10) Kaliappa Kalirajan et al., *Strategies for Achieving Sustained High Economic Growth*（New Delhi: SAGE Publications Inc., 2010), p.195
11) *Ibid.*, p.67.
12) 2012年に，政府は公的医療機関における医薬品の無料提供方針を決定した。

参考文献
堀本武功・三輪博樹著（2012），『現代南アジアの政治』NHK 出版。
柳澤悠著（2014），『現代インド経済』名古屋大学出版会。
絵所秀紀著（2008），『離陸したインド経済』ミネルヴァ書房。
水島司編（2014），『激動のインド第1巻　変動のゆくえ』日本経済評論社。
絵所秀紀・佐藤隆広編（2014），『激動のインド第3巻　経済成長のダイナミズム』日本経済評論社。
柳澤悠・水島司編（2014），『激動のインド第4巻　農業と農村』日本経済評論社。
押川文子・宇佐美好文編（2015），『激動のインド第5巻　暮らしの変化と社会変動』日本経済評論社。
田辺明生・杉原薫・脇村孝平編（2015），『現代インド1　多様性社会の挑戦』東京大学出版会。
水島司・柳澤悠編（2015），『現代インド2　溶融する都市・農村』東京大学出版会。
長崎暢子・堀本武功・近藤則夫編（2015），『現代インド3　深化するデモクラシー』東京大学出版会。
三尾稔・杉本良男編（2015），『現代インド6　環流する文化と宗教』東京大学出版会。
吉竹広次（2015），「インドの開発と地域統合」朽木昭文・馬田啓一・石川幸一編著『アジアの開発と地域統合』日本評論社。
Dreze, J. and Sen, Amartya (2014), *An Uncertain Glory*, Penguine Books, London.
Edward Luce (2008), *In Spite of The Gods*, Anchor Books, New York.
OECD (2010), *Tackling Inequalities in Brazil, China, India and South Africa*, OECD Publishing, Paris.
Kalirajan, J. and Richard T. Shand (2010), *Strategies for Achieving Sustained High Economic Growth: The Case of Indian States*, SAGE Publications, New Delhi.
Ambedkar, B.R. (2004), *Class, Caste and Gender*, Sage Publications, New Delhi.
Bibek Debroy et al., *Getting India Back on Track*, Washington, D.C.: Carnegie Endowment for International Peace, 2014.

第 2 部

深まるアジア経済の相互依存

第5章

ASEANのFTA：その問題点

はじめに

　「グローバル化」と「リージョナル化」の波が交錯した1990年代，ASEAN自由貿易地域（AFTA）から始まったASEANのFTAは，2000年前後には中国とのFTAを機に，FTAの「ドミノ現象」が起こり，東アジア域内で5つのASEAN＋1FTAが誕生した。ASEANは，自らをFTAのハブとして位置づけることで，経済成長の原動力である「外国直接投資」を呼び込む絶好の位置を確保した。その中でも，自らのAFTAを最も自由度が高く，開かれたFTAにすべく，産業界の声に耳を傾けながら，継続的に制度や規則の見直し作業を続けている。

　AFTAと5つのASEAN＋1FTAは，各々が別々の協定でもあり，在ASEAN企業はFTA間で効率的・効果的にそれら制度を使いこなせているとは言い難い。自由化水準や原産地規則の相違，使用される関税番号システムのバージョンの相違が主な要因である。その一方，企業にとって使い勝手の良い柔軟な原産地規則の導入は，企業のグローバル調達を後押しする一方，必ずしも地場やASEANの産業育成に繋がっているわけではない。自由化・経済統合の進展がASEAN各国の輸出拡大と国民所得の向上，経済成長に繋がるのであれば，ASEANはFTAを積極的に構築し，さらに関与を深める姿勢を取り続けるであろうが，その一方，それら果実を得ているとの実感が薄ければ，近年，欧米などでみられる「反グローバル化」，「自国中心主義」の芽がASEANでも出てくる可能性がある。

　本章では，物品貿易に注目し，第1節でAFTAの形成とASEANを巡るこれまで東アジアで繰り広げられたFTA構築競争を振り返るとともに，第2節

第 5 章　ASEAN の FTA：その問題点　67

では,「スパゲティ・ボウル現象」の懸念がある原産地規則に加えて,原産地規則の柔軟化に伴う現地・域内調達の動き,企業サイドから見た FTA 利用上の課題,域内で最も自由度が高い FTA と言われる AFTA の「欠陥」と言われる事項について明らかにする。

第 1 節　ASEAN の FTA 形成の変遷

1. アジアで最初の FTA「ASEAN 自由貿易地域」(AFTA) の形成

　東南アジア諸国連合(ASEAN)の自由貿易協定(FTA)形成の動きは,1990 年前後,「グローバル化」と「リージョナル化」が同時平行的に進行していたことが背景にある(助川　2016)。「グローバル化」の面では,当時,多角的貿易交渉 GATT(関税と貿易に関する一般協定)ウルグアイ・ラウンドにおいて,1991 年 12 月に最終合意文書案「ダンケル・ペーパー」が提示され,ラウンド合意の機運が高まっていた。「リージョナル化」の面では,南米ではメルコスール(南米南部共同市場),北米では米国とカナダとの自由貿易協定が,メキシコを加えた北米自由貿易協定(NAFTA)に昇華しようとしていた。欧州では,欧州連合(EU)誕生前夜を迎えていた。その一方,中国では,最高指導者の鄧小平が 1992 年初めに南巡講話で「社会主義市場経済」を提唱,改革開放路線への転換を機に,俄かに中国投資ブームが起ころうとしていた。

　これら世界情勢の大きなうねりを受け,ASEAN は「大規模かつ統合された地域市場化によって効率性を実現しない限り,ASEAN 加盟国が市場と投資の面で効果的に立ち向かう能力が大幅に阻害される」[1] と危機感を強めたことが,ASEAN が ASEAN 自由貿易地域(AFTA)を構築した大きな理由の 1 つである。個々の市場規模が小さい ASEAN は,加盟各国が将来的に「1 つの統合市場」形成の意図があることを示すことで,外国投資を自らに惹きつけることを狙った。当時,ASEAN 各国は輸出指向型工業化政策を掲げる一方,ASEAN 域内市場は高関税で分断されていた。1990 年時点で ASEAN 各国の単純平均 MFN(最恵国待遇)税率は,1 桁以下であったのはシンガポール

(0.4%) のみで，マレーシアは10%台後半 (16.9%) であった他，インドネシア，フィリピンは20%台 (各々20.6%, 27.8%)，タイに至っては約40% (39.8%) もの関税が課されていた。

　ASEANは1992年1月28日，当時加盟していた6カ国の経済相がシンガポールに集まり，「ASEAN経済協力の実施に関する枠組み協定」を採択した。ここにAFTA設立が明記されている。関税の引き下げや非関税障壁の撤廃に関する具体的な措置は，同時に署名された「AFTAのための共通効果特恵関税（CEPT）協定」（以降，AFTA-CEPT協定）によって定められている。AFTAは域内関税障壁を削減し，域内取引自由化の提供を通じて，特定国での生産規模の拡大と単位当たりの生産コストの削減を目指した。ただし，導入に際し，国内産業への影響が懸念される分野もあったことから，品目を関税削減対象品目（Inclusion List：IL）のほか，準備が整っていない品目など，大きく5つに分類[2]し，関税削減・撤廃を目指した。

　AFTA発足当初，ASEAN加盟国は6カ国であったが，ASEANは市場規模拡大を通じ対外的な魅力をより増進させるとともに，対外的な交渉力強化に資するとして，加盟国の拡大に踏み切った。1995年にはベトナムが加盟し，これにラオス，ミャンマー（1997年），カンボジア（1999年）が続き，現在の10カ国体制になった。これを踏まえ，ASEANはAFTA関税削減スケジュールについて柔軟性（flexibility）を付与するなど後発加盟国に配慮した。

　当初，AFTAの目標は，93年の発効から5〜8年以内に関税削減対象品目（IL）の関税を20%以下に削減，さらに20%もしくはそれ以下になった品目については，2001年から7年間かけて（2008年）域内関税を0〜5%に引き下げることであった[3]。

　1997年7月，タイを震源とするアジア通貨危機が発生すると，ASEANは，同危機により「有望な投資先」としての地位から転落しかねないとして，AFTAの関税削減スケジュールを度々加速化させるとともに，関税削減の深掘りを目指すようになった[4]。最終的に1999年11月の非公式ASEAN首脳会議で，現在のスケジュール，具体的には，ILについて先発加盟国は2010年迄の，また後発加盟国は2015年迄の，それぞれ関税撤廃を決めた。また，目指すべき関税水準目標については，これまでの「0〜5%」から「関税撤廃」へと

深掘りした。

2. ASEAN の域外国との FTA（ASEAN＋1FTA）の形成

　ASEAN が域外 FTA を始めた最初の相手国は中国である。これは中国の朱鎔基首相が 2000 年 11 月にシンガポールで開催された ASEAN 首脳会議および関連会議で，ASEAN 側に自由貿易地域構想に向けた作業部会を設置するよう提案したのが始まりである。しかし，中国が ASEAN に FTA を提案した背景には，日本がわずかに FTA の動きをみせたことがある。日本は前年 1999 年 12 月に，シンガポールのゴー・チョクトン首相の提案に応じて，翌 2000 年 3 月に産学官による共同研究を発足させた。日本のこうした動きに中国は敏感に反応，中国はこれを，シンガポールと FTA を締結した後に，ASEAN 全体との FTA に乗り出す日本の「ASEAN 市場の囲い込み戦略」と解釈した[5]。

　中国は農産品の早期関税撤廃（EH；アーリーハーベスト）措置や WTO 未加盟国を対象に最恵国待遇の付与，さらには経済協力を約束することで，ASEAN を巧みに FTA に誘い込もうとした。当時，ラオスとベトナムが WTO には加盟出来ておらず，中国は両国に対して関税や輸入手続きなど WTO 加盟国と同等の待遇付与を提示した。その結果，翌 2001 年 11 月にブルネイで開催された ASEAN 中国首脳会議で，「10 年以内の FTA 設置」に合意，さらに 2002 年 11 月の首脳会議では ASEAN・中国自由貿易地域（ACFTA）のフレームワークや EH 措置が盛り込まれた「中国・ASEAN 包括的経済協力枠組み協定」を締結した。

　枠組み協定の中には，モノの貿易以外にも，サービス貿易，投資について今後協定を締結する方針や，経済協力などについても盛り込まれていた。さらには，ASEAN 各国と中国とが 5 つの優先分野，具体的には ① 農業，② 情報通信技術（ICT），③ 人的資源開発，④ 投資，⑤ メコン川流域開発，で協力することが明記されるなど，ASEAN 側を惹きつける魅力的な事項が散りばめられていた。これを踏まえ，2004 年 11 月の ASEAN 中国首脳会議で「中国・ASEAN 包括的経済協力枠組み協定における物品貿易協定」が正式締結に至り，2005 年 7 月に発効[6]した。

　中国の ASEAN への接近を号砲に，東アジア各国も次々と ASEAN との

FTA 構築を目指すなど東アジアで FTA の「ドミノ現象」が起こった。ASEAN・中国との貿易自由化による貿易コストの減少が，中国を除く東アジア各国の ASEAN 向け輸出における競争力劣位化を通じ「貿易転換効果」が発生するとして，東アジア各国を FTA 構築競争に駆り立てたのである。

　インドは，2002 年 11 月の第 1 回 ASEAN・インド首脳会議において，10 年以内にインド・ASEAN 間の経済連携強化および FTA 締結の可能性に向けて検討を進めていくことで合意し，翌 2003 年には，「インド・ASEAN 包括的経済協力枠組み協定」を締結した。ASEAN インド FTA（AIFTA）は当初，2005 年 6 月までに交渉を終了させ，2006 年 1 月の発効を目指していたが，原産地規則や関税削減・撤廃の品目選定を巡り交渉が難航，発効は 2010 年 1 月へと大幅にずれ込んだ。AIFTA は，品目数の 80％および貿易額の 75％をノーマルトラックに指定，品目によって 2013 年末または 2016 年末までに関税を撤廃する。また，総品目数の 1 割を占めるセンシティブ品目について，うち 4％にあたる品目を 2019 年末に関税を撤廃する。

　韓国については，2002 年 11 月にカンボジア・プノンペンで行われた ASEAN 韓国首脳会議で ASEAN から FTA 締結を打診されたものの，「交渉開始まで時間がかかる」（金大中大統領）として消極的な姿勢に終始していた。しかし，日本が ASEAN との間で二国間 FTA を積極化していることから，これ以上引き離されれば ASEAN 市場で韓国企業の競争力に深刻な影響を及ぼしかねないとして方向転換を決意，翌 2003 年 10 月にインドネシア・バリ島で開催された ASEAN 韓国首脳会議で，盧武鉉大統領は ASEAN との間で経済連携を推進する旨表明した。翌 2004 年 3 月には共同研究が開始され，同年 11 月には「ASEAN 韓国包括的協力連携にかかる共同宣言」が発出された。交渉開始が遅れた韓国は，その遅れを一刻も早く取り戻すべく，ASEAN 韓国 FTA（AKFTA）の完成（関税撤廃）を中国と同じ「2010 年」にするよう主張したものの，ASEAN は先に期限を設定した他の対話国との関係から難色を示し，とりあえずの目標を 2004 年 11 月の共同宣言の中で「2009 年までに少なくとも全品目の 80％での関税撤廃」を目指すとし，2005 年 2 月から正式に FTA 締結交渉を開始した。

　それからわずか 10 カ月，タイを除く ASEAN9 カ国との間で 2005 年 12

月[7]にまず「韓国 ASEAN 包括的経済協力枠組み協定」を締結，翌 2006 年 5 月に「物品貿易協定」に署名，同物品協定は 2007 年 6 月に発効した。ASEAN 側交渉担当者からも，「韓国の積極的な交渉姿勢は目を見張るものがある」と驚嘆の声があがっていた。AKFTA では，全品目の 90％を占め関税引き下げ対象となる「ノーマルトラック」について，韓国は FTA 発効と同時に 70％の品目の関税を撤廃し，2008 年までには関税撤廃率を 95％に，そして 2010 年に完全撤廃する。一方，ASEAN 側では，先発加盟 6 カ国は FTA 発効に伴い関税の引き下げを開始し，2007 年 1 月 1 日までに同トラック全体の 50％の関税を 5％以下に引き下げる。2009 年にはその比率を 90％に，そして 2010 年には原則としてすべて撤廃する。ただし品目数の 5％分に関しては，関税撤廃を 2012 年まで猶予した。

　韓国からもさらに遅れて開始されたのは，豪州・NZ と ASEAN との FTA（AANZFTA）である。2004 年 11 月の ASEAN と CER（豪州・NZ）との首脳会議で，「2005 年の早期に FTA 交渉を開始し，2 年以内に交渉を終了させる」旨の共同宣言を行い，翌年 2 月に交渉が開始された。2008 年 8 月の ASEAN・CER 経済相会議で AANZFTA で合意，翌 2009 年 2 月に調印，2010 年 1 月に発効した。AANZFTA では，発効時に豪州と NZ はそれぞれ 96.4％，84.7％の品目を無税化した。続いて 2013 年に ASEAN 先発加盟国が 9 割前後の品目を無税化する。後発加盟国は 2020 年以降に約 9 割の品目を無税化する。

　AANZFTA は，物品貿易のみならず，サービス貿易，投資，E コマース，人の移動，知的財産権，競争政策，経済協力等を含んだ包括的な協定であり，交渉は一括受諾方式（シングル・アンダーテイキング）で行われた。特徴として，他の ASEAN＋1FTA では対象とはなっていない E コマース，人の移動，知的財産権，競争政策などが，AANZFTA で初めて対象範囲とされた。

　一方，ASEAN との間で二国間経済連携協定（EPA）交渉を優先してきた日本は，ASEAN 全体との交渉は後回しにしてきた。ASEAN 全体との FTA では，自由化対象品目は，ASEAN10 カ国各々の競争力と国内事情を踏まえた上で最大公約数にならざるを得ず，その結果，自由化率は二国間 EPA に比べ低くならざるを得ない。日本は特定国の産業や国内事情に応じ柔軟な交渉が可

第5-1表　ASEANを巡る東アジア各国のFTA締結に向けた動き

	中国	日本	韓国	インド	豪州・NZ
2000年	・朱鎔基首相がASEAN中国首脳会議でFTAを念頭にした共同研究を提案（11月）。				
2001年	・共同研究で早期関税撤廃（EH）措置を提案。 ・10年以内に自由貿易地域（ACFTA）を完成させることで首脳合意（11月）。				
2002年	・ASEANとACFTA「枠組み協定」を締結（11月）。ASEANへの経済援助拡大も表明。 ・朱鎔基首相が日中韓首脳会議で日中韓FTAを提案（同）。	・ASEANとFTAを念頭に置いた専門家グループ設置（1月）。 ・首脳間でASEANと10年以内の早期にFTA完成を目指すことで合意（11月）。	・ASEANからFTAを提案するも、交渉開始時期がかかるとして拒否（9月の経済相会議、11月の首脳会議）。	・初のASEANとの首脳会議開催。FTA締結に合意（11月）。	
2003年	・ACFTA「枠組み協定」発効（7月）。 ・ASEANの「東南アジア友好協力条約」（TAC）に署名（10月）。 ・ASEANと「平和と安定のための戦略的パートナーシップ」に関する共同宣言（同）。	・ASEANとFTA交渉開始に合意（「枠組み」に署名）。主要6カ国とは2012年までの完成を目指す（10月）。 ・東京で特別首脳会議を開催。TACに署名（12月）。	・ASEANとFTA締結に乗り出す方針を表明（10月）。 ・FTAのロードマップ策定、大規模な農業対策も発表。	・ASEANと包括的経済協力枠組み協定に署名（10月）。 ・TACに署名（同）。	

第 5 章 ASEAN の FTA：その問題点

2004 年	・EH 措置による農産物を中心とした関税削減開始 (1 月)。		・ASEAN 韓国包括的協力連携にかかる共同宣言発出 (11 月)。	・首脳会議で「2005 年の早期に FTA 交渉を開始し、2 年以内に終了させる」ことに合意 (11 月)。
2005 年	・ACFTA 物品貿易協定発効 (7 月)。	・日 ASEAN 包括的経済連携協定 (AJCEP) 本交渉入り (4 月)。	・AKFTA 本交渉入り (2 月)。・AKFTA 枠組み協定に署名 (12 月)。	・本交渉入り (3 月)。
ASEAN との FTA 発効時期など、その後の動き	・サービス貿易協定署名 (2007 年 1 月)。・投資協定署名 (2009 年 8 月)。・物品貿易協定第 2 修正議定書署名 (2010 年 10 月)。・ACFTA 枠組み協定第 3 修正議定書 (2012 年 11 月)。・ACFTA 枠組み協定とその下での協定にかかる修正議定書署名 (2015 年 11 月)。	・AJCEP 発効 (2008 年 12 月)。	・物品貿易協定署名 (2006 年 5 月、8 月)・発効 (2007 年 6 月)。・サービス貿易協定署名 (2007 年 11 月)。・投資協定署名 (2009 年 6 月)。・物品貿易協定修正議定書署名 (2011 年 11 月)。・物品貿易協定第 2 修正議定書署名 (2011 年 11 月)。	・アーリーハーベスト実施を断念 (3 月)。・物品貿易協定発効 (2010 年 1 月)。・サービス貿易・投資協定署名 (2014 年 8 月)。	・2010 年 1 月発効。・第 1 修正議定書署名 (2014 年 8 月)・発効 (2015 年 10 月)。

（資料）深沢淳一・助川成也（2014）をもとに加筆

第5-2表　ASEAN＋1FTAの発効と関税削減完了年

FTA	国名	発効	関税削減完了		その他
			先発加盟国	後発加盟国	
AFTA	ASEAN域内	1993年	2010年	2015年（18年）	
ACFTA	中国・ASEAN	2005年	2012年	2018年	
AKFTA	韓国・ASEAN	2007年	2012年	2020年	越のみ18年
AJCEP	日本・ASEAN	2008年	発効から10〜15年	2026年	
AIFTA	インド・ASEAN	2010年	2017年	2022年	比のみ20年
AANZFTA	豪NZ・ASEAN	2010年	2020年	2025年	越のみ22年

（資料）　各種資料をもとに著者が作成

能で，より自由化率を高めることができる二国間交渉を優先させた。ただし，すべてのASEAN加盟国と二国間EPAを締結するのは，費用対効果の面からも非効率である。そのため，ASEANの中でも日本との貿易が多い国々とは先に二国間交渉を行い，その結果を日ASAEN包括的経済連携協定（AJCEP）に反映させることで，AJCEPの円滑な交渉，並存する二国間EPAとの整合性の確保を図った。その一方，カンボジア，ラオス，ミャンマーとは，海外に投資した企業等やその投資財産の保護，規制の透明性向上や，相手国政府との間で紛争が発生した場合，投資家は国際仲裁手続きの下で投資先政府との仲裁の申し立てができることなどが盛り込まれた投資協定を別途交渉・締結する一方で，物品貿易交渉についてはAJCEPの枠組みのもとでまとめて行った。

　2005年にASEANは中国とのFTAが発効して以降，2007年に韓国，2008年に日本，そして2010年1月にインド，および豪州NZとのFTAが発効，4年半で5つのASEAN＋1FTAが誕生した。各々，関税削減完了年は異なるが，先発加盟国についてみれば，ACFTA，AKFTAではノーマルトラック1，2で関税削減完了年が2012年，AIFTAでは2017年，AANZFTAは2020年，AJCEPは国によって異なるが2018〜23年というスケジュールである。

　現在までにASEANが締結しているASEAN＋1FTAは5本あるが，さらにASEANは香港との間でFTA締結交渉を開始した。香港はACFTAへの参加を希望していたが，中国とASEANとの中継貿易拠点としての役割も

担っていたシンガポール等からACFTAへの追加的な参加にネガティブな意見が出されていたこともあり，ASEANは香港をACFTAに加えるのではなく，ASEANと香港とでFTAを別に締結することにした。2013年のASEAN中国経済相会議では，ASEAN香港FTA（AHFTA）実現のためASEANと香港との準備作業が行われたことが報告され，2014年7月に交渉が開始されている。

また，ASEANはEUとのFTA交渉再開を検討している。もともとASEANとEUとは2007年5月にFTA交渉を開始したものの，交渉は2009年3月の第7回を最後に停止した。同年5月に実施されたASEAN・EU閣僚会議では，「交渉に新たな刺激を与える方法を模索することに合意する」とした共同声明を発出，以降，EUはASEANの個別国とでFTAを目指す方向に舵を切った。EUとASEANとの交渉が停止した背景には，当時のミャンマーの人権問題が指摘されてきた。英国トーマス貿易・開発相は議会で，「英国は，EU-ASEAN FTAでミャンマーは恩恵を受けるべきではないとの立場」と発言している。また，デフフト欧州委員も2010年3月のシンガポール国立大公共政策大学院講演会で，「ミャンマーの人権問題とASEAN域内の経済格差が柔軟な交渉を困難にしている」と指摘した。

ミャンマーでは，2011年3月にテイン・セインが大統領に就任し，民主化に向け改革を推進した。また，2015年11月に実施された総選挙で，アウン・サン・スー・チー氏率いる国民民主連盟（NLD）が地滑り的な勝利を収め，翌2016年3月に実質的にアウン・サン・スー・チーを首班とする政権が誕生した[8]。これを踏まえ，ASEANとEUとのFTA交渉再開の機運が盛り上がりつつある。

3．ASEANのFTAの自由化水準

FTAの水準を計る上で総品目に対する関税撤廃品目の割合，いわゆる「自由化率」が1つの目安となる。WTOでは，MFN原則の例外となるFTAなど地域貿易協定を締結する場合，GATT第24条で「実質的に全ての貿易」の自由化を行うこと，そして，自由化は「10年以内に行うこと」，を条件としている。ただし，開発途上国の地域貿易協定の場合，授権条項によってこれら条

件の例外と解釈される。「実質的に全ての貿易」についてWTO上の基準はないが,少なくとも貿易の9割(貿易額または品目数)を指すとの解釈が一般的である。

　ASEANが締結するFTAにおいて,最も自由化率が高いのがAFTAである。AFTAは発足間もない頃,「実行可能でも価値があるとも思えない」[9]と厳しく評されてきた。さらに,1997年7月のアジア通貨危機時には,多くのメディア解説者や学者からは「ASEAN諸国は金融危機によって自らの『貝』に引き篭もり,AFTAは頓挫する,AFTAは事実上死んだ」[10]とみられた中で,逆に自由化の加速化を打ち出し,国際社会から驚きをもって迎えられた。

　実際にAFTAの関税削減・撤廃は着実に進展している。2010年には先発加盟6カ国が,2015年には後発加盟国が一部品目(品目数の7%)を除き,それぞれ関税を撤廃した。その結果,2015年1月にはASEAN先発加盟6カ国で99.2%,後発加盟国も2018年まで3年間の関税撤廃が猶予されている7%分の品目と,センシティブ品目・高度センシティブ品目に指定されている未加工農産品を除き関税が撤廃されたことから,自由化率は90.8%にまで一気に高まり,ASEAN全体でも96.0%になった。後発加盟国が品目数の7%分の関税を撤廃する2018年1月には,ASEAN全体の自由化率は98.8%にまで高まる見込みである。

　これまで日本が締結してきた経済連携協定(EPA)の日本側自由化率は,84.4%(対シンガポール)から88.4%(対フィリピン,豪州),2016年2月に12カ国間で署名したTPP(環太平洋経済連携協定)で95.1%であった。AFTAの自由化率は98.8%と日本のTPPにおける自由化率も上回ることから,AFTAは例外品目が極めて少ない高水準のFTAと言えよう。

　一方,ASEANと域外国とのFTAである5つの「ASEAN＋1FTA」は,工業製品等で競争力を有する先進国や大国とのFTAであることから,AFTAから比べれば,その自由化水準は低くならざるを得ない。Subash Bose Pillai (2013)によれば,最もASEAN10カ国平均で自由化率が高いのがAANZFTAで93.5%,これにACFTAが92.5%で続く。最も自由化率が低いのがAIFTAであり,それは77.0%に過ぎない。一方,＋1である対話国側は,豪州・NZが各々自由化率は100%で,最終的に全ての品目の関税を撤廃

第5章 ASEANのFTA：その問題点　77

第5-3表　ASEANが締結するFTAの自由化水準

(単位：%)

	AFTA (ASEAN)	ACFTA (中国)	AIFTA (インド)	AJCEP (日本)	AKFTA (韓国)	AANZFTA (豪・NZ)	
ブルネイ	99.3	97.3	80.4	96.5	98.5	98.7	
インドネシア	98.9	88.7	50.1	-	94.1	93.9	
マレーシア	98.7	93.7	84.8	94.1	95.5	95.5	
フィリピン	98.6	89.4	75.6	92.4	88.5	94.7	
シンガポール	100.0	99.9	100.0	100.0	100.0	100.0	
タイ	99.9	90.1	75.6	93.2	89.9	98.8	
カンボジア	98.5	86.7	84.1	75.4	75.4	86.2	
ラオス	96.3	97.3	77.5	86.6	85.4	90.5	
ミャンマー	99.3	91.3	73.0	81.2	87.3	86.1	
ベトナム	98.1	90.4	69.3	88.6	83.8	90.6	
ASEAN10カ国平均	98.8	92.5	77.0	89.8	89.8	93.5	
対話国	-	94.6	74.2	91.9	92.1	100.0	100.0

(注1)　AANZFTAで左欄は豪州，右欄はNZ。
(注2)　2016年10月現在，インドネシアはAJCEP未発効
(注3)　AFTAは2018年1月時点の自由化率
(資料)　Subash Bose Pillai (2013)，ASEAN事務局資料をもとに作成

する。これにACFTA（同94.6%）が続く。それに対してインドは74.2%に過ぎず最も低い。

AIFTAの自由化率の低さは，そのモダリティに要因がある。モダリティとは，FTAのもと貿易自由化を進めていく上で，各国に共通に適用されるルールや自由化の方式・水準である。AIFTAの関税削減スケジュールは，①ノーマルトラック（NT），②センシティブトラック（ST），③高度センシティブ品目，④特殊品目，⑤除外品目，とに分けられる。例えば，先発加盟6カ国およびインドは，最終的に関税撤廃されるNTについて，少なくとも「品目数の80%および貿易額の75%」を対象にすることが求められている。AIFTAでは，NTとSTの一部（4%分）が最終的に自由化（関税撤廃）される品目であることから，モダリティの構造上，自由化率は9割には届かない。

第2節　ASEANが締結するFTAの特徴と問題点

1. ASEANのFTAの特徴「原産地規則」

　ASEANは，域内のFTAであるAFTAの他に，域外対話国と5つのASEAN＋1FTAを有する。これらFTAは協定自体が異なることから，自由化率もさることながら，対象範囲や規則が異なる。特に，物品貿易については「原産地規則」が大きく異なることが，企業の積極的な利用を阻害している面も否めない。原産地規則は，その運用次第で事実上の「非関税障壁」になる特徴がある。実際，同一品目にも関わらず関税率や原産地規則の内容が異なる協定が複数存在することにより，企業の管理や手続コストが上昇，地域大の最適なビジネス展開を阻害することに繋がる「スパゲティ・ボウル現象」が生じている。それら管理コストは，特恵関税適用による関税削減効果を相殺する。特に，原産品の証明手続きは輸出者が行い，その一方，特恵関税適用による関税削減メリットは輸入者が享受する。そのため，一般的に輸出者にとってFTA利用のインセンティブは輸入者ほどは働かない。
　これらを鑑みると，原産地規則は輸出者にとって，より柔軟かつ簡素なものが望まれるのみならず，どの輸出相手国でも同じ規則が適用できるのが望ましい。それが東アジア地域包括的経済連携（RCEP）など，より広域かつ多国間でのFTAが希求される大きな要因である。しかし実際にはASEANが締結しているFTAについて，締結相手国によって利用できる原産地規則が異なる場合が多々ある。ここでは，ASEANが締結している6つのFTAを原産地規則に着目して比較する。
　ASEANの枠組みで締結しているFTAでは，農水産品（動植物，魚介類等）や鉱物資源等協定締約国内で原材料レベルから全て生産・育成・採取された産品で適用される「完全生産品」（WO）と，品目全体を通して適用される原産地規則「一般規則」，一部品目毎に適用される「品目別規則」とがある。ASEANが多くのFTAで採用している一般規則は，AFTAで採用している「地域累積付加価値基準（RVC）40％以上」と「関税番号変更基準（CTC）4

第 5-4 表　ACFTA の原産地規則

原産地規則種類		ACFTA (2005)	ACFTA (2015)
単一規則	完全生産基準（WO）	8	9
	関税番号変更（2 桁；CC）	1	1
	地域累積付加価値（RVC）40%	4,659	2,851
	繊維・同製品の品目別規則	-	175
（より自由な）選択性	RVC（40）or CTH	122	1,943
	RVC（40）or CTH or 繊維・同製品の品目別規則		219
（より厳しい）選択性	RVC（40）or CC	7	8
	その他	427	
合計品目数（HS6 桁）		5,224	5,205
（より自由な）選択性小計		122	2,162
（全体に占める比率）		2.3%	41.5%

（注）　ACFTA で（2005）は HS2002,（2015）は HS2012。
（資料）　Erlinda M. Medalla（2015）資料を著者が更新。

桁」のいずれかを満たしたものを「原産品」とする規則である。

　それに対し，AIFTA では「CTC6 桁」および「RVC35％以上」の両方を満たしたものを「AIFTA 原産品」と認定し，関税減免対象とする。一方，ACFTA については，2005 年の発効以降，「RVC40％以上」を適用してきたが，2015 年 11 月に ASEAN と中国の経済相は，「ACFTA 枠組み協定とその下での協定にかかる修正議定書」を締結，その中で付属書 1 第 4 項で，完全生産品ではない品目について，「RVC40％以上」に加えて，「CTC4 桁」が適用できる品目として HS25，26，28，29，31，39，42〜49，57〜59，61，62，64，66〜71，73〜83，86，88，91〜97 を指定した[11]。

　ASEAN＋1FTA の中の原産地規則では，AKFTA が最も自由度が高いと評価されている。AKFTA は「CTC4 桁」もしくは「RVC40％以上」の選択制を一般規則とし，さらにその一般規則は総品目の 76.4％に適用されている。一方，ACFTA では，これまで全体の 89.2％で「RVC40％以上」が適用されており，RVC 以外の規則はあまり適用されていなかった。しかし，前出の 2015 年 11 月に締結した「ACFTA 枠組み協定とその下での協定にかかる修正議定

第5-5表　ASEANのFTA別原産地規則概要

FTA		完全生産品	一般規則			品目別規則（PSRs）		
	国名	WO	CTC	RVC	総品目数に占める割合	CTC	RVC	加工工程
AFTA	ASEAN域内	○	CTH	≥40%	53.3%	○	≥40%	○
AJCEP	日本・ASEAN	○	CTH	≥40%	57.9%	○	≥40%	○
AANZFTA	豪NZ・ASEAN	○	CTH	≥40%	40.2%	○	≥40%	○
AKFTA	韓国・ASEAN	○	CTH	≥40%	76.4%	○	≥40-60%	○
ACFTA	中国・ASEAN	○	CTH	≥40%	37.3%	○	≥40%	○
AIFTA	インド・ASEAN	○	CTSH & ≥35%		100%	×	×	×

(注1) 　RVCは地域累積付加価値基準，CTCは関税番号変更基準（CTHは4桁変更，CTSHは6桁変更）を指す。
(注2) 　AFTAで一般規則の総品目数に占める割合は，Medalla (2011)。
(注3) 　ACFTAは「修正議定書」（2015年11月）で再計算。
(出所) 　タイ商務省外国貿易局資料，ASEAN事務局資料，ACFTA協定書をもとに作成

書」によって，原産地規則において適用対象範囲が指定される「CTC4桁」もしくは「RVC40％以上」の部分的択一性を一般規則とするなど，より柔軟に改定された。その結果，従来通り「RVC40％以上」のみが適用されている割合は54.8％に下がる一方で，「CTC4桁」もしくは「RVC40％以上」など，より柔軟な規則が適用されるのは2162品目で全体の41.5％になった。

　一方，AIFTAについては「RVC35％」と「CTC6桁」双方を満たす原産地規則が全ての品目に適用されるなど厳しい内容になっている。これが，企業がAIFTA利用に躊躇する最大の理由とみられる。

　在ASEANの日系産業界は，ASEAN＋1FTAの利用上の問題点として，(1)各々の原産地規則が異なっていること（ある特定のASEAN＋1FTAで原産性が認められても，他の＋1FTAで認められるとは限らない），(2)（企業の調達・供給ネットワークが東アジア大に広がろうとしている中）5つのASEAN＋1FTAは各々別々な協定であり，有機的な連携による取引が難しいこと，を指摘している。

　後者については，例えば，日本でしか製造できない高機能部品を調達しASEANで組み付けを行いインドに輸出する場合，日本製高機能部品の付加価

値が大きい，もしくは日本製調達部品とインド向け完成品とで関税番号が変わらない等の理由で，ASEANインドFTA（AIFTA）上の「原産品」と見做されず，インド側で特恵関税が適用されないなどの問題を抱える企業もある。

2.「原産地規則」の柔軟化で減少する域内調達

ASEANのFTAであるAFTA，そして5つのASEAN＋1FTAについて，輸出先国で関税削減・撤廃の恩恵を受けられるのは，あくまで当該FTAの「原産品」である。そのためASEANのFTA利用が拡大すれば，現地およびASEAN域内からの調達が増えると考えられていた。実際に在ASEAN日系企業においてAFTAは利用面で浸透しつつある。在ASEAN日系企業のうちAFTAを利用している企業の割合は，輸出で44.9％，輸入で47.7％であり，ほぼ2社に1社が使っている（ジェトロ　2016）。しかし，2010年前後を境に，企業の調達行動に変化が見られ，当初想定した現地およびASEAN域内調達の拡大について，シナリオ通りには必ずしもいっていない。

具体的に，在ASEAN日系企業の現地調達率は，2010年の45.9％をピークに年々下がり，2015年には40％を割り込んだ。また，輸入調達のうち域内調達率は，2004年以降2009年まで20％前後で推移していたが，以降，同比率は15％前後に下落した。それに取って代わる勢いを見せているのが，中国からの調達である。中国からの調達は2015年には14.3％に達し，ASEAN域内調達率に迫っている。現地調達率およびASEAN域内調達率が下落し，中国からの調達が高まった理由の1つに，原産地規則の「柔軟化」が影響しているとみられる。

AFTAの原産地規則は，1993年の開始以降，「ASEAN累積付加価値率（RVC）40％以上」が長年用いられてきた。しかし，ASEANは，東アジアで自らの「中心性」を維持・確保するには，AFTAによる域内取引を阻害しない最も自由度の高い原産地規則を採用すべきとし，2008年8月より「RVC40％」と「関税番号変更基準（CTC）4桁」との選択制へと移行した。CTCにより，中間財や原材料など域外品を多数調達しても，それら域外輸入品の関税番号と加工後の製品の関税番号が4桁ベースで異なれば，加工後の製品は当該国で「実質的な加工が行われた」と見做され，「ASEAN原産品」

第 2 部　深まるアジア経済の相互依存

第 5-1 図　在 ASEAN 日系企業の現地調達および輸入調達構造

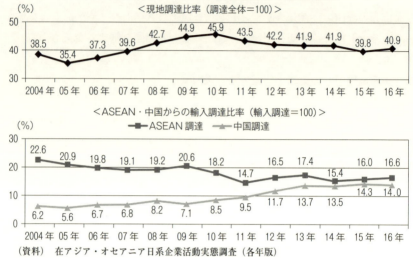

（資料）　在アジア・オセアニア日系企業活動実態調査（各年版）

と取り扱われることになった。このことによって，企業は調達先を現地やASEAN 域内に敢えて限る必要はなくなり，企業にとって調達面での柔軟性は高まり，グローバル調達に道を開く一方，現地および域内調達拡大に向けた動機付けは薄れた。

　AFTA は「投資誘致」や「企業の利用を通じた輸出拡大」では確かな成果を上げているが，その一方で「現地調達」や「域内調達」の割合が下落するなど，当初の想定とは逆にベクトルが働いている。FTA 推進を掲げ，企業により使い易い規則を積極的に導入してきた ASEAN であるが，「現地調達・域内調達の減少」と「中国調達の拡大」というジレンマを抱え込んだ。

　ASEAN は企業にとって使い勝手の良い原産地規則を導入し，企業のグローバル調達に道を拓く一方，必ずしも地場や ASEAN からの調達や産業育成に繋がっているとはいえない。ASEAN で自由化・経済統合の進展が輸出拡大と国民所得の向上，経済成長に繋がるのであれば，ASEAN 加盟国は FTA に積極的に関与する姿勢を取り続けるであろうが，その一方，それら果実を得ている実感が薄くなれば，近年，欧米などでみられる「反グローバリズム」，「自国中心主義」の芽が ASEAN でも噴出しないとも限らない。

3. 企業が抱える ASEAN＋1FTA 上の課題
(1) 輸出入国側で異なる関税番号

ASEAN において FTA を使う際に頻繁に発生する問題が，関税番号に関するものである。関税番号は HS コード（商品の名称および分類についての統一システム）[12]とも呼ばれるが，関税番号 6 桁は基本的に世界共通である。ASEAN の場合は HS コードをさらに 8 桁レベルまで域内で共通化する ASEAN 統一関税品目表（AHTN）を用いている。

HS は，技術の進歩や新たな概念の製品の登場もあり，世界関税機構（WCO）により基本的に 5 年毎に見直しが行われる。これまで HS コードは，HS1996，HS2002，HS2007，HS2012 の計 4 回の見直しが行われたが，2017 年 1 月より HS2017 が適用されている。関税率表は HS6 桁ベースで約 5000 品目にのぼるが，これまで HS の改正の度に凡そ 200〜400 品目について HS コードが変更されている。

ASEAN では 2016 年 12 月現在，貿易実務面では HS2012 バージョンが用いられている。その一方，ASEAN での FTA では，FTA によって HS2002，HS2007 と HS2012 とが使われている。AFTA，ACFTA，AKFTA は HS2012 バージョン，AIFTA，AANZFTA は HS2007 バージョン，AJCEP は HS2002 バージョンである。特に電気機械は，新たな技術や機能を取り入れた製品が次々と開発されており，その度ごとに，どの HS コードを付与するかなどが議論になる。実際，同一製品であっても，HS の改正によって HS コードが変更される事例も少なくない[13]。その場合，関税の減免を受ける輸入相手国税関に提出する原産地証明書上の HS コードは FTA 毎で指定される HS バージョンでの HS コードを，その一方，貿易書類上の HS コードは現行の HS バージョンを使うことになる。

通常，FTA における関税削減交渉は，基準時点を決め，当該基準時点の MFN 関税率をベースに削減交渉を行っていくため，概して交渉開始年に基準年が設置される場合が多い。そのため ASEAN＋1FTA の場合，中国と ASEAN との交渉開始が 2002 年，その他が 2004〜2005 年のため，HS2002 バージョンをベースに関税削減交渉が行われている。発効後，年数が経過し，実際の貿易手続きで新たな HS バージョンに変わると，ASEAN と対話国との

間で，同HSバージョンと協定上の関税番号を合致させる追加的作業が必要になる。この作業が終了するまで，関税番号における企業の管理負担が課されることになる。また，HSバージョンの移行に伴って，HS番号が統合される場合もある。それら統合される複数の品目について関税率が異なる場合，意図的に高いほうの税率に合わせられるリスクもある。

企業側が使おうとしているFTA毎にHSバージョンが変わることは，企業にとって管理コスト面での問題，さらには輸入相手国の税関や担当官が不慣れな場合，原産地証明書と貿易書類上のHSコードが異なることを要因として，特恵関税適用が否認されるリスクも内包する。例えば，在ASEAN日系企業が音楽用CDを生産し，ASEAN＋1FTAを使い輸出する場合，日本向け，インド向け，中国向け毎に3種類の関税番号を使い分ける必要がある。

世界各国は2017年以降，HS2017[14]を順次導入する。HS2017バージョンではHS6桁ベースで233品目について改正される。ASEANもAHTN2017を導入する。

また，FTAの有無にかかわらず，輸入相手国税関によって異なるHSコードの適用を指示される場合もある。これはHS8桁まで統一しているはずのASEANでも発生する。在タイで家庭用エアコンを製造しているA社は，エアコン（HSコード：8415.10）を製造し，ASEAN域内に輸出している。その際，AFTA特恵関税を享受すべく，タイ商務省外国貿易局に原産地証明書フォームDの発給を申請している。マレーシアが輸入する際はタイ側と同じHSコードが用いられるが，全くの同一モデルであるにも関わらずフィリピン税関では同製品はHS8415.82，ベトナム税関ではHS8415.81と判定されているという。そのため，商務省外国貿易局に対し，仕向け地に応じHSコードを変えてフォームDを発給するよう毎回依頼せざるを得ないという。

関税番号について，輸入税関で輸出者側が当初想定していたHSコードと異なるコードが付与されれば，場合によっては関税率自体が異なり，市場での販売価格にも影響する可能性がある。そのリスクを予め軽減するのが事前教示制度である。事前教示制度は輸入前にカタログや商品情報を輸入国側税関に提供し，HSコードを事前に決定するものである。

ASEANは産業界からの強い要請もあり，加盟各国に事前教示制度の導入を

第 5 章　ASEAN の FTA：その問題点　85

第 5-6 表　ASEAN の FTA で適用されている HS バージョン

FTA	国名	交渉開始年	発効年	適用されているHS	備考
AFTA	ASEAN 域内	1992 年	1993 年	HS2012	
ACFTA	中国・ASEAN	2002 年	2005 年	HS2012	
AKFTA	韓国・ASEAN	2005 年	2007 年	HS2012	
AJCEP	日本・ASEAN	2005 年	2008 年	HS2002	PSR は HS2012 に改定（注）
AIFTA	インド・ASEAN	2004 年	2010 年	HS2007	繊維・繊維製品，衣類は HS2002
AANZFTA	豪 NZ・ASEAN	2005 年	2010 年	HS2007	

（注）　AJCEP の品目別規則について 2011 年 8 月の日 ASEAN 経済相会議で HS2002 から HS2007 への変更作業が完了したことが報告されている。
（資料）　ASEAN 事務局資料をもとに著者が作成

第 5-7 表　5 年ごとの改訂で HS コードが変わった例

製品	HS2002	HS2007	HS2012
カラーテレビ	852812	852872	
ビデオカメラ	852540	852580	
音楽用 CD（記録していないもの）	852432	852340	852341
家庭用掃除機	850910	850811	
リチウムイオン電池		850780	850760

（資料）　上之山（2016）

働きかけてきた。実際の輸出入取引を阻害しないような期間で関税番号が決定される実務的な制度の導入が求められる。

(2) Back to Back とリ・インボイスの併用

　ASEAN では，Back to Back 原産地証明書を発給している。これは商流，物流ともに第三国経由で行われる取引形態である。例えば，自動車部品をフィリピンから ASEAN 域内に AFTA を使って輸出する場合，当該製品が一旦タイの物流倉庫に保管され，ASEAN 各国の顧客の発注に応じて在庫を切り分けて輸出する。その際，フィリピン政府発行のオリジナルの原産地証明書を基に

タイ商務省が分割して発行する Back to Back 原産地証明書を ASEAN 輸入国側で提示することで特恵関税を享受することができる。これを輸出者が使う場合は、フォーム D の第 13 欄にあるボックスにチェックを入れる。第 13 欄には、次の 7 つの用途の場合、ボックスにチェックを入れる。a) 第 3 国インボイス、b) 展示品、c) 累積、d) デミニミス（僅少の非原産材料）、e) 遡及発給、f) 部分累積、そして g) Back to Back 原産地証明書、である。

現在、加盟国税関の中で見解が分かれているのが、g) Back to Back 原産地証明書を用いる場合、第 3 国インボイス、つまり物流倉庫を持つ中間事業者と最終輸入者間での取引で仲介貿易が利用できるかどうかということである。シンガポール税関はこの取引での AFTA 適用は可能という見解を示しているが、一方、タイ税関はこの取引では AFTA 関税の適用を拒否しており、調整が続いている。

一方、産業界等の強い要請を踏まえ、改善したものもある。これが原産地証明書上の FOB（本船甲板渡し条件）価格の表示に関する問題である。近年、仲介貿易を使う在 ASEAN 日系企業が増えており、ジェトロ（2013）によれば、2013 年時点で 33.7％の製造企業が使っている。

ASEAN 側はこれまで原産地証明書フォーム D に「FOB 価格」の記載を求めていた。輸出者と仲介者、そして輸入者が全て同じグループ内企業であれば、大きな問題ではないかも知れない。しかし、商社等第 3 者が介在する仲介貿易の場合、輸入者は「フォーム D 上の FOB 価格」と「仲介国企業からのインボイス」とを比較することで仲介者のマージンを知ることができる。そのため、仲介国企業は最終輸入者に自らのマージンが知られることを避けるため、FTA 利用を忌避する場合も多かった。

当初、ASEAN 側は、FOB 価格の記載について「その検証用途に加え付加価値を累積させる用途にも使用されるため必要」と主張してきたが、度重なる産業界の要望を受けて ASEAN 原産地規則タスクフォースの中で問題を提起し、議論を開始した。その結果、ASEAN 物品貿易協定（ATIGA）の「運用上の証明手続き」（OCP）を改訂し、原産性審査に付加価値基準（RVC）を用いる場合を除き、FOB 価格の記載義務を撤廃することにした。ただし、ミャンマーおよびカンボジアについては準備が整わないとして 2 年間、実施が猶予

された。

　2014年1月以降，加盟国は順次，FOB価格の記載が求められない新フォームDの運用を開始している。また，ASEANはAFTAでの本ルールの適用に合わせてAKFTA，AANZFTA，AJCEPにおいても，原産性審査にRVC基準を用いる場合を除き，FOB価格の記載義務を撤廃するなど，AFTAの制度改正が他のASEAN＋1FTAにも影響を与えている。

(3) 今後発生する問題点（自己証明制度）

　ASEANは産業界の要望に応える形で，AFTAをより柔軟かつ効果的に産業界が活用できるよう改善することを通じて，ASEANでの事業環境を整備し，自らの魅力を高めてきた。そのため，ASEAN域内のFTAであるAFTAが，5つのASEAN＋1FTAに比べて，より自由化水準が高く，かつ最も使い勝手が良いFTAになるよう制度設計を行ってきた。

　ASEAN各国では，主に政府部局が商品の原産性を判定し，原産地証明書（C/O）フォームDを発給する「第三者証明制度」を採用している。しかし，ASEAN域内は距離的にも近接しており，輸入国側通関時にフォームD提出が間に合わないことが散見された。また，国によってはフォームD取得にかかる手続きが煩雑との声や，発給までに時間がかかるとの声も挙がっていた。

　これを踏まえ2010年頃よりASEANはC/O発給時間の短縮と手続きの簡素化・円滑化，AFTA利用の拡大を目指し，「自己証明制度」導入に向けた取り組みを開始した。

　ASEANで導入しようとしている自己証明制度は，原産性審査はフォームDと同様に政府部局が行い，その上で輸出時にフォームDの発給を受ける代わりに，自らインボイスに「原産地申告文言」を記載するなど，最後の発給手続きを企業自身で行うことになる。そのため，日本がスイスやメキシコとのEPAで導入している同制度に比べ，コンプライアンス面ではこれまでの「第三者証明制度」と大きく変わるわけではないことが評価されている。

　現在，ASEANではパイロットプロジェクトとして，2つの制度が並行して運用されている。現行のAFTAでの取引を可能な限り自己証明制度上での適用を目指す第1自己証明制度，そして，特恵関税等の不正適用を防ぐべく，利

用制限的に設計された第2自己証明制度である。第2制度は，具体的に，① 認定輸出者は「製造事業者」のみ，②「原産地申告文言」の記載は「商業インボイス」のみ，③署名権者は「3人」まで，など利用制限的になっている。

　これら2つの制度をパイロットプロジェクトとして並行して運用・評価し，その上で2015年末のAEC設立に合わせて10カ国が参加する「ASEAN地域自己証明制度（AWSC）」を稼働させる予定であったが，期限までに両制度の評価が間に合わず，導入目標を1年先送りした。しかし，今度はASEAN物品貿易協定（ATIGA）に付属する運用上の証明手続き（OCP）の改定に相当の時間を要すること等から，2016年8月にラオスで開催されたASEAN経済相会議で2016年末の導入を断念することが報告された。

　ASEAN事務局関係者によれば，パイロットプロジェクトを実施している中で出てきている課題に，ASEANが実施するFTAの原産地規則の特徴である「付加価値の累積」の適用可否がある。原産地証明書フォームDと自己証明書とで付加価値の累積を認めるか否かについて議論されており，可能な限り現行の企業間取引に影響を与えないような制度構築が求められる。

(4) 今後発生する問題点（「ASEANの中心性」の確保）

　ASEANが今後も有望な投資先としての位置付けを維持するには，AFTAを地域大で最も水準が高いFTAにすることが求められる。実際，2017年1月時点のASEAN全体の自由化率は96.1％である。ASEAN先発加盟6カ国は99.2％，後発加盟4カ国は91.1％である。現在，ASEAN加盟国はASEANの枠組みのもとでのFTAに加え，各国の独自戦略に基づきFTAを締結するなど，東南アジア地域のFTAネットワークは多方面かつ重層的になっている。その中でASEAN各国が個別に域外国に対し，域内に比べより低い関税を付与している場合もある。

　この問題の解消には，ASEAN加盟国に対して「最恵国待遇」（MFN）を適用することが考えられる。ATIGAでは第5条でMFNについて規定している。ATIGA第5条では，他の加盟国は当該加盟国に対し，同等の待遇を付与するよう交渉を要求することができることが明記されている。ただし，最も低い関税率を加盟各国に自動的に提供するMFNの自動適用にまでは踏み込んで

いない。

　ATIGA は最終的に，後発加盟国に対し 2018 年 1 月まで 3 年間の関税撤廃猶予が与えられていた 7% の品目の関税撤廃で完成する。その場合でも，ASEAN 先発加盟 6 カ国で 490 品目，後発加盟 4 カ国で 749 品目の計 1239 品目について関税が残存する。ASEAN 事務局はこれら関税が残存する品目について，他の 5 つの ASEAN＋1FTA ではどのように扱われているか研究を進めている。その結果，ASEAN＋1FTA 毎で 2 割弱から 3 割強の品目で，ASEAN＋1FTA の方が低い関税率が適用されている模様である。

　例えば，ベトナムが ATIGA でスケジュール D，いわゆるセンシティブリストとしている HS0105.99.20（その他の家禽）は既に 5% に削減されており，これ以上削減が求められることはない。しかし，AIFTA では同品目はノーマルトラック 1 に分類され，2018 年 1 月時点で 1%，同年末には関税が撤廃される。ACFTA でもノーマルトラックに分類されており，2015 年時点で既に関税が撤廃されている。AJCEP では基準関税は 5% であるが，カテゴリーは B10* となっており，AJCEP が発効して 11 年目の最初の日に一気に関税が撤廃されることになっている。AJCEP が 2008 年 12 月に発効していることか

第 5-8 表　AFTA と ASEAN＋1FTA との関税率逆転例（ベトナム／HS0105.99.20）

FTA	国名	カテゴリー	基準レート	FTA 特恵税率 2015 年	FTA 特恵税率 2018 年	備考
AFTA	ASEAN 域内	スケジュール H	5%	5%	5%	旧センシティブリスト（SL）
ACFTA	中国・ASEAN	ノーマルトラック	5%	0%	0%	
AKFTA	韓国・ASEAN	ノーマルトラック	5%	5%	5%	公開されている関税率は 2014 年まで。
AJCEP	日本・ASEAN	B10 *	5%	5%	0%	関税削減時期は 4 月 1 日
AIFTA	インド・ASEAN	ノーマルトラック 1	5%	3%	1%	ただし 2018 年末に 0%
AANZFTA	豪 NZ・ASEAN	−	5%	5%	0%	

（注）　AKFTA の 2018 年の関税率はを ASEAN Tariff Finder 参照。
（資料）　ASEAN＋1FTA 協定書，ATIGA 協定書，ASEAN Tariff Finder もとに著者が作成

ら，同品目の関税は2018年4月1日に一度に関税が撤廃される。AANZFTAでは，2015年まで関税率5%が維持されるが，2016年には関税が撤廃される。

しかし，このことはASEAN域内からはより高い税率でしか輸入できないということを意味するわけではない。ASEAN＋1FTAは，「ASEANと＋1との2国・地域間のFTA」ではなく，ASEAN10カ国と＋1による「11カ国間のFTA」である。そのため，特にAFTAで関税が残存している品目の域内取引について，ASEAN＋1FTAを利用して取引することができる。そのため，実質的にASEANの域内から低関税で輸入することが可能である。その意味では，AFTAとASEAN＋1FTAとの関税の逆転現象は，ATIGAの「欠陥」「抜け道」と表現することもできる。

企業は当該品目について，他のASEAN＋1FTAの特恵関税率を知らなければ，AFTAの高い税率が課されることになる。そのため，企業にとってはASEANが締結する6つのFTA，さらには加盟国が締結している二国間FTAらを比較し，特恵関税率が最も低いなど都合が良いFTAを自ら選択しなければならないなど，企業に利用面での負担を強いることになる。この状況を改善するには，それら品目につき1つ1つ関税引き下げを求めていくか，またはMFNの自動適用条項の導入を検討する必要があろう。

おわりに

ASAENは2015年末にASEAN経済共同体（ASEAN Economic Community：AEC）を正式に設立した。ここでは，ⅰ）単一の市場と生産基地，ⅱ）競争力のある地域，ⅲ）公平な経済発展，ⅳ）グローバルな経済への統合，の4つの特徴を持つ統合体を目指した。中でも最も具体的かつ注目されたのは，「単一の市場と生産基地」である。ここには，物品の自由な移動，サービスの自由な移動，投資の自由な移動，資本のより自由な移動，熟練労働者のより自由な移動等が掲げられているが，中でもAECによる統合の中心はAFTAである。

AFTAの自由化率は最終的に2018年1月で98.8％に達する。一方，2015

第5-9表　ASEANのTPP参加国のAFTA・TPPの自由化率

	AFTA（2018年1月）			TPP			備考
	総品目数	残存品目数	自由化率	総品目数	残存品目数	自由化率	
ブルネイ	9,916	72	99.3	8,300	0	100.0	
マレーシア	12,337	155	98.7	10,397	0	100.0	輸入割当は15品目。枠内は0％。
シンガポール	9,558	0	100.0	9,596	0	100.0	
ベトナム	9,471	183	98.1	9,347	19	99.8	卵・塩・砂糖（カテゴリーVN22）

（資料）　ASEAN事務局資料，内閣官房資料をもとに作成

年10月，高い水準の自由化を標榜するTPPが約5年半の交渉を経て大筋合意に達した。ASEANからはブルネイ，シンガポール，マレーシア，ベトナムの4カ国が参加している。これら4カ国のAFTAの自由化率とTPPのそれを比べた場合，シンガポールとブルネイはすべての品目で関税撤廃を約束し，一方，マレーシアとベトナムについては，農林水産品を中心に極めて少量の品目のみ関税や輸入割当が残存する非常に高水準のFTAである。

　また，TPPの対象範囲は21分野に亘り，このうち，電子商取引，労働，制度的事項，分野横断的事項等はWTOでカバーされていない「WTOプラス」であり，「21世紀型新通商ルール」と言われる所以である。WTO多角的貿易自由化交渉が15年以上の長きに亘り停滞を余儀なくされている中，TPP合意はRCEP，米国とEUとで交渉が行われている環大西洋貿易投資連携協定（TTIP），日EU経済連携協定などメガFTAと呼ばれる地域経済圏作りに大きな刺激を与えたことは疑いない。しかし，2017年1月にTPPを「欠陥」と声高に呼んできたトランプ米国大統領の誕生で，TPPは半ば死に体の様相を呈している。これら5年半にも亘る交渉で築きあげた21世紀型新通商ルールを葬ることなく，その要素を様々なFTAの枠組みに移植することが求められる。特に，RCEPまたはASEANが目指すAEC2025でも採用・導入，いわゆる「TPPルールの移植作業」に向けた努力が必要となる。このことは日本がASEANで継続的に資本を投下して創り上げてきたサプライチェーンを通じ東アジア大に広がる日本企業の「稼ぐ力」をより高めることになる。日本企業の

生産ネットワーク全体を包含し，21世紀型新通商ルールを取り入れた地域経済統合体の実現を目指すことは，TPPを含めた自由貿易体制構策のモメンタムを再び取り戻すきっかけになる可能性がある。

(助川成也)

注
1) Severino (2006) p.223.
2) ASEANは品目を，ⅰ)（関税削減）適用品目（IL），ⅱ) 一時的除外品目（TEL；引き下げ準備が整っていない品目），ⅲ) 一般的除外品目（GEL；防衛，学術的価値から関税率削減対象としない品目），ⅳ) センシティブ品目（SL；未加工農産物等適用品目への移行を弾力的に行う品目），ⅴ) 高度センシティブ品目（HSL；米関連品目等）に分け，関税削減・撤廃を目指した。
3) 当時，加盟していたASEAN先発加盟6カ国。
4) アジア通貨危機以降の関税削減の取り組み詳細については，(助川, 2016) を参照のこと。
5) 詳しくは，深沢淳一・助川成也（2014）pp.6-8を参照のこと。
6) ベトナム等一部の国は遅れて参加した。
7) 一旦は2005年12月に署名されたものの，発効前の2006年5月，2006年8月の2度に亘り協定の一部を修正した改訂議定書に署名した。
8) 軍事政権下で策定された憲法により，外国籍の配偶者や子を持つ者は大統領に就くことはできないことから，側近のティン・チョー氏が大統領に就任した。アウン・サン・スー・チーは新設した国家顧問に就任し，実質的に政権を握った。
9) Malcolm H.Dunn and Katrin Kahrs (1997) p.268.
10) Severino (2006) pp.225-226.
11) ただし，29.01，29.02，31.05，39.01，39.02，39.03，39.07，39.08についてはRVC40％以上が適用される。
12) 世界税関機構（WCO）は，国際貿易の円滑化に向け，各国の関税率表の品目分類等を統一するため，HS条約を採択，1988年1月1日に発効した。HS条約の締約国は，自国の関税率表および統計品目表をHS品目表に適合させる義務がある。WCO事務局によれば，世界貿易の98％超をカバー（200カ国・地域以上が使用）し，HS条約締約国は154（153カ国・地域＋EU）という（2016年5月12日現在）。
13) 日本ASEANセンターが2016年2月5日に実施したASEANシンポジウム「メガFTAとASEANの貿易投資環境」で，上之山陽子は「企業から見たFTA活用上の課題」と題した発表の中で，この問題を具体的に指摘している。
14) HS2017での改正は，① 社会的要請を受け番号を新設・変更，② 技術革新を反映した番号の新設，③ 貿易額の少ない品目番号の統廃合，によるもの。① については，国連食糧農業機関（FAO）の提案で，食糧安全保障問題に関し途上国において重要なたんぱく源として利用されている魚および食用の魚のくず肉（頭や尾等）について番号を設置，残留性有機汚染物質に関するストックホルム条約に関し，発がん性・生殖毒性の恐れがあること等が明らかになったマイレックス等多数の物質の番号を新設した。② については，ハイブリッド自動車および電気自動車について，個別の番号を新設，③ でタイプライターの番号を廃止した。

参考文献

石川幸一・清水一史・助川成也(2013),『ASEAN 経済共同体と日本』文眞堂。
上之山陽子(2016),「企業から見た FTA 活用上の課題」(2016 年 2 月 5 日付日本 ASEAN センター講演資料 http://www.asean.or.jp/ja/wp-content/uploads/2016/02/Mega-FTA-No4.pdf(2016 年 10 月 17 日閲覧)。
ジェトロ(2013),(2014),(2015),(2016),『アジア・オセアニア進出日系企業活動実態調査』。
助川成也(2013),「RCEP と ASEAN の課題」山澤逸平・馬田啓一・国際貿易投資研究会編著『アジア太平洋の新通商秩序』勁草書房。
助川成也(2016),「物品貿易の自由化に向けた ASEAN の取り組み」石川幸一・清水一史・助川成也『ASEAN 経済共同体との実現と日本』文眞堂。
深沢淳一・助川成也著(2014),『ASEAN 大市場統合と日本』文眞堂。
山澤逸平,馬田啓一,国際貿易投資研究会編著(2012),『通商政策の潮流と日本』勁草書房。
Erlinda M. Medalla (2011), "Taking Stock of the ROOs in the ASEAN+1 FTAs: Toward Deepening East Asian Integration", Philippine Institute for Development Studies.
Malcolm H.Dunn and Katrin Kahrs (1997), "ASEAN Co-operation: Problems and Prospects".
Rodolfo C. Severino (2006), "Southeast Asia in search of an ASEAN COMMUNITY," Insight from the former ASEAN Secretary-General: Institute of South East Asia Studies, Singapore (ISEAS).
Subash Bose Pillai (2013), "ASEAN and Strategic FTAs", http://www.kas.de/wf/doc/kas_10252-1442-2-30.pdf.(2016 年 10 月 3 日最終閲覧)

第6章

メコンの産業集積：チャイナ+1とタイ+1

はじめに

　インドシナ半島は，その名のとおりインドと中国の二大大国の中間に位置し，ベトナム，ラオス，カンボジア，タイ，ミャンマーの5カ国から成る。これら5カ国はメコン川流域の地域という点でも共通している。このうちカンボジア，ラオス，ミャンマー，ベトナムは，各国の頭文字をとって「CLMV」と呼ばれている。ASEANの中でCLMVは，東アジアの最後のフロンティア市場と呼ばれている。

　CLMVはASEANの中で貿易が拡大している地域である。その要因は，①道路や港湾，工業団地開発などインフラ開発に伴う資材調達（鉄鋼等），②消費市場の拡大という輸入面での拡大に加えて，輸出でも，新たな輸出産業の創出という動きが起きている。すでに，CLMVからはアパレルや雑貨の輸出が拡大しているが，これに加えて，ベトナムから通信機器（スマートフォン）などIT機器の輸出が急増している。

　本章は，CLMVの産業集積の現状を，中国とタイとの中間財貿易の動きを通じて，間接的ではあるが，分析したものである。両国ともCLMVの産業集積地に対して必要な資材・部材供給している。第1節では，CLMVの貿易の全体像を示して，第2節では中国とベトナムの中間財貿易，3節は，タイの対CLMV中間財貿易を通じて，チャイナ+1，タイ+1としてのCLMVの産業集積の現状を捉えた。ベトナムでは中国との間で陸上輸送と航空輸送による電子部品の取引が拡大しており，チャイナ+1が活発化している。一方，タイ+1は中間財貿易の取引をみると停滞している。日系企業は，メコン地域の輸送インフラの整備・改善により，CLMVを製造拠点としてタイや中国華南の産

業集積地と連携させるクロスボーダー生産分業への取り組みが考えられている。

第1節　CLMVの貿易と直接投資受入れ

1. CLMVの貿易

　CLMVの貿易はASEANの中で最も高い伸びで成長している。2009年から2014年間の輸出成長率をみると，ASEAN全体で9.3％，タイが8.2％に対してベトナムが20.1％，カンボジアが16.6％，ミャンマーが30.6％，ラオスが25.2％とカンボジアを除けば20％以上の成長率となっている。ただし，貿易の規模は，輸出でベトナムが1430億ドル，次いでミャンマーの224億ドル，カンボジアが107億ドル，ラオスが46億ドル，ベトナムがタイの6割程度に迫っている他は，まだ規模は小さい。

　規模が小さいから伸び率が高くなっている側面もあるが，新たに輸出品が育ってきていることが輸出の拡大につながっている。カンボジアやミャンマーではアパレル，ベトナムではアパレルに加えて新たに通信機器の輸出が急増している。また，金額は少ないがワイヤーハーネスなどの自動車部品・部材，半導体等の電子部品，食品加工，医療機器なども輸出品として育っている。いずれも日本，韓国，中国などの企業進出によってもたらされたものである。輸出先は，欧米市場である。

　他方，CLMVの輸入は，中国とタイに依存している。特に，ベトナム，ミャンマーは対中輸入依存度が高い。ベトナムの対中輸入額は636億ドルとタイの78億ドルを大きく上回っている。カンボジア，ラオスはタイへの依存度が高い。

　CLMV間の貿易取引は低調であるが，その中では，ベトナムとCLMとの取引が伸びており，特にベトナムの対カンボジア輸出が金額では大きい。

　2001年と2015年におけるCLMVの主要貿易相手国（タイ，ベトナム，中国，日本，米国）との貿易財の変化をみると，CLMVを加工組み立て拠点として周辺国から部材を輸入して製品を輸出する分業が構築されているのがわか

第6-1表 カンボジア, ラオス, ミャンマー, ベトナムの貿易マトリックス(輸出額)(2014年)

(単位:100万ドル)

輸出国 \ 輸出先	カンボジア	ラオス	ミャンマー	ベトナム	タイ	ASEAN10	中国	日本	米国	EU	輸出総計
カンボジア		1	1	568	536	1,550	438	701	2,588	3,642	10,765
ラオス	5		0	735	1,283	2,086	1,601	106	30	270	4,686
ミャンマー	0	0		123	3,561	4,106	14,162	780	84	438	22,460
ベトナム	2,667	477	346		3,476	19,090	14,906	14,704	28,656	27,907	143,039
タイ	4,477	3,991	4,195	7,801		58,795	24,826	21,521	23,720	22,883	225,193
ASEAN10	8,996	4,618	8,332	29,530	44,996	329,770	161,408	120,572	124,354	134,039	1,297,920
中国	3,276	1,848	9,375	63,618	34,311	271,698		149,452	397,099	371,189	2,343,221
日本	254	138	1,185	11,777	31,367	104,621	126,347		130,571	71,726	690,202
米国	328	28	93	5,734	11,810	78,586	123,676	66,827		277,300	1,620,482
EU	380	183	556	7,672	14,821	94,981	183,289	60,884	342,898	3,873,275	5,914,029

(資料) IMF; Direction of Trade Statistics (DOTS) より作成。

る（第6-2表）。財は，素材，中間財（加工品，部品），最終財（資本財，消費財）に分類している[1]。素材は，農産品，原油や鉄鉱石などの鉱物性燃料。中間財は加工品と部品に分かれている。加工品は農産加工品，ガソリン・軽油，化学品，プラスチック製品，鉄鋼などが含まれている。部品は機械機器の部品，半導体などの電子部品，自動車部品などである。資本財には工作機械等の一般機械に加えてコンピュータや通信機器が入っている。

　主要4カ国のCLMVからの輸入でみると，米国や日本の消費財輸入が著増し，中国やタイの輸入では中間財が活発である。米国や日本の輸入ではアパレルや雑貨に加えて，携帯電話などのIT機器製品等の資本財や消費財や自動車部品，電子部品等の中間財（部品）に新たな動きが起きている。

　中国の対CLMV輸入は，加工品がトップでこれはミャンマーの翡翠が大宗を占めている。次いで部品，資本財であるがいずれもベトナムからの輸入である。米国の輸入は，消費財と資本財で9割以上を占めている。

　主要4カ国の対CLMV輸出では，中国とタイが中間財や最終財の輸出で拡大している。中間財は，① 道路や港湾，工業団地開発などインフラ開発に伴う資材調達（鉄鋼等の中間財加工品，機械機器などの資本財），② 電機などの工程間分業による中間財の輸入，③ アパレルなどの加工組立拠点の部材輸入である。特に，金額が大きいのは，中国の対ベトナム中間財輸出（388億ドル）である。また，タイは対カンボジア，ラオスの中間財輸出額で中国を上回っている。

2．CLMVの直接投資受入れと産業集積地

　CLMVの直接投資受入れ額は，ASEAN先発国と比べてみると，ベトナムを除けばきわめて小さい。

　カンボジアは，1994年から2014年までの直接投資受入れは，主要14カ国の累計金額で313億ドル，このうち中国が35％を占めている。中国の対カンボジア投資は，94年から始まり，リゾート開発や水力発電設備など，不動産とエネルギー分野で約8割を占めていた。ほぼすべての水力発電所は中国企業の投資といわれている。近年では，アパレル・製靴関連製造業の進出が相次いでいる。カンボジア縫製製造業協会によると，加盟企業数（2014年10月時

98 第 2 部 深まるアジア経済の相互依存

第6-2表　タイ・ベトナム・中国・日本・米国の対 CLMV・ASEAN 貿易（2001年、2014年）

(単位：100万ドル)

a) 輸出

国名	相手国	2001									2014								
		総額	素材	中間財	加工品	部品	最終財	資本財	消費財		総額	素材	中間財	加工品	部品	最終財	資本財	消費財	
タイ	CLM	1,227	6	724	600	124	490	74	416		12,643	221	7,168	5,898	1,270	5,264	1,815	3,455	
	カンボジア	465	2	243	204	39	217	21	196		4,476	66	2,768	2,179	589	1,645	526	1,120	
	ラオス	409	2	242	197	45	164	31	133		3,973	116	2,215	1,975	240	1,646	742	907	
	ミャンマー	352	3	239	199	40	109	22	87		4,194	39	2,185	1,744	441	1,973	548	1,428	
	ベトナム	794	21	640	492	148	129	51	79		7,791	178	5,166	3,881	1,285	2,473	706	1,772	
	ASEAN10	12,546	474	8,146	3,646	4,500	3,378	1,242	2,136		58,715	1,774	36,374	24,432	11,942	20,901	8,691	12,293	
	World	64,909	2,419	30,029	13,584	16,445	30,381	8,361	22,101		225,013	9,581	111,971	67,625	44,350	104,695	45,742	61,740	
ベトナム	CLM	216	6	153	153	1	48	3	46		3,514	51	2,755	2,596	160	714	257	457	
	カンボジア	146	2	108	108	0	29	1	27		2,685	12	2,171	2,072	99	507	199	308	
	ラオス	64	4	41	41	0	19	1	18		484	31	354	312	42	100	22	78	
	ミャンマー	5	0	4	4	0	1	0	1		345	8	230	212	20	108	37	71	
	ASEAN10	2,554	1,170	746	290	456	564	35	531		19,107	2,702	8,776	7,061	1,716	7,661	3,845	3,841	
	World	15,029	4,049	2,358	1,529	829	8,276	323	7,969		150,217	14,985	38,949	25,798	13,158	95,928	34,551	62,070	
中国	CLM	757	10	428	378	50	316	163	153		14,499	860	7,976	6,193	1,783	5,726	3,471	2,277	
	カンボジア	206	4	145	140	5	55	18	38		3,276	13	2,486	2,314	172	788	450	341	
	ラオス	54	0	17	13	3	37	24	14		1,848	2	1,250	356	895	605	526	81	
	ミャンマー	497	6	266	225	41	223	122	102		9,375	845	4,240	3,523	717	4,333	2,496	1,855	
	ベトナム	1,805	60	1,012	831	181	734	192	541		63,618	438	38,863	27,600	11,273	24,572	12,290	12,462	
	ASEAN10	18,559	929	10,254	5,550	4,704	7,384	3,724	3,737		271,698	2,557	153,183	107,216	45,986	119,174	63,010	57,070	
	World	266,403	8,981	95,306	57,902	37,404	161,786	49,988	112,699		2,343,222	16,032	999,597	585,517	414,418	1,355,507	673,038	699,584	
日本	CLM	249	4	66	33	33	171	148	23		1,579	14	267	189	78	1,274	688	588	
	カンボジア	50	2	12	9	3	34	20	14		328	11	89	59	31	146	69	78	
	ラオス	12	0	2	1	1	9	4	5		138	1	21	17	5	115	67	48	
	ミャンマー	187	2	53	23	29	128	123	5		1,186	1	156	114	43	1,013	552	461	
	ベトナム	1,776	25	1,197	724	472	516	387	129		11,787	369	7,839	4,689	3,150	3,424	2,745	684	
	ASEAN10	54,273	166	36,848	13,281	23,567	14,543	11,328	3,222		104,714	882	70,978	37,389	33,590	29,356	23,320	6,449	
	World	403,247	2,569	203,211	81,529	121,682	181,721	100,080	81,760		690,824	8,075	384,660	190,640	194,024	274,984	158,504	121,123	
米国	CLM	45	20	14	6	8	18	8	10		449	43	97	50	47	322	68	255	
	カンボジア	29	19	7	3	3	12	4	8		328	23	51	24	27	263	31	232	
	ラオス	4	0	2	0	2	2	1	0		28	2	16	13	3	10	6	5	
	ミャンマー	11	2	5	2	3	4	3	1		93	18	30	13	17	49	31	18	
	ベトナム	460	97	179	111	69	204	132	72		5,733	2,764	2,426	1,697	729	1,850	677	1,176	
	ASEAN10	43,788	3,680	27,748	6,602	21,147	12,945	10,286	2,666		78,480	12,892	41,959	21,573	20,388	19,144	11,900	7,322	
	World	729,100	72,502	392,170	169,809	222,361	273,047	161,553	111,758		1,621,172	259,492	797,670	520,061	277,686	543,386	273,300	273,562	

(資料) 各国貿易統計より作成。

第6章　メコンの産業集積：チャイナ+1とタイ+1

b) 輸入

(単位：100万ドル)

国名	相手国	2001								2014							
		総額	素材	中間財	加工品	部品	最終財	資本財	消費財	総額	素材	中間財	加工品	部品	最終財	資本財	消費財
タイ	CLM	909	784	95	94	1	28	5	23	5,920	3,851	1,770	1,282	488	300	40	260
	カンボジア	12	7	2	2	1	3	2	2	590	85	366	31	335	140	18	122
	ラオス	89	30	54	54	0	3	3	0	1,412	28	1,316	1,165	151	68	7	61
	ミャンマー	808	747	39	39	0	22	0	21	3,918	3,738	89	86	2	92	14	77
	ベトナム	326	96	185	22	163	45	8	37	3,942	384	1,406	952	454	2,162	1,518	650
	ASEAN10	11,049	1,776	7,040	2,933	4,107	2,035	1,223	814	43,358	9,563	23,036	13,188	9,849	12,703	6,624	6,166
	World	61,952	9,047	37,399	19,738	17,661	15,259	10,686	4,591	228,070	43,780	126,824	81,813	45,013	60,876	39,590	21,689
ベトナム	CLM	95	40	26	25	2	29	1	28	1,560	451	803	801	2	307	7	300
	カンボジア	23	2	18	18	0	2	1	2	623	124	272	270	2	227	5	222
	ラオス	68	36	6	5	1	26	1	26	802	275	512	511	0	16	1	15
	ミャンマー	4	2	2	2	0	1	-	1	135	52	19	19	0	64	1	63
	ASEAN10	4,172	145	3,001	2,750	251	903	404	500	22,918	1,148	17,049	12,210	4,839	4,932	1,727	3,229
	World	16,218	626	9,996	8,487	1,508	5,314	2,529	2,786	147,839	9,330	104,063	70,768	33,315	34,835	22,055	13,897
中国	CLM	176	92	66	63	3	18	0	18	17,821	4,887	12,035	11,999	35	902	45	868
	カンボジア	35	6	28	28	0	1	0	0	481	169	59	34	25	253	26	227
	ラオス	7	6	1	1	-	-	-	0	1,761	1,366	381	380	1	14	1	13
	ミャンマー	134	79	38	35	3	17	0	17	15,578	3,351	11,594	11,585	10	636	19	629
	ベトナム	1,010	825	77	69	8	108	7	100	19,928	3,540	9,152	3,562	5,590	7,533	4,043	5,283
	ASEAN10	23,230	2,925	16,834	8,866	7,967	3,425	2,490	934	208,087	30,147	140,990	72,264	68,727	40,108	26,208	16,351
	World	243,563	29,713	152,301	91,093	61,207	59,846	48,914	10,942	1,963,105	521,253	941,707	464,353	477,395	430,211	281,901	158,728
日本	CLM	175	9	27	26	2	138	1	137	1,746	89	99	61	37	1,556	8	1,550
	カンボジア	66	0	2	2	0	64	0	64	772	7	46	12	35	718	3	715
	ラオス	7	0	5	5	-	2	0	2	116	40	20	19	0	56	0	56
	ミャンマー	102	9	21	19	2	72	1	71	858	43	33	30	2	782	4	780
	ベトナム	2,605	576	457	171	286	1,564	110	1,457	15,413	2,542	5,600	2,340	3,261	7,275	695	6,618
	ASEAN10	54,389	5,747	27,899	18,061	9,839	19,379	8,670	10,790	115,906	15,482	63,585	46,950	16,643	34,583	10,764	24,481
	World	349,235	68,244	135,763	87,223	48,540	139,323	43,173	96,441	812,954	207,810	339,767	244,011	95,822	261,436	95,704	167,942
米国	CLM	1,436	7	19	19	0	1,412	0	1,412	2,974	22	104	103	1	2,845	2	2,843
	カンボジア	963	2	6	6	0	954	0	954	2,848	11	80	79	1	2,748	2	2,746
	ラオス	4	0	0	0	-	4	0	4	33	10	12	12	0	16	0	16
	ミャンマー	470	5	13	13	0	454	0	454	93	4	12	12	-	81	0	81
	ベトナム	1,053	533	12	8	4	763	2	760	30,616	2,002	4,125	2,009	2,115	25,633	4,899	20,759
	ASEAN10	76,385	3,973	26,864	6,836	20,027	45,441	22,146	23,409	137,491	9,140	47,724	18,772	28,961	84,353	33,459	52,084
	World	1,140,999	208,956	427,745	235,514	192,231	560,196	203,247	358,096	2,356,366	595,013	902,255	532,578	369,794	1,105,730	463,329	652,806

(資料) 各国貿易統計より作成。

点）がガーメント（衣服）工場と履物工場を合わせて 660 社で，そのうち 184 社が中国企業である。カンボジアの繊維産業の 90％は中国企業が所有している。

　ミャンマーの直接投資受入額は，1989 年度から 2013 年度までの累計で 566 億ドル，このうち中国が 31.2％を占めている。中国の投資は，資源・エネルギー分野の大型案件に集中している。2011 年 3 月のテイン・セイン政権発足以降は，日本や韓国，欧米諸国，近隣 ASEAN 諸国などからの直接投資が増加傾向にあり，かつて圧倒的な存在感をみせていた中国の割合は相対的に低下している。

　ベトナムの直接投資受入れでは，2014 年の対内直接投資（認可ベース）は，新規・拡張合わせて 2592 件（前年比 22.3％増），219 億 2165 万ドル（1.9％減）である。国・地域別では韓国が件数・金額とも 3 割強を占めた。新規投資ではサムスン関連の投資が合計 54 億ドルと他を圧倒した。拡張投資では繊維・縫製関連の産業の投資が目立った。日本からの直接投資件数は 517 件と過去最高を記録した一方，認可額は 22 億 9900 万ドルで前年比 60.9％減となった。2013 年末の累積投資額では日本がトップである。

　メコンに進出している日系製造業企業は，在タイ日系現地法人 2178 社（2015 年時点）のうち 9 割超がバンコク首都圏に立地している。また在ベトナム日系現地法人 804 社のうち，約 9 割がメコン経済回廊上（主として東西回廊と南部回廊）に立地している。在カンボジア日系現地法人 61 社のうち 50 社がプノンペン，ラオスでは同じく 17 社のうち 12 社がビエンチャン特別市に立地している[2]。

第 2 節　チャイナ＋1 としてのベトナム

　日系企業がメコン地域（CLMV）を製造拠点として中国華南やタイの産業集積地と連携させる動きが出てきたのは，2000 年代中ごろからのことである。
　その契機となったのが，第 1 は中国一極に生産を集中する中国リスクの顕在化である。第 2 はベトナムで日系物流企業がハノイを基点とした陸送サービ

に参入し始めたことが挙げられる。

1. 中国リスクの顕在化

　中国一極に生産を集中する中国リスクについて日系企業が最初に意識した事件は，2002年11月に発生したSARS（重症急性呼吸器症候群）である。中国ビジネスには，電力不足や法令・運用の不透明性，知的財産権保護，代金回収など多くの問題に直面していたが，これらの問題によって工場の生産がストップすることはなかった。しかし，SARSの発生は違った。従業員がSARSを恐れて出勤を拒否し，生産がストップするという深刻な問題をもたらしたからである。中国生産を代替する他の工場を確保するチャイナ＋1が意識された。

　次に日系企業がチャイナ＋1の重要性を再確認させたのが，2005年4月の反日デモである。この反日デモを契機に，日系企業の間で生産を過度に中国依存する体制を見直す動きが広がった。実際，日系企業の中には，少数ではあるが生産を中国からASEANに移管した企業もあったが，多くの日系企業は直ちに中国での生産を減らすことはしなかった。新規に拡張するときには中国以外のどこかに考えるようになった。

　さらに，2008年以降では，中国が外資利用の見直しを行い，新たに企業所得法や労働契約法を施行して，外資に対する優遇策が廃止されたことで，中国投資のインセンティブが低下した。また，元高傾向が鮮明になったことで日系中小企業や台湾系企業の間でもチャイナ＋1が広がり始めた。

　筆者は，2008年1月にハノイ郊外で家庭用ミシン工場を立ち上げたばかりの日系企業と面談したことがある。この企業は，華南（珠海）で操業していたが，①元高への対応，②欧州向け輸出に最恵国待遇を利用することを目的にハノイ郊外の工場団地に拠点をもう1つ構築した。ベトナムでのオペレーションは，製造面では珠海にある中国人技術者が常駐して対応，経理はベトナム人，社長が日本人という布陣である。当時のベトナム人ワーカーは150人，ハノイ工科大学を卒業したエンジニアを3人採用し，製造現場には華南の工場から派遣された6人の中国人技術者が指導にあたっていた。課題は，部品調達にあった。ハノイ地域で部品を調達することは難しく，嵩ばるモノは内製化，ベトナムで調達できたものはホーチミンの日系企業からの部材，月2回は中国か

ら部品を取寄せていた。

　台湾企業では，EMS 大手フォックスコンが，北部ベトナムに生産拠点を確保すべく，工業団地の開発，インフラ投資，液晶モジュール工場の建設など大規模な投資を計画していた。しかし，2009 年に発生したリーマン・ショックで中断し，中国の内陸部に向かった[3]。

2. 日系物流企業の陸上輸送ルートの開設

　第 2 の契機は，日系物流企業がハノイを基点とした陸送サービスに参入し始めたことである。チャイナ+1 を意識はじめた 2005 年頃と時期は重なる。

　2005 年秋に住友商事系物流会社，住商グローバル・ロジスティクスが，ハノイ～広州間の道路整備をうけて，華南－ハノイ－バンコク間の陸送商業サービスは開始した。当時，ハノイ周辺に進出していたキヤノンやブラザー等の事務機器メーカーは，華南地区から部品を取り寄せていた。一定のニーズが存在していたが，住商グローバル・ロジスティクスは 2007 年 7 月には華南－ハノイ間で定期便サービスに乗り出した。

　日本通運も 2007 年 7 月から深圳とハノイを結ぶ 10 トントラックの混載輸送の定期便サービスを始めている。中国華南地区からベトナム向けに部品輸送が増大していることに対応したものである。ハノイ周辺には，事務機器のみならず自動車産業が進出していたが，生産量が少ないため，部品は中国で調達するケースが多かったが，少量部品の調達のため生産コストに占める物流コスト高が問題視されていた。日通はハノイ向け部品を火曜日に集約して，水曜日に深圳を出発し，深圳からハノイまでの区間 1200 キロメートルを 3 日間かけて輸送し，金曜日中にはハノイ近辺の工場に配達するルートを開設した。

　郵船航空サービスも 2007 年 7 月から華南－ハノイ間で混載定期便サービスの開始を発表した。日本ロジテムはラオスの物流・倉庫会社を買収，日新はラオスに積み替え施設を保有，陸送サービスで実績のあるオランダ企業と提携し，バンコク－ハノイ間陸送サービス網の基盤強化を進めた。

　中国とハノイの輸送は，それまでは海上輸送に頼っていたが，海上輸送の難点は，ハノイのハイホン港が河川港であるため深さが足りず，潮の干満が激しく，安定的な接岸ができないことであった。また，岸壁のキャパシティ不足も

あって，リードタイムが不定期で生産計画に支障をきたすこともあった。陸上輸送の開始により，海上輸送では通常1週間以上かかっていたものが，半分以下のリードタイムに短縮することができた。運賃は海上輸送より割高だが，航空輸送並み（2日）のリードタイムで輸送できることがメリットである。

3. サムスン電子の投資とTPP参加表明

　中国リスクや陸上輸送路の新規開拓により，チャイナ＋1の受け入れ先として，ベトナム北部が有力先であった。しかし，チャイナ＋1が喧伝された当時（2005年），ベトナムの投資環境は，ASEAN先発国であるタイと比べて見劣りするものであった。外資系企業が製造拠点を決定する要因は，①労働力が質・量とも十分に確保できるか，②部品の調達が容易なこと（裾野産業が存在すること）③ロジインフラが整備されていること（道路，港湾，鉄道，空港）である。この視点から見ると，ASEANではタイに優位性があった。タイは①裾野産業が整っている（自動車，家電），②人材が育っている。日本式生産が普及している。③インフラが整備されている（東西回廊，南北回廊などタイが結節点）等の優位性があった。特に，ベトナムは裾野産業の発展が遅れていることが，量産型の大型工場の新規投資を躊躇させる要因となっていた。ベトナムをグローバル拠点として位置付け量産型工場を立ち上げた企業は，キヤノンである。キヤノンは，2002年にプリンターの生産をメキシコからハノイに移管し，インクジェットプリンター，レーザープリンター，スキャナー等を生産して，世界市場向けの輸出拠点とした。しかし，チャイナ＋1の候補先としてベトナムが脚光を浴びても，キヤノンに続くような企業は出てこなかった。

　転機が訪れたのは，2010年である。サムスン電子の携帯電話の量産工場が立ち上がったことに加えてベトナムがTPP（環太平洋戦略的経済連携協定）に参加表明した。

　前者のサムスン電子は，2009年に北部バクニン省で携帯電話の工場建設を発表し，2010年に稼働した。2014年3月には，北部タイグエン省でスマートフォンの生産を開始し，同年11月には，新携帯電話工場の建設を目的とした，30億ドルの追加出資の認可を同省より取得した。サムスンの携帯電話生

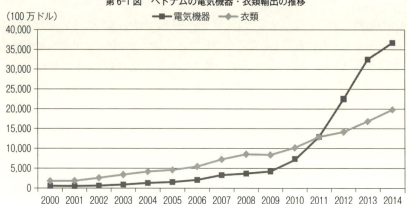

第6-1図　ベトナムの電気機器・衣類輸出の推移

(注)　電気機器 HS85, 衣類 HS61-62
(資料)　ベトナム貿易統計より作成。

産の半分はベトナムで生産されているという。また，サムスンディスプレーがバクニン省でスマートフォン用ディスプレー工場建設（10億ドル）の認可を取得している。サムスンは，ホーチミンでも市内にあるサイゴンハイテクパークでテレビ，エアコン，洗濯機などの家電生産を始めることになっている。2014年のベトナムの投資受入れでは，サムスン電子が飛びぬけて大きい[3]。

　サムスン電子の現地生産によってベトナムの輸出が大きく変わった。ベトナムの主力輸出品は，アパレル，原油，食料品，履物であったが，2011年には，電機が衣類とならび，2012年に電話機・部品が衣類を抜いて製品として単独トップに躍り出た（第6-1図）。

　ベトナムのTPP参加は，2010年11月14日に横浜で開催されたAPEC首脳会議に出席したグエン・ミン・チエット国家主席（当時）がTPP交渉参加国首脳会合に出席し，正式に交渉に参加することを表明した。ベトナムにとってTPP加盟の目的の1つは，米国向け主要輸出品目の縫製品，靴，水産品などの輸出の拡大である。対米貿易は，主要貿易相手国の中で一番大きく，中でも縫製品の占める割合が大きい。

　ベトナムは2007年1月にWTOに正式加盟して，繊維製品の数量制限（クオータ）が撤廃されたことで，縫製品の輸出が増加した経験がある。縫製品の

輸出は，2009年はリーマン・ショックで落ち込んだが，輸出に勢いを増した。背景には，TPPによる関税撤廃でベトナムの対米輸出の競争力が向上するという思惑が働いたことである。

4. 広がるベトナムの中間財の調達

ベトナムは，縫製品に加えて携帯電話などのIT機器の加工組立拠点となった。これによってベトナムは，前述したように中間財の輸入が急増する。

第6-3表はベトナムの財別輸入（2014年）と中国の占めるシェアを示している。2014年でベトナムの輸入の7割，1040億ドルが中間財である。中間財は，加工品と部品に分かれる。加工品の輸入は，ガソリン，鉄鋼および繊維（HS50～60）の加工品が3大品目であった。部品は，電機が大宗を占め，このうち電話機の部分品（HS851770）と集積回路（HS854239）で5割弱を占めている。

第1に，ベトナムの中間財の最大の輸入先は中国である。中国占めるシェアは，鉄鋼では50.6％，繊維では綿・織物が60.2％，長繊維が39.8％，短繊維が46.5％等。加工品の主要品は中国に依存している。

一方，部品では，電機部品の34.4％が中国，韓国が25.1％，日本が10.1％と続いている。中国は電話機部品が71.8％と他を圧倒している。一方，集積回路は韓国が30.1％を占めている。

第2は，中国の対ベトナム電機機器輸出の輸送モード別形態をみると，陸上（トラック）と空路（航空機）が上回っている。2012年に空路が海上を抜き，2013年には陸路が空路を抜いた。華南を中心とした中国の産業集積地と北部ベトナムの産業集積地が空路と陸路を組み合わせた効率的な輸送モードでサプライチェーンが形成されている。

中国の対ベトナム輸出を輸送モード別にみると，海上輸送が52.6％，陸上（自動車）が38％，鉄道が1.6％と海上と陸上で9割を占めている。2005年では海上が76.6％，自動車が15.4％，この10年間で自動車による輸送が20％ポイント以上も拡大した。中国華南と北部ベトナムを陸上輸送ルートの開拓がこうした変化をもたらしたものと言えよう。

第6-3表 ベトナムの財別輸入と中国のシェア（2014年）

HS2	2桁品目名	輸入金額 (100万ドル)							輸入総額に占める中国のシェア (%)					
		総額	素材	中間品	加工品	部品	最終財	資本財	消費財	総額	素材	中間品	加工品	部品	最終財	資本財	消費財
03	魚並びに甲殻類、軟体動物及びその他の水棲無脊椎動物	1,050	-	0	0	-	1,050	-	1,050	3.9	-	-	35.7	-	3.9	-	3.9
10	穀物	1,924	1,917	-	-	-	7	-	7	1.8	1.8	-	-	-	1.8	-	-
12	採油用の種及び果実、各種の種及び果実、工業用又は医薬用の植物並びにわら及び飼料用植物	1,013	1,010	4	-	-	-	-	-	3.0	3.1	-	0.7	-	-	-	-
23	食品工業において生ずる残留物及びくず並びに調製飼料	3,254	192	3,054	3,054	-	7	-	7	8.0	1.1	8.5	8.5	-	-	-	-
27	鉱物性燃料及び鉱物油並びにこれらの蒸留物、瀝青質物質並びに鉱物性ろう	10,444	841	9,603	9,603	-	-	-	-	20.8	2.2	22.4	22.4	-	-	-	-
29	有機化学品	2,725	-	2,725	2,725	-	-	-	-	29.1	-	29.1	29.1	-	-	-	-
30	医療用品	2,174	-	303	303	-	1,871	-	1,871	2.8	-	4.9	4.9	-	2.5	-	2.5
31	肥料	1,241	20	1,228	1,228	-	-	-	-	51.3	28.2	51.5	51.5	-	-	-	-
32	なめしエキス、タンニン及びこれらの誘導剤、染料、顔料その他の着色料、ペイント、ワニス、パテその他のマスチック並びにインキ	1,083	-	1,082	1,082	-	2	-	2	25.9	-	25.9	25.9	-	60.3	-	60.3
38	各種の化学工業生産品	2,108	-	1,277	1,277	-	829	-	829	30.0	13.0	16.4	16.4	-	51.0	-	51.0
39	プラスチック及びその製品	9,715	52	8,647	8,647	-	1,016	-	1,016	15.2	0.9	13.4	13.4	-	30.8	-	30.8
40	ゴム及びその製品	1,547	177	1,267	905	362	104	-	104	16.5	2.1	17.2	15.3	22.1	32.4	-	32.4
41	原皮（毛皮を除く。）及び革	1,686	114	1,572	1,572	-	-	-	-	10.4	3.2	10.9	10.9	-	-	-	-
44	木材及びその製品並びに木炭	2,157	531	1,624	1,624	-	2	-	2	9.8	0.0	12.9	12.9	-	48.0	-	48.0
48	紙及び板紙並びに製紙用パルプ、紙又は板紙の製品	1,888	-	1,874	1,874	-	343	-	343	21.4	-	21.2	21.2	-	15.1	-	15.1
50	絹及び絹織物	74	0	74	74	-	-	-	-	71.1	2.0	73.1	73.1	-	65.4	-	65.4
51	羊毛、繊獣毛、粗獣毛及び馬毛の糸並びにこれらの織物	3,206	9	3,198	1,767	-	8	-	8	62.6	63.0	63.1	63.1	-	54.1	-	54.1
52	綿及び綿織物	3,206	1,423	1,767	1,767	-	15	-	15	33.5	0.0	60.2	60.2	-	60.9	-	60.9
53	その他の植物性紡織用繊維及びその紡織用繊維並びに紙糸及びその織物	39	3	36	36	-	-	-	-	69.0	1.5	74.5	74.5	-	-	-	-
54	人造繊維の長繊維並びに人造繊維の織物及びストリップその他これに類するもの	1,955	-	1,954	1,954	-	1	-	1	39.8	-	39.8	39.8	-	30.9	-	30.9
55	人造繊維の短繊維及びその織物	2,845	-	2,832	2,832	-	12	-	12	46.5	-	46.5	46.5	-	52.7	-	52.7
56	ウォッディング、フェルト、不織布及び特殊糸並びにひも、綱及びケーブル並びにこれらの製品	620	-	620	620	-	-	-	-	32.4	-	32.4	32.4	-	-	-	-
57	じゅうたんその他の紡織用繊維の床用敷物	41	-	-	-	-	41	-	41	39.6	-	-	-	-	39.6	-	39.6
58	特殊織物、タフテッド織物類、レース、つづれ織物、トリミング及びししゅう布	897	-	897	897	-	0	-	0	42.6	-	42.6	42.6	-	99.1	-	99.1
59	染み込ませ、塗布し、被覆し又は積層した紡織用繊維の織物製品及び工業用の紡織用繊維製品	963	-	961	882	79	2	-	2	43.1	-	43.4	43.4	38.8	74.0	-	74.0
60	メリヤス編物及びクロセ編物	3,192	-	3,192	3,192	-	-	-	-	44.8	-	44.8	44.8	-	-	-	-
	小計 (HS50-60)	13,986	1,435	12,469	12,390	79	81	-	81	41.4	0.5	46.1	46.1	38.8	48.0	-	48.0
72	鉄鋼	9,290	1,242	8,049	8,049	-	-	-	-	43.8	0.0	50.6	50.6	-	-	-	-
73	鉄鋼製品	3,193	-	3,016	3,007	9	177	142	35	32.0	-	32.1	32.1	31.5	30.1	26.4	45.0
74	銅及びその製品	1,712	16	1,696	1,696	-	92	-	92	16.4	0.2	16.6	16.6	-	33.5	-	33.5
76	アルミニウム及びその製品	1,694	16	1,648	1,648	-	30	22	8	19.8	3.1	19.9	19.9	-	22.9	15.4	44.7
84	原子炉、ボイラー及び機械類並びにこれらの部分品	17,143	-	5,187	5,187	5,187	12,488	11,749	738	35.7	-	38.0	38.0	-	34.6	35.8	14.8
85	電気機器及びその部分品、録音機及び音声再生機器並びにテレビジョンの映像及び音声の記録用又は再生用の機器並びにこれらの部分品及び附属品	34,081	0	26,986	1,167	25,839	7,270	6,577	1,809	40.4	-	35.8	35.1	51.4	57.7	60.5	52.6
851770		7,378	-	7,378	-	7,378	-	-	-	71.8	-	71.8	-	71.8	-	-	-
854229	集積回路—その他のもの	8,174	-	8,174	-	8,174	-	-	-	10.3	-	10.3	-	10.3	-	-	-
87	鉄道用及び軌道用以外の車両並びにその部分品及び附属品	3,183	-	1,253	1,253	-	1,930	1,471	459	29.1	-	12.4	12.4	-	19.3	45.6	3.1
90	光学機器、写真用機器、映画用機器、測定機器、検査機器、精密機器及び医療用機器並びにこれらの部分品及び附属品	2,926	-	1,162	956	206	1,764	1,619	146	13.1	-	13.0	13.0	9.5	34.6	14.5	4.8
	小計	131,216	7,563	95,727	62,811	32,936	29,061	21,581	8,597	30.6	1.4	31.2	29.5	34.6	36.1	42.3	24.2
	総計	147,839	9,330	104,063	70,768	33,315	34,835	23,055	13,897	29.5	4.2	30.7	29.0	34.4	33.4	41.7	23.0

（資料）ベトナム貿易統計より作成。

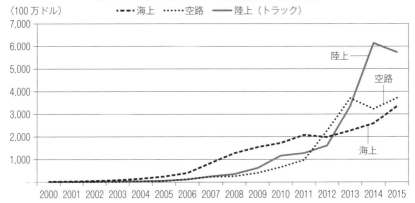

第 6-2 図　中国の対ベトナム電気機器輸出（輸送路別）

（注）　電気機器 HS85
（資料）　中国貿易統計より作成。

第 3 節　タイ＋1 としての CLMV

1. タイ＋1 の背景

　2010 年頃になると日系企業の間で，タイ国境をわずかに越えた周辺国の国境近隣に，タイにある既存工場の生産ラインの労働集約的な部分を切り出し，衛星工場・分工場を設置して，カンボジアやラオスなど周辺国に工程間分業を行う動きが散見されるようになった。

　2011 年に小型モーター生産大手のミネベアが，カンボジアの首都プノンペンに工場を建設した。2012 年には，ワイヤーハーネス製造やその他電気電子産業，自動車部品製造の労働集約型工程がラオスやカンボジアに進出し始めた。住友電装，矢崎総業がタイと国境を接するカンボジアの町コッコンに進出した。2013 年は，日本電産グループが，タイ・サケオ県アランヤプラテート国境にあるカンボジア・ポイペト市郊外にハードディスク駆動装置（HDD）用筐体（きょうたい）部品ベースプレートの生産拠点を設け，同年 2 月に本格稼働した。カメラ製造大手のニコンは一眼レフ・デジタル・カメラの生産工程の一部をラオスのサバナケットに移設し，2013 年 10 月から生産を開始した。

同じくサバナケットには，トヨタ紡織は2014年5月に自動車用シート・カバーの生産工場を建設し，生産を開始した。

これらタイ＋1の背景には，①2011年大洪水で生産停止を余儀なくされた経験から生産工程の同時停止リスクを避けるための工場分散，②労働コスト削減，③タイ国内協力工場などでの労働力確保難の顕在化，④全国一律最低賃金制度によるタイの地方進出の魅力低減等がある。このようなタイでの増産可能性は早晩限界を迎えるとの見込みから，在タイ日系企業の間では，カンボジア，ラオスに生産拠点を求める企業が出てきている。一方，カンボジアとラオスは，タイとの国境地帯を中心に経済特区（SEZ）をはじめとした工業団地の整備を進めている。

2. 南部経済回廊

メコン地域で，タイ＋1の動きが活発化している経済回廊が南部回廊沿いである。南部経済回廊は，ミャンマーのダウェイ～カンチャナブリ新国境～バンコク～アランヤプラテート・ポイペト国境～プノンペン～バベット・モクバイ国境～ホーチミン～ブンタウに至る回廊であるが，バンコク，ホーチミン，プノンペンの3都市圏を結ぶ地域に立地が集中している。メコン地域では，バンコクに日系企業が最も集積している。日系企業はバンコク，次いでホーチミンにまず集積が進み，2010年代に入ってから「タイ＋1」の対象地としてプノンペンに進出ラッシュが起った。タイとの国境に接するカンボジア側には，ポイペトとコッコンに工業団地がある。ポイペトサンコSEZには日系企業が1社，さらにもう1社入居予定である。コッコンSEZには2社，プノンペンには58社，シアヌークビル港SEZに3社，シアヌークビルSEZに1社がそれぞれ操業している。

他方，ベトナムと国境を接するバベットには，タイセンSEZやマンハッタンSEZ，ドラゴンキングSEZなどに16社の日系企業が操業している。ホーチミン（港）との距離の近さに目を付けた日本，台湾，中国などのメーカーが数多く進出している。カンボジアで製造された製品は，直接，ホーチミンの港まで運ばれてそこから欧米市場に出荷される。また，ホーチミンからバベットやプノンペン向けはアパレルの部材が搬送されるが，部材は中国品など海外品

第6-3図　南部回廊と南部沿岸回廊

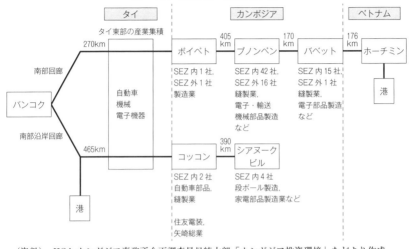

（資料）　JICA カンボジア事務所企画調査員丹崎太郎「カンボジア投資環境」などより作成。

が多く、ベトナム産は少ない。

3．タイの中間財輸出

　日系企業のタイ＋1は、周辺国との中間財貿易を促進している。第6-4表はタイの ASEAN10 向け財別輸出額と CLMV が占めるシェアである。タイの ASEAN10 向け中間財輸出に占める CLMV の割合は39.9％と4割に達している。タイの最大の輸出先は ASEAN ではカンボジア、次いでラオス、ミャンマーである。タイの対 ASEAN 中間財輸出のうち、加工品輸出は対 CLMV 輸出が48.1％と過半近くを占めている。加工品の中でも鉱物性燃料（ガソリンなど）、プラスチック、貴石、鉄鋼などの金額が大きい。輸出金額は小さいがタイの繊維輸出の6割近くは CLMV 向けである。

　中間財の対 ASEAN 部品輸出では、23.5％が対 CLMV 向けである。加工品と比べて部品の CLMV 向け輸出比率は低い。業種（HS2桁）別では、一般機械（HS84）が18.1％、電機（HS85）が25.7％、自動車（HS87）が21.3％を占めている。輸出金額では電機が最も大きい。これらの部品輸出の一部がタイ＋1としてカンボジア、ラオスに進出した日系企業が取り扱っている。第6-4図

第 2 部　深まるアジア経済の相互依存

第 6-4 表　タイの ASEAN10 への財別輸出と CLMV のシェア (2015 年)

HS2	2桁品目名	ASEAN10 への輸出 (100万ドル)							ASEAN10 の輸出に占める CLMV のシェア (%)						
		総額	素材	中間財	加工品	部品	最終財	資本財	消費財	総額	素材	中間財	加工品	部品	最終財	資本財	消費財
08	食用の果実及びナット、かんきつ類の果皮並びにメロンの皮	416	5	-	-	-	411	-	411	81.8	39.7	-	-	-	82.3	-	82.3
11	穀粉、加工穀物、でん粉、イヌリン及び小麦グルテン	432	-	430	430	-	2	-	2	4.9	-	4.5	4.5	-	82.5	-	82.5
17	糖類及び砂糖菓子	1,437	-	676	676	-	761	-	761	43.8	-	11.3	11.3	-	72.6	-	72.6
19	穀粉、穀粉、でん粉又はミルクの調製品及びベーカリー製品	537	-	205	205	-	333	-	333	62.6	-	54.3	54.3	-	67.8	-	67.8
21	各種の調製食料品	690	-	4	4	-	686	-	686	59.2	-	47.8	47.8	-	59.3	-	59.3
22	飲料、アルコール及び食酢	1,246	-	41	41	-	1,205	-	1,205	85.4	-	2.7	2.7	-	88.3	-	88.3
25	塩、硫黄、土石類、プラスター、石灰及びセメント	809	187	622	622	-	-	-	-	69.6	28.9	81.8	81.8	-	-	-	-
27	鉱物性燃料及び鉱物油並びにこれらの蒸留物、瀝青物質並びに鉱物性ろう	6,149	68	6,081	6,081	-	-	-	-	53.3	40.8	53.4	53.4	-	-	-	-
29	有機化学品	1,282	-	1,282	1,282	-	-	-	-	30.6	-	30.6	30.6	-	-	-	-
30	医療用品	284	0	47	47	-	237	-	237	72.9	85.8	76.0	76.0	-	72.2	-	72.2
31	肥料	125	10	115	115	-	-	-	-	98.5	95.6	98.7	98.7	-	-	-	-
33	精油、レジノイド、調製香料及び化粧品類	719	-	17	17	-	702	-	702	37.9	-	68.1	68.1	-	37.2	-	37.2
38	各種の化学工業生産品	354	0	236	236	-	117	-	117	56.3	67.4	56.3	56.3	-	56.3	-	56.3
39	プラスチック及びその製品	3,139	8	2,817	2,817	-	314	-	314	38.5	86.7	36.6	36.6	-	53.6	-	53.6
40	ゴム及びその製品	1,863	720	1,095	408	687	48	-	48	25.1	4.6	38.6	28.6	44.5	25.6	-	25.6
48	紙及び板紙並びに製紙用パルプ、紙又は板紙の製品	602	-	583	583	-	51	-	51	55.4	-	55.0	55.0	-	40.7	-	40.7
50	絹及び絹織物	0	0	0	0	-	0	-	0	32.1	100.0	27.3	27.3	-	99.4	-	99.4
51	羊毛、繊獣毛、粗獣毛及び馬毛の糸及びこれらの織物	1	0	1	1	-	0	-	0	88.9	100.0	89.0	89.0	-	-	-	-
52	綿及び綿織物	172	1	171	171	-	0	-	0	82.0	73.2	82.1	82.1	-	75.3	-	75.3
53	その他の植物性紡織用繊維及びその織物、紙系及びその織物	-	-	-	-	-	-	-	-	46.6	27.8	95.3	95.3	-	-	-	-
54	人造繊維の長繊維及びその織物並びにストリップその他これに類する人造繊維材料	213	0	213	213	-	0	-	0	67.0	-	67.0	67.0	-	66.6	-	66.6
55	人造繊維の短繊維及びその織物	330	0	329	329	-	1	-	1	45.2	56.5	45.1	45.1	-	82.5	-	82.5
56	ウォッディング、フェルト、不織布及び特殊糸並びにひも、綱及びケーブル並びにこれらの製品	190	-	190	190	-	-	-	-	46.7	-	46.7	46.7	-	-	-	-
57	じゅうたんその他の紡織用繊維の床用敷物	27	-	-	-	-	27	-	27	28.3	-	-	-	-	28.3	-	28.3
58	特殊織物、タフテッド織物類、レース、つづれ織物、トリミング及びししゅう布	53	-	53	53	-	0	-	0	71.5	-	71.5	71.5	-	84.4	-	84.4
59	染み込ませ、塗布し、被覆し又は積層した紡織用繊維の織物及び工業用の紡織用繊維製品	45	-	45	33	11	0	-	0	25.3	-	25.2	24.5	27.4	44.0	-	44.0
60	メリヤス編物及びクロセ編物	216	-	216	216	-	-	-	-	67.1	-	67.1	67.1	-	-	-	-
	課税 (HS50-60) 小計	1,247	1	1,218	1,206	11	28	-	28	58.1	61.9	58.7	59.0	27.4	30.9	-	30.9
61	衣類及び衣類附属品 (メリヤス編み又はクロセ編みのものに限る。)	77	-	-	-	-	77	-	77	46.5	-	-	-	-	46.5	-	46.5
62	衣類及び衣類附属品 (メリヤス編み又はクロセ編みのものを除く。)	77	-	-	-	-	77	-	77	43.6	-	-	-	-	43.6	-	43.6
71	天然又は養殖の真珠、貴石、半貴石、貴金属及び貴金属を張った金属並びにこれらの製品、身辺用模造細貨類並びに貨幣	1,785	3	1,642	1,642	-	140	0	140	60.3	18.2	65.1	65.1	-	3.8	16.1	3.8
72	鉄鋼	430	27	403	403	-	-	-	-	48.0	27.0	49.4	49.4	-	-	-	-
73	鉄鋼製品	1,426	-	1,089	1,089	-	337	314	23	51.3	-	41.2	41.2	-	74.3	86.8	45.5
74	銅及びその製品	288	19	269	269	-	11	-	11	34.3	8.6	36.1	36.1	-	9.6	-	9.6
83	各種の卑金属製品	293	-	285	179	106	9	8	-	33.3	-	32.5	44.0	13.1	60.1	65.3	24.0
84	一般機械及び部品	7,665	-	3,128	179	3,128	4,583	3,152	1,431	29.0	-	18.1	18.1	-	48.9	65.3	48.9
85	電気機器	5,906	1	4,310	351	3,959	1,753	1,467	373	31.9	3.1	27.7	50.3	18.1	39.8	41.6	28.4
86	鉄道用又は軌道用機関車及び車両並びにこれらの部分品、鉄道又は軌道の線路用敷設用品及び機械式交通信号用機器 (電気機械式のものを含む。)	12	-	-	-	-	12	12	-	37.3	-	-	-	-	55.3	37.0	-
87	車両及び部分品	7,315	-	2,463	2,463	-	4,852	1,820	3,031	26.5	-	21.3	21.3	-	29.2	43.2	20.8
88	航空機及び宇宙飛行体並びにこれらの部分品	137	-	119	119	-	18	18	0	2.8	-	3.2	3.2	-	0.0	0.0	0.7
89	船舶及び浮き構造物	1,003	0	-	-	-	1,003	989	14	0.7	-	-	-	-	0.7	0.7	3.7
90	光学機器	530	-	207	85	123	323	319	4	23.1	-	22.5	24.2	21.3	23.5	23.6	20.9
94	家具、寝具、マットレス、マットレスサポート、クッションその他これらに類する詰物をした物品並びにランプその他の照明器具 (他の類に該当するものを除く。) 及びイルミネーションサイン、発光ネームプレートその他これらに類する物品並びに組立て式建築物	192	0	120	105	16	72	21	51	47.1	-	40.7	36.4	70.1	57.6	73.5	51.0
96	雑品	208	-	23	23	-	185	0	184	44.7	13.7	38.8	38.8	-	40.7	25.9	40.7
	小計	48,678	1,050	29,529	18,917	10,612	18,346	8,120	10,313	39.5	26.8	47.5	47.5	23.3	41.8	34.0	47.7
	総額	54,233	1,377	32,147	21,446	10,701	20,979	8,251	12,815	40.4	26.8	48.1	48.1	23.5	41.8	34.6	46.3

(資料) タイ貿易統計より作成。

はタイの一般機械（HS84），電機（HS85），自動車（HS87）の対CLMV部品輸出の推移をみたものである。CLMV向け部品輸出は，2003年から緩やかではあるが伸び始め，リーマン・ショックでやや落ち込んだが，すぐに回復した。しかし，2012年には自動車部品が落ち込み，以降，伸び率は鈍化した。次に，一般機械が2014年に減少に転じて落ち込んでいる。逆に電機は2013年から急激に拡大している。

タイのASEAN向け中間財部品輸出に占めるCLMVのシェアは，2005年に7.7％，2015年は23.5％と拡大傾向にある。このうちベトナムが占めるシェアは，2005年の5.0％が2015年に12.9％に拡大している。ほぼ半分がベトナム向けとなっている。また，タイの対CLMV向け電機部品の輸出は，2015年で10億ドルである。このうち52.6％がベトナム向けである。ラオスやカンボジアよりはベトナム向けの方が大きい（第6-5表）。ベトナムは前述したように携帯電話などのIT機器の生産が拡大しており，必要な電子部品の調達先がタイにまで広がってきていることを反映したものというよう。他方，タイの賃金高騰，人手不足が顕著であった2013年頃はラオスやカンボジアにタイのサテライト工場設立の動きが活発に見られたが，2016年時点ではタイ国内市場の停滞などにより，タイ国内拠点の生産余力ができたことから，分工場新設に向

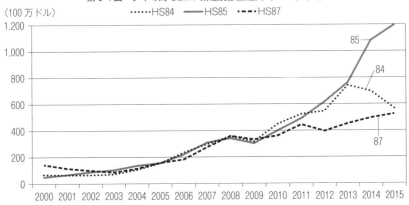

第6-4図　タイの対CLMV業種別部品輸出（HS84,85,87）

（注）　HS84 一般機械，HS85 電機機器，HS87 自動車
（資料）　タイ貿易統計より作成。

第6-5表　タイの対CLMV電機部品貿易（2015年）

（単位：100万ドル）

		対カンボジア				
順位		輸出			輸入	
	HS4	4桁品目名	金額	HS4	4桁品目名	金額
1	8529	第85.25項から第85.28項までの機器用部分品	50.6	8529	第85.25項から第85.28項までの機器用部分品	164.7
2	8537	電気制御用又は配電用の盤，パネル，コンソール，机，キャビネット及び数値制御用の機器	33.6	8544	電気絶縁をした線，ケーブルその他の電気導体及び光ファイバーケーブル	73.6
3	8507	蓄電池	18.5	8536	電気回路の開閉用，保護用又は接続用の機器（使用電圧1,000v以下）並びに光ファイバー用又は光ファイバーケーブル用の接続子	3.8
4	8534	印刷回路	18.2	8503	第85.01項又は第85.02項の機械用部分品	2.6
5	8536	電気回路の開閉用，保護用又は接続用の機器（使用電圧1,000v以下）並びに光ファイバー用又は光ファイバーケーブル用の接続子	14.5	8537	電気制御用又は配電用の盤，パネル，コンソール，机，キャビネット及び数値制御用の機器	1.3
6	8533	電気抵抗器	14.3	8543	電気機器（固有の機能を有するもの）	0.6
7	8511	火花点火式又は圧縮点火式の内燃機関の点火又は始動用電気機器並びに内燃機関用発電機及び開閉器	7.8	8531	電気式の音響信号用又は可視信号用の機器	0.2
8	8544	電気絶縁をした線，ケーブルその他の電気導体及び光ファイバーケーブル	6.6	8514	工業用又は理化学用の電気炉及び工業用又は理化学用のその他の機器	0.0
9	8539	フィラメント電球及び放電管並びにアーク灯	5.8	8539	フィラメント電球及び放電管並びにアーク灯	0.0
10	8512	電気式の照明用又は信号用の機器，ウインドスクリーンワイパー及び曇り除去装置（自転車又は自動車用。）	5.1	8507	蓄電池	0.0
		10品目 小計	174.9		10品目 小計	246.8
		総計	185.6		総計	246.8
		対ラオス				
順位		輸出			輸入	
	HS4	4桁品目名	金額	HS4	4桁品目名	金額
1	8534	印刷回路	90.2	8529	第85.25項から第85.28項までの機器用部分品	269.5
2	8529	第85.25項から第85.28項までの機器用部分品	56.3	8544	電気絶縁をした線，ケーブルその他の電気導体及び光ファイバーケーブル	8.3
3	8542	集積回路	13.1	8504	トランスフォーマー，スタティックコンバーター及びインダクター	1.9
4	8537	電気制御用又は配電用の盤，パネル，コンソール，机，キャビネット及び数値制御用の機器	10.8	8534	印刷回路	1.5
5	8507	蓄電池	6.7	8533	電気抵抗器	0.3
6	8536	電気回路の開閉用，保護用又は接続用の機器（使用電圧1,000v以下）並びに光ファイバー用又は光ファイバーケーブル用の接続子	5.5	8507	蓄電池	0.2
7	8539	フィラメント電球及び放電管並びにアーク灯	4.3	8517	電話機及びその他の機器	0.0
8	8541	ダイオード，トランジスターその他半導体デバイス，光電性半導体デバイス，発光ダイオード及び圧電結晶素子	4.1	8541	ダイオード，トランジスターその他半導体デバイス，光電性半導体デバイス，発光ダイオード及び圧電結晶素子	0.0
9	8544	電気絶縁をした線，ケーブルその他の電気導体及び光ファイバーケーブル	3.4	8536	電気回路の開閉用，保護用又は接続用の機器（使用電圧1,000v以下）並びに光ファイバー用又は光ファイバーケーブル用の接続子	0.0
10	8504	トランスフォーマー，スタティックコンバーター及びインダクター	3.0	8537	電気制御用又は配電用の盤，パネル，コンソール，机，キャビネット及び数値制御用の機器	0.0
		10品目 小計	197.4		10品目 小計	281.8
		総計	207.9		総計	281.8

第6章　メコンの産業集積：チャイナ＋1とタイ＋1

		対ミャンマー				
		輸出			輸入	
順位	HS4	4桁品目名	金額	HS4	4桁品目名	金額
1	8507	蓄電池	43.3	8543	電気機器（固有の機能を有するもの）	1.4
2	8529	第85.25項から第85.28項までの機器用部分品	10.1	8517	電話機及びその他の機器	0.1
3	8537	電気制御用又は配電用の盤、パネル、コンソール、机、キャビネット及び数値制御用の機器	7.9	8537	電気制御用又は配電用の盤、パネル、コンソール、机、キャビネット及び数値制御用の機器	0.0
4	8539	フィラメント電球及び放電管並びにアーク灯	5.0	8536	電気回路の開閉用、保護用又は接続用の機器（使用電圧1,000v以下）並びに光ファイバー用又は光ファイバーケーブル用の接続子	0.0
5	8535	電気回路の開閉用、保護用又は接続用の機器（使用電圧1,000v超）	4.0	8523	ディスク、テープ、不揮発性半導体記憶装置、スマートカードその他の媒体	0.0
6	8517	電話機及びその他の機器	3.8	8538	第85.35項から第85.37項までの機器用部分品	0.0
7	8523	ディスク、テープ、不揮発性半導体記憶装置、スマートカードその他の媒体	3.8	8548	一次電池又は蓄電池のくず、使用済みの一次電池及び蓄電池並びに機器の電気式部分品	0.0
8	8536	電気回路の開閉用、保護用又は接続用の機器（使用電圧1,000v以下）並びに光ファイバー用又は光ファイバーケーブル用の接続子	3.3	8518	マイクロホン及びそのスタンド、拡声器、ヘッドホン及びイヤホン、マイクロホンと拡声器を組み合わせたもの、可聴周波数増幅器並びに電気式音響増幅装置	0.0
9	8511	火花点火式又は圧縮点火式の内燃機関の点火又は始動用電気機器並びに内燃機関用発電機及び開閉器	2.5	8529	第85.25項から第85.28項までの機器用部分品	0.0
10	8543	電気機器（固有の機能を有するもの）	1.3	8527	ラジオ放送用の受信機器	0.0
		10品目　小計	85.1		10品目　小計	1.6
		総計	89.5		総計	1.6
		対ベトナム				
		輸出			輸入	
順位	HS4	4桁品目名	金額	HS4	4桁品目名	金額
1	8543	電気機器（固有の機能を有するもの）	189.9	8544	電気絶縁をした線、ケーブルその他の電気導体及び光ファイバーケーブル	76.7
2	8507	蓄電池	87.7	8536	電気回路の開閉用、保護用又は接続用の機器（使用電圧1,000v以下）並びに光ファイバー用又は光ファイバーケーブル用の接続子	46.9
3	8536	電気回路の開閉用、保護用又は接続用の機器（使用電圧1,000v以下）並びに光ファイバー用又は光ファイバーケーブル用の接続子	65.7	8542	集積回路	36.7
4	8537	電気制御用又は配電用の盤、パネル、コンソール、机、キャビネット及び数値制御用の機器	48.9	8538	第85.35項から第85.37項までの機器用部分品	35.9
5	8534	印刷回路	30.9	8534	印刷回路	35.5
6	8512	電気式の照明用又は信号用の機器、ウインドスクリーンワイパー及び曇り除去装置（自転車又は自動車用。）	21.0	8529	第85.25項から第85.28項までの機器用部分品	26.4
7	8544	電気絶縁をした線、ケーブルその他の電気導体及び光ファイバーケーブル	19.5	8517	電話機及びその他の機器	24.0
8	8542	集積回路	13.7	8537	電気制御用又は配電用の盤、パネル、コンソール、机、キャビネット及び数値制御用の機器	12.4
9	8511	火花点火式又は圧縮点火式の内燃機関の点火又は始動用電気機器並びに内燃機関用発電機及び開閉器	10.3	8507	蓄電池	10.1
10	8529	第85.25項から第85.28項までの機器用部分品	9.2	8512	電気式の照明用又は信号用の機器、ウインドスクリーンワイパー及び曇り除去装置（自転車又は自動車用。）	5.7
		10品目　小計	497.1		10品目　小計	310.4
		総計	536.1		総計	323.9

（資料）　タイ貿易統計より作成。

けたモチベーションは下がっている[5]。

第4節　CLMVの課題

　CLMVを華南，バンコク両拠点の代替生産拠点とする動き，あるいは，生産品目・工程の相互補完関係を構築する生産分業拠点とする動きは，ベトナムがチャイナ＋1の受け入れ先として台頭し，タイ＋1はそれから遅れて動き出した。

　日系企業がCLMVを生産拠点とするには，多くの課題がある。1つはCLMVに進出している日系企業の現地調達比率が極めて低いことである。在タイ日系企業は，現地で部材を調達できている企業が過半を越えているが，ベトナムでは33％に低下し，カンボジア，ラオス，ミャンマーでは現地調達は極めて難しい状況にある。在タイ日系企業に対してメコン地域からの調達方針を訊ねたジェトロの調査[6]では，ほとんどの業種で大半の企業が当面メコン諸国から調達を行う予定はないと回答している。CLMVで求められているのは，メコン地域で部材を調達できるようにする取り組みである。その最大の問題点は，部材の品質，これには日本企業の品質要求を満たすことができる企業が存在しないことである。

　また，企業誘致にも投資環境の課題がある。メコン地域への投資を妨げる要因の1つは，「法制度の未整備・不透明な運用」，「行政手続きの煩雑さ」，「税制・税務手続きの煩雑さ」など，行政に関わる不満である。許認可をめぐる政府関係者への賄賂などはASEAN地域共通の問題として指摘されているが，メコン地域ではその割合が高い。行政手続きの透明性を高めることも重要である。さらに，高額な物流コストや時間がかかる，税関手続きへの不満も大きく，物流を円滑にする一層の努力が求められている。

　メコン地域の投資メリットである人件費の安さも失われつつある。カンボジアでは2016年の縫製・製靴業の最低賃金が月額140ドルに引き上げられた。ミャンマーでも最低賃金が2015年の83ドルから2016年には91ドルに上昇している。

中長期的な課題は，部材の現地調達を促進することである。そのためには地場企業の育成が求められる。地場企業を育成するには，起業家やエンジニアの人材育成から始めなければならない。日系企業の集積が進んでいるベトナムでは，生産技術はニーズの広がりに対応して人材が育成されている。しかし，技術系の人材については，国際水準の製品開発にまで至っていないため，関連の技術者へのニーズは顕在化していない。他方，ミャンマーは，「人材育成インフラ」の重要性が意識されはじめた段階である[7]。

（大木博巳）

注
1) 詳細な品目分類については ITI（http://www.iti.or.jp/tradestat.htm）参照。
2) 藤村学「メコン地域における経済回廊と日系企業の展開」『季刊国際貿易と投資』No.103, 2016年。
3) 大木博巳「ビジネスの眼 バンコク・ハノイ・広州出張報告（2）ベトナムに吹く台湾企業旋風」ジェトロセンサー2008年6月。
4) 2014年の新規投資額の上位10案件のうち，サムスングループによる投資額が1位，2位，4位となり，合計で54億ドルと新規投資額全体の32.7％を占めた。地域別にみると，北部が6件，南部が3件，中部が1件であった。
5) 春日尚雄「踊り場のメコン経済」ITIフラッシュ2016年8月30日。
6) ジェトロ（2015）
7) 高橋与志「メコン地域サプライチェーン開発に向けた産業人材育成」国際貿易投資研究所。

参考文献
国際貿易投資研究所（2016），『メコンはチャイナ＋1，タイ＋1を生かせる』。
ジェトロ（2015），「コンビジネスニーズ調査2015」。

第7章

東アジアの生産ネットワークとアジア企業：
電機電子産業の事例から

はじめに

　この数十年で東アジアにおいては，経済のグローバル化に伴い製造業を中心に巨大な生産および流通のネットワークが構築されてきた。その展開の過程でアジアでは特に日本企業が直接投資を通じて，大きな役割を果たしてきたのは間違いない。フラグメンテーション（工程間分業）が進行することで，日本，中国，ASEANという「トライアングル」が築かれたと言える。しかし近年においては，中国の急速な経済成長を背景に，アジアにおける生産基地および消費市場の国別シェアで実質的に中国一極集中ともいえる構造になり，中国の世界市場における比重は大きく高まった。そして今後のアジアにおいては，この3極に加えて経済規模が増大することが見込まれるインドの重要性が増してくると考えられる。

　今日の東アジアの生産ネットワークの特徴は，電機電子産業において顕著なように，かつては世界における主要市場が欧米であったものが，中国需要の要因によって大きく様相を変えたという点である。中国の巨大な人口は労働力の面から生産を促し，同時に巨大な消費人口によって進んだと考えられる，「キャッチダウン」[1]と相まって製造・販売が拡大する相乗効果を生み出したのだと考えられる。あるいは，情報技術の急速な発達により，国際貿易は質的に大きく変化したことで産業そのものより生産工程レベルで勝負が決まるという「第2のアンバンドリング」[2]が起こり，21世紀型国際分業が確立したとされる。中国への生産集中は，新しい価値連鎖（バリュー・チェーン）により，"made-everywhere-sold-there"[3]（どこでも作り消費地で売る）と変化し

たことからも説明が可能である。また産業集積内における確固たるサプライ・チェーンが構築されている自動車産業のような業種と比較すると、電機電子産業については比較的長距離の調達輸送が可能であるという特性を持っているが、これは製品の属性などからも決定されるもので、またその輸送距離は地域の地理的状況によっても異なると考えられる。

第1節　東アジアにおける域内貿易拡大と生産ネットワーク

1. 東アジア生産ネットワークと中国のシェア拡大

　東アジアでは1980年代以降急速に増加した日系企業など海外からの直接投資（FDI）を発端とし、域内で生産ネットワークの形成が進むことになる。さらにフラグメンテーションが国際的に展開されたこと、さらには世界大に拡大したFTA（自由貿易協定）の締結は貿易の加速度的増大に大きな影響をおよぼしている。東アジア域内の貿易は経済成長率をはるかにしのぐ勢いで増大し、また世界貿易の平均成長率も大きく上回った。1970年代以降の日本による直接投資をきっかけとして、1980年・90年代のNIES諸国、そして2000年以降は中国が明らかに貿易と経済成長を牽引する構図となる。

　2000年以前においては、日本から中国・ASEANに中間財を輸出し、最終財となって中国・ASEANから主要消費市場である欧州、北米へ輸出されるという構造の東アジア生産ネットワークであった。その時点での日本から欧米への最終財輸出は、中国・ASEANから欧米への輸出額を上回っており、2000年以降で最も大きく変化したのは中国から欧米への最終財輸出の急増で、2000年と2013年の比較で対米816.2億ドルから3059.1億ドル、対EU453.7億ドルから2603.8億ドルへと増加している[4]。他方、日本から中国への中間財の輸出は大きく伸びず、代わって韓国、ASEANが中国への中間財輸出を伸ばしている。

　1980年代から90年代という、まさしく日系企業が海外進出に向かう時期と同じくして起きた、パラダイムシフトと言える「第2のアンバンドリング」がこうした東アジアの生産・流通ネットワークの大変化を後押ししたと考えられ

る。事例としてあげる電機電子産業でも示されるように，東アジアにおける国際分業において中国が組立・生産，輸出拠点として圧倒的な地位を確立したのに対して，中間財の供給国としては日本だけでなく韓国，ASEAN を含めた東アジアに分散してきており，中国を介して域外国との貿易が行われる構造に変化したと言える。

2. 中国の市場拡大による世界の「生産需要ネットワーク」へ

これまで貿易面から見た東アジアの生産ネットワークの変化を見たが，中国の最終財の需要地としての拡大がめざましい。日米欧，ASEAN などからの対中最終財輸出はいずれの国も大幅に伸びている。特に EU による中国向け輸出額の増大が著しい。これは所得の向上などから EU や日本が生産する比較的高付加価値な消費財が販売されるようになっていることもあり，「世界の工場」としての中国は，同時に「質」の高い市場としての規模を急速に拡大させている。『通商白書 2011』が指摘するように，中国需要の圧倒的な拡大は東アジアネットワーク構造だけでなく，「世界の需要地中国」を内包する自律的な世界的なネットワークとなりつつあると言えるであろう。またその背景に，2008年の米国発である世界経済危機（リーマン・ショック）によって欧米市場の存在感が希薄化したことや，対照的に中国政府が 4 兆元と言われる巨額の財政出動による景気の下支えを行ったことが，東アジア生産ネットワークの構造変化をさらに促した可能性も高い。

第 7-1 表　中国への最終財輸出の流れ

(億ドル)

輸出国	2000 年	2013 年	増減率
全世界計	437.4	3214.4	7.4 倍
（東アジア計）	202.1	1533.8	7.6 倍
日本	108.1	481.9	4.5 倍
韓国	28.6	389.1	13.6 倍
ASEAN	32.4	337.0	10.4 倍
米国	85.6	486.5	5.7 倍
EU	116.5	1052.6	9.0 倍

（資料）　RIETI-TID2013 より筆者作成。

こうした新興アジア諸国の激変を表して，末廣（2014）は，経済的側面からは「生産するアジア」と「消費するアジア」，社会的側面から「老いてゆくアジア」と「疲弊するアジア」というキーワードを使っている。ここでは中国需要の高まりが「消費するアジア」を代表していると言えよう。また中国の成長過程については，丸川（2013）によって「キャッチダウン戦略」という概念が持ち込まれ，中国の13億人という巨大な人口が（電機電子製品のような特性をもつ製品を中心に）国内市場を作ったことが大きな要素であるとしている。

第2節　電機電子産業のアジア生産状況

1. 電機電子産業の特性・立地と品目別の概要

　電機電子産業業界における製品とその用途の幅は非常に広く，代表的なものとしては家電・電機，IT機器産業があり，グローバル企業は多面性が際だっている。事業は多種多様であり，国ごとにその事業展開が大きく異なる場合すらある。電機・電子機器，および部品，ソフト・ソリューションなどのICT（情報通信技術）産業も含まれる。大きく分けると，①重電を起源とする企業，②コンピュータ，通信を起源とする企業，③民生家電を起源とする企業に分類できるとされている[5]。

　他業種との比較においては，例えば自動車産業は資本集約的要素が強く，サプライヤーとの強固なヒエラルキーが形成されており集積密度も高い。それに対して電機電子産業の生産拠点の立地は比較的分散しており，かつ生産拠点の物理的移動についても大きな制約が生じることは少なく，実際に拠点再編などによって頻繁に移動するケースが散見される。ASEAN域内でもタイ，マレーシア，ベトナムなどには，グローバル企業から単独で進出した中堅企業，大手企業の下請けとして追随した零細企業までの幅広い電機電子産業が進出している。製品サイクル的には自動車は5年程度であるのに対して，電機電子製品では数カ月〜1年であり短く，環境変化のスピードが極めて速い。さらにはグローバル化の影響もあり市場への新規参入者が多いことから，過当競争になりやすい業界であることも特徴になっている。

極めて多様性に富んだ電機電子産業の品目の中から，ここでは主な消費財を中心にその概要を見る。現在の日本企業の強みでもある中間財にあたる電気・電子部品や，産業用，インフラ関連の機器などはここでは除く。品目の分類，カテゴリー分けも何通りか考えられる。デジタル機器と非デジタル製品，あるいは（白物）家電，情報機器，AV機器などと言った用途別の分類もできる。また近年実用化，低価格化されている，照明に用いられる白色LEDは成長主要品目に加える必要があるだろう。

　電機電子産業の生産地としてのアジアは，日本メーカーの委託加工先としてのASEANが先発して立ち上がり，オープン・ソースの流れで台湾系を中心としたEMS（電子機器受託生産企業）と生産地としての中国がそれに続く。また韓国メーカーの台頭と，特筆すべきはEMSメーカーの活動範囲がOEM（相手先ブランド供給）からODM（設計も含めた受託生産），さらにはOBM（自社ブランド生産）に拡大・発展するようになっている点である。こうした背景には，デジタル化する電機電子産業と相性の良い製品アーキテクチャーのモジュール化の流れと製品知識のオープン化が，EMSにとって非常に都合が良い環境であったことは間違いない。

　当初EMS企業は顧客の要求仕様に忠実に従って生産を受託していたが，次

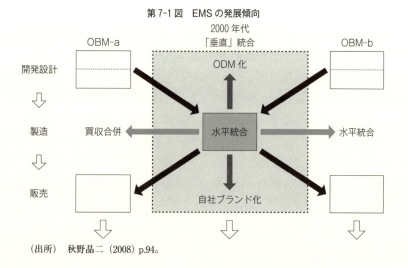

第7-1図　EMSの発展傾向

（出所）　秋野晶二（2008）p.94。

第 7-2 表　主なエレクロニクス製品（消費財）の世界生産台数とアジア生産国

製品名	世界生産台数（2014 年）	2011-2014 年の増減率	中国生産比率	主な ASEAN 生産国
LCD－TV	22,700 万台	+4.6%	51.0%	マレーシア 840 万台 タイ 390 万台
コンパクトデジカメ	4,300 万台	-65.3%	66.0%	インドネシア 400 万台 ベトナム 215 万台
デジタル一眼レフ	1,800 万台	+17.6%	15.0%	タイ 520 万台
ルームエアコン	13,500 万台	+13.4%	77.1%	タイ 1,100 万台 マレーシア 350 万台
冷蔵庫	11,300 万台	+7.6%	57.2%	タイ 630 万台 インドネシア 525 万台
洗濯機	10,200 万台	+7.0%	48.5%	タイ 270 万台 インドネシア 55 万台
スマートフォン	128,600 万台	+166.0%	71.7%	ベトナム 1,220 万台 マレーシア 430 万台
デスクトップ PC	13,400 万台	-0.6%	66.1%	
ノート PC	16,600 万台	-22.8%	87.0%	
タブレット PC	32,500 万台	+345.8%	82.5%	
白色 LED	1,483 億個	+142.6%	43.1%	マレーシア 15 億個

（注）　中国生産比率と ASEAN 生産台数は 2013 年実績。
（資料）　富士キメラ総研『ワールドエレクロニクス市場調査』各年度版から筆者作成。

第に自らの開発設計機能を持つようになり，さらに自社ブランドで PC やマザーボードなどを販売するようになった企業も多い。このタイプの企業には台湾系が多く，エイサー（宏碁），フォックスコン（鴻海精密），クアンタ（廣達電脳）などは典型的な経緯を辿り，現在では台湾企業であるが主生産地は中国であるという点で共通している。これらが電子系製品の生産企業において占めるシェアは非常に高い。しかしながら，近年において自社ブランドを持ったことで，携帯電話，スマートフォンなど移動通信体の通信チップセット（あるいはチップセットを組み込んだキット）をほぼ独占していた米国クアルコム社，あるいはスマートフォンで突出したブランド力のあるアップル社との競合関係にも繋がっていることなどから，EMS についてはサプライチェーンにおける従来の調達先，顧客との関係がやや不安定な時期に差し掛かっているとも言え

る。

　世界の電機電子産業，エレクロニクス消費財の品目について，最終財の生産，組立が中国に圧倒的に集中していることは明かである。日本における生産は，デジタル一眼レフ，白色 LED を除いた品目は数％程度にとどまり，現状日本においてエレクトロニクス主要消費財の生産は現状ごくわずかになっている。またそのような状況の下で，品目別のトレンドは短期的要因で大幅に変化をしているのがこれらの製品の特徴と言える（以下生産台数は富士キメラ総研（2014）より 2013 年実績）。

2. ASEAN における電機電子産業

　ASEAN では 1970 年代の家電を中心とした輸入代替期を経て，比較的早い時期に輸出を主目的とした外資企業を中心に進出し始めた。特に 1980 から 90 年代のシンガポール，マレーシアにおいては日系家電メーカーが多数集中した。しかしその後は両国における人件費の高騰，関税削減を中心とした AFTA の実効化，ASEAN 各国における投資恩典政策，交通・運輸インフラの改善などの環境変化があり，ASEAN ではタイ，および人口のメリットを持つ中国への生産拠点の移動が進んだ。一方マレーシアでは産業構造の変化が見られ，電機電子産業では非日系の半導体系企業の進出，また日系企業でも白物家電から IT・AV 機器などへの生産品目のシフトが見られた。その結果，白物家電の中でも代表格の製品であるエアコンで見た場合，タイの輸出額が 45.3 億ドル，マレーシアの輸出額が 11.8 億ドル（いずれも 2015 年）[6] となっているように，ASEAN ではタイが日系企業の白物家電製品の輸出の中核基地となっている。一方，巨大な国内需要を背景とした中国地場企業の急速な成長があり，中国のエアコン輸出額は 124.9 億ドル（2015 年）で，これは同製品の世界総輸出額の 31.7％であるなど，中国はグローバル的にも圧倒的な生産シェアを占めるようになった。

　その反動ともいえる，地政学的な中国のリスクに対する「チャイナ・プラスワン」が 2000 年代前半から言われ始めたことから，ASEAN とタイの周辺国特にベトナムが注目されてきた。しかし現時点でその筆頭と目されているベトナムの主要工業製品輸出額の規模は，携帯電話など特定品目を除きその多様性

においてはタイを依然下回っている。ベトナムへの積極的な外国投資が続いているが，裾野産業を含めた集積の規模と質はタイに及ばない点があげられる。これは自動車産業のように集積規模が大きく，またロックイン効果（凍結効果）[7] の大きい業種がすでにタイに一大集積を形成していることが，電機電子産業にとっても有利に作用していると考えられる。

また主要品目の動向と生産国の比較において，ASEAN 各国は汎用演算処理を行う PC・デジタル系の製品（デスクトップ，ノート，タブレット）について，PC 主要部品である HDD（ハードディスクドライブ）などは，タイが主要生産国でありながら PC は主な最終生産地となっていない。これは特に台湾系を中心とした EMS, ODM が大規模な組立工程産業の集積を形成したのに対して，日系電機メーカーがクローズドな規格に固執したことで対応できず，さらには製品が短期間でコモディティ化したことが対照的な状況を招いた。一方，ルームエアコン，冷蔵庫，洗濯機のように，製品アーキテクチャーで言えばインテグラル（摺り合わせ型）性の要素の強いアナログ系の製品は，日系メーカーが裾野産業を含めてタイに集積を作ったことは，自動車産業と共通する背景があると考えられる。また，韓国サムスン電子により，裾野産業が薄いベトナムにおいて，スマートフォンの大規模な生産・組立，輸出拠点ができたことは，中国華南地域とのサプライチェーンの構築を前提としたものである。ただし当該製品の製品サイクルが非常に短いことから，こうした戦略が長期に渡って成功するモデルになるかはしばらく待たねばならないだろう。

第3節　産業集積の形成とアジア経済圏のゆくえ

1. 製品アーキテクチャーと産業集積の特性

電機電子産業を例として，産業集積とフラグメンテーション（工程間分業）の視点から見てみたい。品目としては電機電子製品を，製品アーキテクチャー（設計思想）の点から区分を行ってみるが，製品アーキテクチャーは，インテグラル（摺り合わせ）型とモジュラー（組み合わせ）型があるとされる。インテグラル型は自動車に代表される，多数の部品を相互に調整（摺り合わせ）し

ながら組立を行い，機能，性能を出そうとする。一方，モジュラー型は標準化された規格の部品を組み合わせて製造する。近年の電機電子産業には，モジュラー型の製品が増え続けており，LCD-TVやPCなどが代表的で，デジタル化された電子基板を多用する特徴がある。

電機電子産業における，製品のインテグラル型とモジュラー型の区別は明確には難しいが，インテグラル型に近い製品が存在する。白物家電などがその特徴を持っており，エアコン，冷蔵庫，洗濯機などはその製造工程や使用部品からインテグラル的な要素が強い。構成するのはデジタル化された基板などより金属・樹脂のカスタム加工部品などが主体を占め，むしろアナログ的な性格が強いと言える。これらの要因から便宜上，①自動車産業，②白物家電のようなアナログ的電子電機産業，③LCD，PCのようなデジタル的電子電機産業，の3つのそれぞれが集積を形成していることを前提とする。

タイにおける自動車産業の集積に見られるように，完成車プラントと主要サプライヤーとの関係は，JIT（ジャスト・イン・タイム）生産で時間納入など

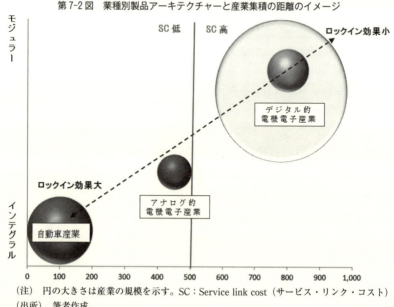

第7-2図　業種別製品アーキテクチャーと産業集積の距離のイメージ

(注)　円の大きさは産業の規模を示す。SC：Service link cost（サービス・リンク・コスト）
(出所)　筆者作成。

第7-3表　4層からなる生産ネットワーク内取引

	第1層 (産業集積内)	第2層 (サブ地域内)	第3層 (地域内)	第4層 (グローバル)
リードタイム	2.5時間以内	1〜7日	1〜2週間	2週間〜2カ月
取引頻度	1日1回以上	週1回以上	週1回	週1回以下
輸送モード	トラック	トラック・船・飛行機	船・飛行機	船・飛行機
トリップ長	100km以内	100-1,500km	1,500-6,000km	6,000km以上

(出所)　木村ほか (2016) p.83。

を求められることから，ほぼ100〜150km圏内の距離に集中している[8]。一方，電機電子産業は自動車産業より産業規模が小さく，またサプライヤーとの関係も自動車産業ほど近接を重視していない。さらにデジタル的電機電子製品である，例えばLCD-TVのような製品であれば，液晶ディスプレイ，電子基板といった電子系の部品の生産ロットが大きいこともあり，中間財のサプライヤーと最終組立地が遠隔地であることがしばしば起こる。白物家電のようなアナログ的な電機電子製品は，この中間的な存在であるといえるだろう。輸出生産拠点である程，マーケット各国向けの多様な仕様があることから多品種少量生産となり，かつ摺り合わせが求められる製造工程があることから，自動車産業に比較して小規模なサプライヤーからの購入，もしくは非効率な工程分割を避けるための内製化という指向性が強くなる。

　製品カテゴリーから3つの産業集積を距離，製品アーキテクチャーの関係からイメージすることができる。集積が位置するのがASEAN大陸部であると仮定すると，多くの場合数百kmの移動で越境することになり，越境によるサービス・リンク・コストの増加は格段に大きくなる[9]。インテグラル要素を持つアナログ的電機電子製品は，現地調達できない電子部品などを除き，越境をしない圏内に最終組立工場と部品，中間財などの裾野産業が近接することによるメリットが相対的に大きくなる。デジタル的電機電子製品は距離にあまり制約がなく，国際的なサプライチェーンを前提とした製品も多く，そのため越境フラグメンテーションが起きる可能性が高い。日系企業が強みをもつのは自動車産業のように，インテグラル的要素をもつ工業製品と考えられている。こ

れは産業集積としては，調達が近接もしくは内製を得意とすることが特徴として見られる。

木村ほか（2016）では，先の議論を一般化するため生産ネットワークにおける工程間の取引を距離として4層に分類し，産業集積内（100km以内）からグローバル（6000km以上）まで，典型的な納入のための輸送モードと取引頻度を整理している。東アジア新興国による電機電子部品輸入が爆発的に伸びているのは，同産業の生産ネットワークが第3層から第4層のグローバルへと展開しており，逆に自動車産業は第1層と第2層で完結する傾向が強いと指摘している。

2. 東アジア・トライアングルからインドを含めた4極へ

電機電子各メーカーの最終財組立の最大拠点は中国であり次いでASEAN各国であることから，日本を含めた基本的にはアジア3極から成り立っている。これはかつて北米が最大の消費地でありアジアにとっては輸出市場として存在していた時代とは異なり，前述のように中国需要が最終財の消費地として

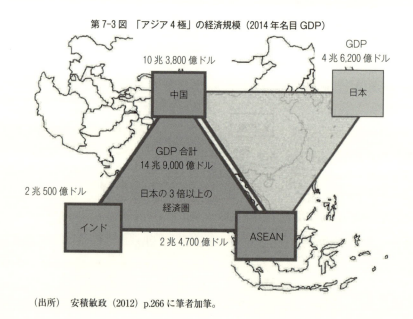

第7-3図 「アジア4極」の経済規模（2014年名目GDP）

（出所）安積敏政（2012）p.266に筆者加筆。

台頭したこと，および中国と ASEAN の間でも工程分業が進んだことが従来と大きな違いとなっている．末廣（2014）では，これを「太平洋トライアングル構造」から「東アジア・トライアングル構造」へのシフトととらえ，主要輸出品目が衣類・家電製品から IT 製品へのシフト時期と重なることを指摘している[10]．

またインドの存在であるが，現時点では依然「飛び地」であるとも言える．ASEAN－インド間の FTA は，ASEAN－中国の経済的接近を意味する ACFTA を強く意識しインド側のイニシアティブで結ばれた．しかし AIFTA の締結後の ASEAN－インドの総貿易額の伸びは緩慢で，2008 年に 446 億ドルであったものが，2014 年は 652 億ドルとなっており伸び率は年 5％以下と低くなっている[11]．しかし主要自動車メーカーによるインド生産の拡大やインフラ開発などが進んでおり，生産拠点としてあるいは消費市場として中国に匹敵する人口を有するインドへの認識は次第に変わりつつある．

インドの高い経済成長が続くことで，数年以内に ASEAN の GDP を抜くことが予測されており，安積（2012）ではこれまでの日本，中国，ASEAN のトライアングルに，中国，ASEAN，インドの新たなトライアングルが加わることで，アジア 4 極の経済圏が形成されるであろうとしている．インドにおいてはすでに IT 技術の基盤があり，中国が高成長を遂げた一因ともなっている電機電子産業の生産・流通ネットワークに早晩入ってくるであろうと考えられる．

（春日尚雄）

注
1) 丸川知雄（2013）参照．
2) Baldwin, R (2006). "Globalisation: The great unbundling(s).", Economic Council of Finland 20 (2006). Unbundling：生産工程の切り離し．
3) Baldwin (2014).
4) RIETI-TID2013 より．
5) 五味（2011）p.3．
6) ITC TradeMap より HS8415（エアコン）の輸出額から．
7) 空間経済学で言うロックイン効果（凍結効果）とは，産業集積がより強い集積力を持つほど，（関連した）企業，技能労働力などはその集積に引き寄せられることを示す．
8) 春日（2014）ほかを参照．

9) 生産ブロックを結ぶコストである SC（サービス・リンク・コスト）は，距離だけではなく越境をすることによる諸費用の発生が大きい。
10) 末廣（2014）pp.54-58.
11) RIETI-TID2014 による。

参考文献

安積敏政（2012），『激動するアジア経営戦略―中国・インド・ASEAN から中東・アフリカまで』日刊工業新聞社。
石川幸一・馬田啓一・高橋俊樹編著（2015），『メガ FTA 時代の新通商戦略―現状と課題』文眞堂。
春日尚雄（2014），『ASEAN シフトが進む日系企業―統合一体化するメコン地域』文眞堂。
木村福成・大久保敏弘・安藤光代・松浦寿幸・早川和伸（2016），『東アジア生産ネットワークと経済統合』慶應義塾大学出版会。
朽木昭文（2007），『アジア産業クラスター論―フローチャート・アプローチの可能性』書籍工房早山。
黒岩郁雄編著（2014），『東アジア統合の経済学』日本評論社。
経済産業省『通商白書』各年度版。
五味紀男（2011），「日本の電機・電子産業における多国籍企業の現況と対応戦略」『アジア経営研究』No.17，アジア経営学会。
末廣昭（2014），『新興アジア経済論―キャッチアップを超えて』岩波書店。
富士キメラ総研『ワールドエレクロニクス市場総調査』各年版，富士キメラ総研。
富士経済『グローバル家電市場総調査』各年版，富士経済。
秋野晶二（2008），「EMS の現在的特徴と OEM」『立教ビジネスレビュー』Vol.1，2008 年 6 月。
丸川知雄（2013），『現代中国経済』有斐閣アルマ。
Baldwin, Richard (2014), Multilateralising 21st Century Regionalism, Paris: OECD Conference Centre.

第8章

東アジアのFTAの経済効果

はじめに

　本章は，中国，インドネシア，タイ，カンボジア，ミャンマーの輸入におけるASEAN中国FTA（ACFTA）とASEAN自由貿易地域（AFTA）の関税削減効果を分析している。この中で，カンボジアとミャンマーにおいては，貿易統計や譲許表（関税削減スケジュール表）などの電子データの入手が難しいものの，今回は両国関係者の協力を得て，関税削減効果の計算をすることができた。

　ACFTAとAFTAの関税削減効果を求めるために，本章では，これらの国のMFN税率（一般的に適用される関税率）とFTA税率（FTAを利用した時に適用される関税率）の両方の「平均関税率（約1万の輸入品目の加重平均）」を計算している。そして，MFN税率からFTA税率を差し引いて「関税率差」を算出しているが，これはFTA利用でその差分だけ関税を支払う割合が低くなるわけであるから，それだけ関税削減のメリット（効果）が得られることを示している。

　また，FTAを利用してどれだけ関税を削減できたかを求めるために，輸入額に関税率差を掛けることにより「関税削減額」を計算している。そして，この関税削減額を輸入額で割ることにより「関税削減率」を得ている。つまり，関税削減率は輸入額に対する関税削減額の割合であり，どれだけFTAの関税削減効果があるかを表しており，その数値が大きければ大きいほど効果が高いことになる。

　分析結果を見てみると，ACFTAを活用した場合のインドネシア・タイ・カンボジアの中国からの輸入における関税削減率は，中国のASEAN10カ国

からの輸入での関税削減率よりも高い。したがって，東アジアでのサプライ・チェーンを考える場合，一般的には ASEAN であるインドネシア，タイ，カンボジアが中国から中間財などを調達する方が，逆の方向よりも ACFTA の関税削減メリットをより多く得ることができる。

さらに，ASEAN4 カ国（インドネシア，タイ，カンボジア，ミャンマー）において，「中国からの輸入における ACFTA 利用時の関税削減率」と「ASEAN からの輸入における AFTA 利用時の関税削減率」を比較すると，タイとミャンマーでは，平均的な品目では ACFTA よりも AFTA を利用する方が，関税削減効果を大きく得ることができる。一方，インドネシアとカンボジアでは，ACFTA を利用した場合の関税削減効果の方が AFTA よりも高い。

一般的には AFTA の方が ACFTA よりも先に発効した分だけ関税率差（関税削減効果）が大きいと考えられる。ところが，実際には，インドネシアの ACFTA 利用時の MFN 税率が相対的に高くなるため，インドネシアでは ACFTA の関税削減効果の方が AFTA よりもほんの少しだけ上回ることになる。また，カンボジアでは AFTA を利用した ASEAN からの石油精製品の輸入に高関税を課しているという特殊要因があり，その分だけ AFTA の関税削減効果が ACFTA よりも低くなっている。

また，ASEAN4 カ国の FTA 利用における関税削減額において，カンボジアのみ ACFTA 利用の方が AFTA 利用の場合よりも高くなっているが，これはカンボジアの中国からの輸入額が ASEAN からの輸入額よりも大きいためである。それだけ，カンボジアの中国への依存度が他の ASEAN よりも大きいことを示していると思われる。

業種別の関税削減効果を見てみると，ASEAN4 カ国において共通して AFTA の関税削減率の方が ACFTA よりも高かった業種は，「輸送用機械・部品」と「食料品・アルコール」であった。これは，輸送用機械・部品の分野においては，ACFTA 利用による中国と ASEAN 間での相互調達と比較して，ASEAN 域内でのサプライチェーンの形成にいかに AFTA が貢献しているかを示すものと言える。AFTA の関税削減効果の方が ACFTA よりも明白に高かった品目としては，自動車・同部品，コーヒー牛乳・コーラ等の甘味飲料，カラーテレビ，を挙げることができる。

第1節　ACFTA と AFTA の国別の平均関税率

1．ACFTA の関税率差は 3〜6％

第8-1表は，2015年における中国と ASEAN4 カ国（インドネシア，タイ，カンボジア，ミャンマー）の「MFN 税率（一般的に適用される関税率）」と「ACFTA 税率（ACFTA を利用した時に適用される関税率）」の輸入全品目における平均関税率を加重平均で求めたものである。

この表のように，中国の ASEAN10 カ国からの輸入における MFN 税率は4.4％であり，ACFTA 税率は 1.1％であった。したがって，2015年の中国においては，ASEAN からの輸入で ACFTA を利用しなければ，関税を全品目平均で 4.4％も支払わなければならないが，ACFTA を利用する場合は 1.1％の支払いに低下することになる。

もっと具体的に言えば，中国のある企業がタイから 100 万円輸入したとき，

第8-1表　ACFTA5 カ国の平均関税率（2015年，加重平均）

	MFN 税率	ACFTA 税率	関税率差
中国（ASEAN10 からの輸入）	4.4％	1.1％	3.3％
インドネシア（中国からの輸入）	5.7％	1.0％	4.7％
タイ（中国からの輸入）	6.7％	2.6％	4.1％
カンボジア（中国からの輸入）	8.2％	1.9％	6.2％
ミャンマー（中国からの輸入）	4.2％	1.4％	2.8％

（注1）　MFN 税率および ACFTA 税率の加重平均を計算するための重み付けに用いる輸入額は，下記とした。
中国：ASEAN10 カ国からの輸入額
それ以外：中国からの輸入額
（注2）　カンボジアの ACFTA の TRS 表（Tariff Reduction Schedule）では，ノーマルトラック（NT）の例外品目である NT2 の品目の関税率を 0〜5％としているので，本報告書では ACFTA 税率を 0％と 5％の両ケースで計算したが，ここでは NT2 品目が 0％の場合の ACFTA 税率を掲載している。
（資料）　各国関税率表，各国 TRS 表，「マーリタイム＆トレード」IHS グローバル株式会社，より作成。

ACFTA を利用しない場合，通常支払う関税額はすべての品目の平均で 100 万円に 4.4％を掛けた 4.4 万円になる。これが，ACFTA を活用すれば，平均で 100 万円に 1.1 を掛けた 1.1 万円だけを支払えばよいことになる。この場合は，ACFTA の活用で生まれる関税削減のメリットは 3.3 万円（4.4 万円 − 1.1 万円）ということになる。

第 8-1 表より，中国以外の ASEAN4 カ国の平均関税率を見てみると，インドネシアの中国からの輸入に対する MFN 税率は，中国よりも 1.3％高い 5.7％であった。タイの中国からの輸入に対する MFN 税率は 6.7％，カンボジアで 8.2％，ミャンマーで 4.2％であった。これら ASEAN4 カ国の加重平均による MFN 税率は，ミャンマーを除いていずれも中国よりも高い。

一方，インドネシアの中国からの輸入に対する ACFTA 税率は 1.0％で中国の ACFTA 税率とほぼ同等の水準であった。これは，インドネシアは全品目平均では中国とあまり変わらない ACFTA 税率を適用していることを意味している。これに対して，タイの ACFTA 税率は 2.6％，カンボジア 1.9％，ミャンマー 1.4％と中国よりもやや高い。

カンボジアは，ACFTA の TRS 表（関税削減スケジュール表，譲許表）において，ノーマルトラック（NT1）品目（最終的に 0％にする一般的な自由化品目）の例外品目である NT2 の関税率を 0〜5％としている。つまり，カンボジア税関は ACFTA を利用した NT2 品目の輸入に際して，0〜5％の範囲内の関税率を課税することになる。

本分析では，NT2 品目の ACFTA 税率を 0％と 5％の両ケースで計算しているが，本章の第 8-1 表では，0％のケースを掲載している。このため，第 8-1 表のカンボジアの ACFTA 税率は，5％の場合よりもやや低くなっている。したがって，カンボジアの関税率差はその分だけ大きくなるので，関税削減効果は少し大きめに現れる。なお，2015 年のカンボジアの輸入における HS（ハーモナイズド・システム）8 桁の 9558 品目の内，NT2 は 488 品目あり，その割合は 5.1％であった。

中国とインドネシアの ACFTA 税率が相対的に低いのは，その分だけ他の ACFTA 加盟国に自国市場を開放しているということだ。タイの ACFTA 税率がそれよりもやや高いのは，中国やインドネシアよりも他の ACFTA 加盟

国に対してその分だけ自国市場を保護しようとする度合いが大きいということを意味している。

また，MFN 税率と ACFTA 税率の差分（MFN 税率－ACFTA 税率）は ACFTA の「関税率差」であるが，これは通常の輸入で支払わなければならない関税率と ACFTA の利用で適用される関税率の差であるため，ACFTA 活用で削減（節約）できる関税率を表している。

第8-1表のように，中国の ASEAN からの輸入で ACFTA 活用による関税率差は，2015 年の加重平均では 3.3％であり，インドネシアの中国からの輸入における関税率差は 4.7％，タイは 4.1％，カンボジア 6.2％，ミャンマー2.8％であった。

この結果が示唆するところは，中国の 3.3％に比べて，ASEAN4 カ国の ACFTA の関税率差はミャンマーを除いて 4％以上であり，それだけ ACFTA を活用したときの関税削減効果が大きいということだ。企業は，中国の ASEAN からの輸入よりも，インドネシア，タイ，カンボジアの中国からの輸入で ACFTA の活用を決断しやすいということでもある。ミャンマーの関税率差が低いのは，MFN 税率が中国と同様に低いためで，ミャンマーでは関税の削減が他の ASEAN よりも進んでいることが窺える。

したがって，この結果を ASEAN や中国に進出した日本企業の行動に当てはめるならば，ACFTA を活用したサプライ・チェーンを形成する時の留意点としては，一般的には ASEAN で中国から輸入した方が，逆の場合よりも平均で高いメリットを得られることだ。

しかし，これはあくまでも全品目平均による分析結果である。個々の企業においては，品目によってはむしろ中国で ASEAN から輸入した方が関税メリットを得られるケースもありうる。したがって，企業行動としては，色々な角度から情報を収集・分析し，FTA 活用におけるベストな選択を実行することが求められる。

しかも，関税率差から導き出される関税削減効果はあくまでも，FTA を利用しなかった場合と FTA を利用した場合の関税削減額を比較して求められたものである。企業はこの FTA を利用しない場合と利用した場合を比較して FTA の活用を判断する。ところが，実際に輸入国の税関で支払う関税額は，

輸入額にACFTA税率を乗じたACFTA税額である（ACFTA税額＝輸入額×ACFTA税率）。つまり，企業が関税率差からFTA利用を決断した後は，実際に支払うのはACFTA税率であるため，中国・ASEANのどの国で輸入すれば最もコストが低いかというサプライ・チェーンを検討する場合は，最終的な判断材料は各国のACFTA税率の水準になる。

　この意味で，第8-1表を見てみると，ACFTA税率が低いのは，インドネシア（1.0％），中国（1.1％），ミャンマー（1.4％）いう順になる。タイのACFTA税率は2.6％であるので，ACFTAを利用するという条件のみでのサプライ・チェーンの形成では不利になる。しかし，これらの中国とASEAN4カ国でのACFTA税率の格差は1％〜2％にすぎず，むしろ輸送コストや賃金などの関税以外の要因で決まる可能性がある。もちろん，個々の品目によっては，ACFTA税率が，各国で5％〜20％もの差がある場合があるので，その場合は関税格差の要素がサプライチェーンに大きく影響を与えることになると思われる。

2. AFTAの平均関税率

　第8-2表は，2015年におけるASEAN4カ国（インドネシア，タイ，カンボジア，ミャンマー）の他のASEANからの輸入における「MFN税率」と「AFTA税率」の平均関税率を加重平均で求めたものである。

　この表のように，インドネシアの他のASEAN9カ国からの輸入に対するMFN税率は4.4％であり，AFTA税率は0.2％であった。したがって，インドネシアでは，AFTAを活用しないASEANからの通常の輸入においては全品目平均で4.4％の関税がかかっているが，AFTAを利用する場合は0.2％の関税率が課せられることになる。ちなみに，2013年のインドネシアのAFTA税率は0.7％であったが，2014年は0.2％に大きく低下し，2015年のAFTA税率は2014年と同じ割合を維持している。

　この結果，インドネシアのある企業がタイから100万円輸入した時，AFTAを利用しない場合は，通常支払う関税額はすべての品目の平均で100万円に4.4％を掛けた4.4万円になる。これが，AFTAを活用すれば，平均で100万円に0.2％を掛けた0.2万円だけを支払えばよいことになる。この場合

第 8-2 表　AFTA4 カ国の平均関税率（2015 年，加重平均）

	MFN 税率	AFTA 税率	関税率差
インドネシア（他の ASEAN9 から輸入）	4.4%	0.2%	4.2%
タイ（他の ASEAN9 から輸入）	6.3%	0.0%	6.3%
カンボジア（他の ASEAN9 から輸入）	7.6%	5.4%	2.2%
ミャンマー（他の ASEAN9 から輸入）	4.2%	0.6%	3.6%

(注1)　品目毎の輸入額で重み付けをした加重平均税率。
(注2)　MFN 税率および AFTA 税率の重み付けに用いる輸入額は，自国を除く ASEAN9 カ国からの輸入額とした。
(資料)　第 8-1 表と同様。

は，FTA の活用で生まれる関税削減のメリットは 4.2 万円（4.4 万円 - 0.2 万円）ということになる。

　タイの他の ASEAN9 カ国からの輸入に課せられる 2015 年の MFN 税率は 6.3％であった。また，タイの AFTA 税率は 0.0％とほとんど関税が撤廃されている。

　カンボジアの MFN 税率は 7.6％と相対的に他の ASEAN よりも高いものの，それほど際立って高いわけではない。しかし，AFTA 税率は 5.4％となっており，他の ASEAN の AFTA 税率が 0％台になっているのに対し，段違いに高い税率になっている。これは，カンボジアの軽質油およびその調整品などの石油精製品の AFTA 税率が高いためである。輸入の割合が高い石油精製品の AFTA 税率が高いため，第 8-2 表の加重平均の AFTA 税率は大きく引き上げられているが，単純平均の場合では，その効果が薄れそれほど AFTA 税率に影響が現れていない。また，カンボジアでは，石油精製品を含む鉱物性燃料の分野で，AFTA 税率の方が MFN 税率よりも高い逆転現象が発生している。

　ミャンマーの AFTA における MFN 税率は 4.2％と他の ASEAN よりも低い。AFTA 税率は 0.6％であり，インドネシア・タイとそれほど遜色のない水準まで低下している。

　AFTA における MFN 税率と AFTA 税率の差分である「AFTA の関税率差」は，通常の輸入で支払わなければならない関税率と AFTA の利用で適用

される関税率の差であるため，AFTA活用で削減（節約）できる関税率を表している。第8-2表のように，2015年における加重平均によるインドネシアのAFTAの関税率差（MFN税率－AFTA税率）は4.2%，タイは6.3%にも達する。これに対して，カンボジアは2.2%，ミャンマーは3.6%と低い。カンボジアはACFTAでは最も高い関税率差を示していたが，AFTAでは最も低くなっている。

この加重平均によるAFTAの関税率差の結果によれば，インドネシアではほんの少しではあるがACFTAの関税率差（4.7%）の方がAFTA（4.2%）を上回っているし，カンボジアもACFTA（6.2%）の方がAFTA（2.2%）よりも高い。しかし，タイでは，AFTAの関税率差（6.3%）がACFTA（4.1%）を上回っているし，ミャンマーでもAFTA（3.6%）がACFTA（2.8%）よりも高い。

一般的にはAFTAの方がACFTAよりも先に発効した分だけ関税率差（関税削減効果）が大きいと考えられるが，インドネシアではACFTAの関税削減効果の方がAFTAよりもほんの少しだけ上回っているし，カンボジアではAFTAを利用した輸入の割合が高い石油精製品が高関税であるという特殊要因から，ACFTAの方がAFTAよりも関税を削減する効果が高いということになる。

ちなみに，2013年の結果では，マレーシアのACFTAの関税率差は3.6%，AFTAは3.8%であった。ベトナムでは，それぞれ1.7%に5.3%であったので，両国ともAFTAの効果の方がACFTAよりも大きかった。したがって，ASEANにおいては，一般的にはAFTAの関税削減効果の方がACFTAよりも高い国が多いという結果になる。

特に，タイのAFTA活用による関税削減メリットはACFTAよりも効果が大きい。タイで他のASEANから100万円輸入した場合，関税率差が6.3%であるので，全品目平均で6.3万円の関税を節約できる。タイがACFTAを利用して中国から100万円を輸入した場合は，関税率差が4.1%であるので，4.1万円の節約になる。つまり，差し引き2.2万円が，タイのAFTAとACFTAを利用した時の関税削減効果の違いということになる。

なぜこのように，タイにおいてAFTAとACFTAで平均関税率に差が生じ

たかというと,もちろん,ACFTA と AFTA の両協定において約束した個々の品目の関税削減率(譲許税率)の違いが大きな原因である。AFTA は ACFTA よりも早く発効した分だけ,センシティブ品目を含む全体の品目で関税の自由化(撤廃)が進んでいる。

第2節　中国,インドネシア,タイ,カンボジア,ミャンマーの ACFTA 効果を比較する

1. 中国よりも高いインドネシア・タイの関税削減効果

第8-3表は,中国,インドネシア,タイ,カンボジア,ミャンマーの関税削減額と関税削減率を計算したものである。関税削減額は,ACFTA5カ国の相手先からの輸入額に,「MFN 税率を乗じた MFN 税額」と「ACFTA 税率を乗じた ACFTA 税額」との差分を求めることにより計算している |関税削減額 = MFN 税額(輸入額×MFN 税率)− ACFTA 税額(輸入額×ACFTA 税率)= 輸入額×(MFN 税率 − ACFTA 税率)|。

関税削減額は,ACFTA を利用した関税削減によりどれだけ輸入額を節約

第8-3表　ACFTA5カ国の関税削減額及び関税削減率

(単位:US ドル)

	輸入額	関税削減額	関税削減率
中国(ASEAN10 カ国からの輸入)	208,086,059,055	7,058,637,867	3.4%
インドネシア(中国から輸入)	30,618,201,965	1,462,459,678	4.8%
タイ(中国から輸入)	38,534,252,432	1,947,954,482	5.1%
カンボジア(中国から輸入)	2,999,786,959	187,047,407	6.2%
ミャンマー(中国から輸入)	4,073,075,298	112,956,019	2.8%

(注1)　関税削減額は,約1万品目における品目毎の削減額(MFN 税額 − ACFTA 税額)を加重平均で積み上げて算出した。
(注2)　ACFTA 税率の方が MFN 税率よりも高いという逆転現象により,品目毎の関税削減額がマイナスである場合,その品目の関税削減率は0としている。このため,逆転現象が無ければ通常は関税削減率と関税率差は一致するが,逆転現象があった場合はその分だけ関税削減率の方が関税率差よりも大きくなる(以下の表,同様)。
(資料)　第8-1表と同様

できたかを示している。また，この関税削減額を輸入額で割ることにより関税削減率を得ている。これは，例えば ACFTA による乗用自動車の関税率差（MFN 税率 − ACFTA 税率）の分だけ節約できた関税削減額は，乗用自動車の輸入額全体の何 % であるかを表している。

第 8-3 表は 2015 年に実施されている ACFTA 関税率を 2014 年の輸入額に適用し，中国とインドネシア，タイ，カンボジア，ミャンマーの関税削減額と関税削減率を算出したものである。つまり，2015 年の ACFTA 関税率はわかっているが，それを適用した関税削減額を計算するためには，2015 年通年の輸入額が必要である。しかし，本稿の調査時点では 2015 年の年全体の輸入額は集計されていなかったので，やむを得ず 2015 年の ACFTA 税率を 2014 年の年計輸入額に適用して求めている。

第 8-3 表のように，2015 年の中国の ASEAN10 カ国からの輸入の「関税削減額」は 70.6 億ドルであった。一方，中国の ASEAN10 カ国からの輸入額は 2080.9 億ドルであった。したがって，ACFTA を活用した場合の中国の ASEAN10 カ国からの「関税削減率」は，3.4%（70.6 億ドル ÷ 2080.9 億ドル）ということになる。

同様に，インドネシアの中国からの輸入に対する関税削減額は 14.6 億ドルで，関税削減率は 4.8% であった。タイは 19 億ドルで 5.1% となり，カンボジアは 1.9 億ドルで 6.2%，ミャンマーは 1.1 億ドルで 2.8% と，ミャンマー以外はいずれも中国よりも ACFTA を用いた関税削減率は高かった。したがって，関税削減率という ACFTA の関税削減効果の面では，インドネシア，タイ，カンボジアの方が中国よりも大きいということになる。

しかも，インドネシア，タイ，カンボジア，ミャンマーの ASEAN4 カ国における関税削減額の平均は 9.3 億ドルであり，単純に 10 倍した ASEAN10 全体の関税削減額は 93 億ドルとなる。同時に，ASEAN4 カ国平均の関税削減率は 4.9% であった。ACFTA を利用した中国の ASEAN10 からの関税削減額は 70.6 億ドルであるので，関税削減率だけでなく，ASEAN10 の中国からの関税削減額はその絶対額でも中国の ASEAN10 からの関税削減額を上回っていると見込まれる。

2. ACFTA5カ国の業種別の関税削減効果

第8-4表は，ACFTA5カ国の業種別の関税削減額および関税削減率をまとめたものである。関税削減額においては，中国のASEANからの輸入の場合は全体の関税削減額の中で，最も金額が高かった業種は，「窯業・貴金属・鉄鋼・アルミニウム製品」で13.5億ドル，次いで「農水産品」の12.4億ドルであった。

インドネシアの中国からの輸入では，「窯業・貴金属・鉄鋼・アルミニウム製品」，「繊維製品・履物」の関税削減額が高く，約3億ドルであった。タイでは，「窯業・貴金属・鉄鋼・アルミニウム製品」，「電気機器・部品」が高く，約3億ドル〜4億ドルの関税削減額である。

カンボジアでは，「繊維製品・履物」（8943万ドル），「機械類・部品」（3651万ドル），ミャンマーでは，「輸送用機械・部品」（2732万ドル），「繊維製品・履物」（1628万ドル），の関税削減額が高かった。

関税削減率を見てみると，中国のASEANから輸入においては「食料品・アルコール」の10.7％が最も高く，次に「繊維製品・履物」が10.4％と続く。つまり，当たり前のことであるが，関税削減額という絶対額と関税削減率という割合では結果は異なる。

インドネシアの中国からの輸入においては，「雑製品」が10.9％，「繊維製品・履物」が10.2％，タイでは「皮革・毛皮・ハンドバッグ」が28.0％，「農水産品」が22.8％と関税削減率が高かった。カンボジアでは，「光学機器・楽器」が15.4％，「機械類・部品」が12.7％，ミャンマーでは，「繊維製品・履物」が12.0％，「食料品・アルコール」が8.1％と高かった。

3. 代表的な50品目における関税削減効果

第8-5表は，第8-4表の14業種よりも細かな商品を取り上げており，ミルク，Tシャツ，電話機，乗用車などの代表的な50品目に関する関税削減額と関税削減率を求めたものである。HSの6桁を加重平均で4桁に積み上げている品目が多いが，テレビカメラやカラーテレビのように6桁ベースの品目もある。

ミルク及びクリーム（甘味料を加えたもの）においては，中国の関税削減率

第8-4表 ACFTA5カ国の業種別関税削減額および関税削減率

(単位：US ドル)

	中国（ASEAN10カ国からの輸入）		インドネシア（中国からの輸入）		タイ（中国からの輸入）		カンボジア（中国からの輸入）		ミャンマー（中国からの輸入）	
	関税削減額	関税削減率	関税削減額	関税削減率	関税削減額	関税削減率	関税削減額	関税削減率	関税削減額	関税削減率
農・水産品	1,238,462,293	9.0%	71,221,148	7.4%	248,615,031	22.8%	1,545,019	8.4%	10,640,328	4.1%
食料品・アルコール	212,723,551	10.7%	22,555,691	3.2%	78,820,357	20.2%	694,939	6.3%	11,010,285	8.1%
鉱物性燃料	629,249,526	2.0%	8,688,471	2.3%	1,816,104	0.7%	15,898	0.4%	14,159,814	1.4%
化学工業品	650,209,343	5.2%	106,348,219	3.1%	97,124,438	2.9%	2,086,698	4.2%	6,219,961	2.8%
プラスチック・ゴム製品	958,467,657	4.8%	51,589,972	4.2%	146,141,758	7.9%	2,576,688	5.1%	1,588,876	0.9%
皮革・毛皮・ハンドバッグ等	49,563,802	7.6%	14,518,335	8.2%	73,719,990	28.0%	1,364,010	7.1%	373,210	7.3%
木材・パルプ	10,176,989	0.1%	4,352,288	1.4%	8,901,327	1.7%	1,258,668	3.7%	1,515,373	2.7%
繊維製品・履物	525,572,808	10.4%	289,750,681	10.2%	241,753,507	12.8%	89,429,638	5.2%	16,277,407	12.0%
窯業・貴金属・鉄鋼・アルミニウム製品	1,351,203,220	7.3%	297,443,220	6.3%	358,064,603	5.4%	8,555,898	5.0%	9,527,030	1.6%
機械類・部品	309,555,036	1.4%	282,993,590	4.0%	123,389,148	1.6%	36,505,210	12.7%	6,776,491	1.1%
電気機器・部品	712,532,345	1.1%	203,843,034	3.0%	287,475,700	2.5%	30,074,648	8.9%	4,550,208	2.2%
輸送用機器・部品	102,398,608	9.1%	19,302,014	2.1%	99,689,776	6.9%	2,239,171	1.1%	27,316,273	4.7%
光学機器・楽器	277,893,767	5.7%	20,106,335	5.2%	53,000,678	5.3%	2,931,779	15.4%	950,925	1.9%
雑品	30,628,923	4.6%	69,746,681	10.9%	127,442,064	15.6%	7,769,141	11.8%	2,049,837	4.7%
全体	7,058,637,867	3.4%	1,462,459,678	4.8%	1,947,954,482	5.1%	187,047,407	6.2%	112,956,019	2.8%

(資料) 第8-1表と同様。

は10％，インドネシア5％，タイが18.2％，カンボジア15％と高く，関税削減メリットが生じている。例えば，タイが中国からACFTAを活用してミルクを100万円輸入すれば，18.2万円の関税を削減できることになる。

　注目されるのは，タイの中国からの輸入では，ばれいしょ，トマト，たまねぎ，かぼちゃ，メロン，りんご，梨のACFTAの関税削減率が5％〜127％に達していることだ。これらの農産物は，ミルク及びクリーム同様に，関税削減効果が高い品目になっている。ミャンマーの中国からの輸入においても，これらの品目の多くでACFTAの関税削減率が15％に達している。

　米（コメ）においては，中国の関税削減率が26.6％であり，タイでは22％と高率であったが，カンボジア，ミャンマーは0％であった。中国のASEANからの米の関税削減額は2.8億ドルを超え，1.9億ドルのデジカメを上回り，第8-5表の50品目の中では最も金額が高かった。インドネシアでは中国からのコメの輸入実績が無く加重平均により関税削減率を計算することができなかった。

　緑茶では，タイの中国からの輸入における関税削減率は60％の高率であり，中国のASEANからの輸入では15％の関税削減率であった。コーヒー牛乳・コーラ等の甘味飲料においては，中国の関税削減率が35％と高いが，タイでも10.2％，インドネシアでも17.3％，カンボジアで35％，ミャンマーで10％と非常に高かった。清酒・りんご酒・梨酒などの発酵酒では，中国が40％，タイでは60％，カンボジア15％，ミャンマー10％であり，コーヒー牛乳・コーラ等の甘味飲料と同様にACFTAの関税削減効果が大きい品目の1つになっている。

　Tシャツにおいては，中国とタイの関税削減率がそれぞれ14％，30％，インドネシア10％，ミャンマー15.5％であり，ミルク，コーヒー牛乳・コーラ等の甘味飲料，清酒などと同様に，関税削減のメリットが大きい品目である。

　電話機，ディスク・テープ等，テレビカメラ，電気制御用・配電用のパネル，ダイオード，集積回路については，カンボジアを除いて各国とも全体的には関税削減率は低い。これは，元々の関税率を引き下げることにより，電気・電子分野の域内の相互調達を容易にし，サプライチェーンの形成につながる政策が反映されているものと考えられる。

142 第2部 深まるアジア経済の相互依存

第 8-5 表　ACFTA5 カ国の代表品目別関税削減額および関税削減率

(単位：US ドル)

		品目名	中国 (ASEAN10カ国からの輸入)		インドネシア (中国からの輸入)		タイ (中国からの輸入)		カンボジア (中国からの輸入)		ミャンマー (中国からの輸入)	
			関税削減額	関税削減率	関税削減額	関税削減率	関税削減額	関税削減率	関税削減額	関税削減率	関税削減額	関税削減率
1	0201	牛肉（冷蔵のもの）	0	—	0	—	0	—	0	—	501	15.0%
2	0202	牛肉（冷凍のもの）	0	—	0	—	0	—	0	—	12,787	15.0%
3	0401	ミルク及びクリーム（甘味料を加えないもの）	8,991	15.0%	0	—	6	41.0%	3,173	7.0%	69,001	3.0%
4	0402	ミルク及びクリーム（甘味料を加えたもの）	1,065,074	10.0%	193	5.0%	115,138	18.2%	5,781	15.0%	806,468	3.0%
5	0403	バターミルク、ヨーグルト等	0	—	0	—	28	30.0%	66,662	35.0%	5,497	5.0%
6	0407	殻付きの鳥卵	0	—	0	20.0%	0	—	0	—	46,802	15.0%
7	0701	ばれいしょ	0	—	162,263	—	7,582,908	125.0%	0	—	15,758	15.0%
8	0702	トマト	0	—	0	5.0%	22,746	40.0%	0	—	648	15.0%
9	0703.10	たまねぎ、シャロット	22,390	13.0%	152,624	5.0%	9,275,248	126.6%	0	—	14	0.5%
10	0709.93	かぼちゃ	0	—	584	5.0%	46	40.0%	0	—	0	—
11	0807.19	メロン	0	—	490	5.0%	1,673,544	40.0%	0	—	469	15.0%
12	0808.10	りんご	0	—	6,760,392	5.0%	11,071,822	10.0%	9,544	7.0%	19,271	15.0%
13	0808.30	梨	0	—	3,371,099	5.0%	9,272,186	30.0%	592	7.0%	2,096	15.0%
14	0810.10	イチゴ	0	—	3,250	5.0%	15,752	40.0%	0	—	0	—
15	0902.10	緑茶	83,757	15.0%	1,000	5.0%	72,120	60.0%	1,181	7.0%	0	0.0%
16	1006	米	284,383,761	26.6%	0	—	25	22.0%	2	—	0	—
17	2202.90	コーヒー牛乳、コーラ等の甘味飲料	16,379,448	35.0%	6,830	17.3%	826	10.2%	32,098	35.0%	417,637	10.0%
18	2206.00	清酒、りんご酒、梨酒などの発酵酒	298,764	40.0%	0	0.0%	242,685	60.0%	5,199	15.0%	5,302	10.0%
19	3701	感光性の写真用プレート等	215,322	19.9%	804,026	5.0%	0	0.0%	4	15.0%	1,843	15.0%
20	3702	感光性のロール状写真用フィルム等	0	—	23,231	5.0%	0	0.0%	5,646	7.0%	15,356	15.0%
21	3901	エチレンの重合体	161,291,120	4.4%	299,389	1.3%	380,575	2.8%	0	0.0%	124,899	1.5%
22	3919	プラスチック製の板・シート（平らな形状で接着があるもの）	7,632,056	6.5%	3,970,367	7.7%	3,143,161	5.0%	5,406	0.3%	0	0.0%
23	3920	プラスチック製のその他の板・シート	17,029,373	6.4%	3,583,904	3.1%	5,885,401	5.0%	66,574	6.9%	0	0.0%
24	6109	Tシャツなどの衣服	17,369,188	14.0%	1,882,079	10.0%	7,785,288	30.0%	17,714	6.7%	36,626	15.5%
25	7108.12	金（貨幣用以外で粉状でないもの）	0	—	0	—	0	—	0	0.0%	0	—
26	7208	鉄、不合金鋼のフラットロール製品	15,978	6.0%	10,329,053	15.0%	0	0.0%	0	0.0%	301,901	1.0%
27	7318	鉄鋼製のねじ、ボルト、ナット等	8,148,675	8.0%	8,774,583	12.5%	0	0.0%	516,491	15.0%	102,587	1.5%
28	8207	手工具用又は加工機械用の互換性工具	1,276,564	8.0%	0	0.0%	9,408,958	10.0%	41,818	15.0%	41,878	1.0%

第 8 章　東アジアの FTA の経済効果　143

#	HS	品目	値1	%1	値2	%2	値3	%3	値4	%4	値5	%5
29	8429	ブルドーザー、地ならし機、ショベルローダー等	114,775	5.0%	10,381,235	9.7%	3,252,966	4.9%	1,929,400	15.0%	782,369	1.0%
30	8443	印刷機及び部分品	8,346,562	0.4%	16,437,781	4.1%	0	0.0%	213,375	15.0%	211,201	2.3%
31	8457.10	マシニングセンター	2,664,129	9.7%	98,299	5.0%	0	0.0%	0	—	0	—
32	8477.10	射出成形機	0	0.0%	0	0.0%	0	0.0%	190,674	15.0%	10,951	1.0%
33	8479.89	絶縁テープ巻付機等	0	0.0%	3,042,073	9.4%	0	0.0%	19,250	15.0%	29,769	1.0%
34	8480	金属鋳造用鋳型枠等	419,638	1.2%	3,568,206	5.0%	11,035,792	5.0%	163,559	15.0%	7,163	1.0%
35	8501	電動機及び発電機	58,917,435	9.0%	18,486,376	9.9%	1,329,830	0.2%	94,225	7.1%	242,015	1.0%
36	8517	電話機及びその他の機器	1,304,578	0.0%	596,823	0.0%	0	0.0%	4,073,932	9.1%	1,522,634	4.0%
37	8523	ディスク、テープ、不揮発性半導体記憶装置等	24,852	0.0%	34,749	0.1%	1,783,279	1.9%	45,451	15.0%	52,333	1.5%
38	8525.80	テレビジョンカメラ、デジタルカメラ等	186,385,830	7.7%	610,658	2.3%	0	0.0%	148,682	15.0%	47,979	10.0%
39	8528.72	カラーテレビ	18,601	10.0%	0	0.0%	0	0.0%	1,353	15.0%	0	0.0%
40	8536	電気回路用の機器、光ファイバー用の接続子等	29,607,039	2.4%	4,553,107	2.9%	56,837,264	9.9%	2,722,187	8.6%	67,551	1.0%
41	8537.10	電気制御用又は配電用のパネル等	18,362,769	7.8%	5,135,203	5.0%	0	0.0%	0	0.0%	5,931	1.0%
42	8541	ダイオード、トランジスター等	0	0.0%	170,223	0.3%	0	0.0%	35,896	7.0%	45,242	7.5%
43	5842	集積回路	0	0.0%	202,955	0.2%	0	0.0%	0	—	5,268	1.5%
44	8703	乗用自動車	2,928,058	24.3%	44,755	10.8%	4,835,629	36.9%	192,055	12.3%	26,180,867	13.3%
45	8704	貨物自動車	25,891	4.2%	53,804	0.4%	2,031,653	10.8%	644,913	4.3%	0	0.0%
46	8708	自動車の部分品、附属品	26,511,882	6.1%	1,267,092	1.0%	26,789,766	5.2%	179,653	12.9%	271,308	2.4%
47	8905.90	照明船、消防船、クレーン船などの船舶	0	—	284,050	0.5%	0	0.0%	177	15.0%	84,631	1.5%
48	9006	写真機、写真用のせん光器具	2,366,610	12.3%	110,768	5.8%	393,918	2.4%	1,596	35.0%	1,536	15.0%
49	9018	医療用又は獣医用の機器	8,259,232	4.7%	1,597,541	4.9%	502,755	1.3%	0	0.0%	250,339	1.5%
50	9031.80	測定用又は検査用の機器	11,894,621	5.0%	494,709	5.0%	0	0.0%	32,033	15.0%	1,637	1.5%

（資料）　第 8-1 表と同様。

144　第2部　深まるアジア経済の相互依存

　乗用自動車では，中国の関税削減率は24.3%，タイは36.9%，インドネシア10.8%，カンボジア12.3%，ミャンマー13.3%と高かった。貨物自動車では，各国ともタイ以外は全体的にACFTA税率がMFN税率に対してあまり削減されておらず，中国の関税削減率が4.2%，インドネシアが0.4%，タイが10.8%，カンボジアが4.3%，ミャンマー0%であった。自動車部品ではカンボジアが12.9%と関税削減率が高かったが，中国は6.1%，インドネシアは1.0%，タイは5.2%，ミャンマーは2.4%にとどまっている。

第3節　インドネシア，タイ，カンボジア，ミャンマーにおけるAFTAの関税削減効果

1．大きいタイのAFTA効果

　第8-6表は，2015年のインドネシアとタイ，カンボジア，ミャンマー4カ国におけるASEANからの輸入における関税削減額と関税削減率を算出したものである。

　2015年のインドネシアの他のASEAN9カ国からの輸入における「関税削減額」は22.5億ドル（インドネシアの中国からの輸入でのACFTA関税削減額は14.6億ドル）であった。一方，インドネシアの2015年における他のASEAN9カ国からの輸入総額は497.1億ドル（インドネシアの中国からの輸入額は306.2億ドル）であった。したがって，AFTAを活用した場合のインドネシアのASEAN9カ国からの輸入での関税削減率は4.5%（22.5億ドル÷

第8-6表　AFTA4カ国の関税削減額および関税削減率

（単位：USドル）	輸入額	関税削減額	関税削減率
インドネシア（ASEAN9カ国からの輸入）	49,707,039,626	2,245,344,823	4.5%
タイ（ASEAN9カ国からの輸入）	40,232,999,014	2,519,309,592	6.3%
カンボジア（ASEAN9カ国からの輸入）	2,828,526,769	169,161,725	6.0%
ミャンマー（ASEAN9カ国からの輸入）	6,109,612,947	220,813,279	3.6%

（資料）　第8-1表と同様。

497.1億ドル）ということになる（ACFTA利用時のインドネシアの中国からの関税削減率は4.8% = 14.6億ドル÷306.2億ドル）。

同様に，タイのAFTA利用時の他のASEAN9からの輸入に対する関税削減額は25.2億ドル（ACFTAでは19.5億ドル）で，関税削減率は6.3%（ACFTAでは5.1%）であった。カンボジアのAFTA利用での関税削減額は1.7億ドル（ACFTAでは1.9億ドル）で，関税削減率は6.0%（ACFTAでは6.2%），ミャンマーのAFTA利用による関税削減額は2.2億ドル（ACFTAでは1.1億ドル），関税削減率は3.6%（ACFTAでは2.8%）であった。

カンボジアのみACFTA利用での関税削減額の方がAFTA利用の場合よりも高くなっているが，これはカンボジアの中国からの輸入額がASEANからの輸入額よりも大きいためである。それだけ，カンボジアの中国への依存度が他のASEANよりも大きいことを示している。

これに対して，インドネシアのAFTAを活用した時の関税削減額は，ACFTAを活用した場合の関税削減額の1.5倍になる。なぜ，インドネシアでAFTAの方がACFTAよりも関税削減額が大きくなるのかというと，「インドネシアの他のASEANからの輸入」が「インドネシアの中国からの輸入」の1.6倍に達するからである。

タイにおいては，ASEANからの輸入額は中国からの輸入額とほぼ同額であるが，タイのAFTAを活用したときの関税削減額は，ACFTAを活用した場合の関税削減額を5.7億ドルほど上回っている。これは，タイがACFTA税率（2.6%）よりもAFTA税率（0.0%）を低くし，AFTAの関税削減効果を引き上げている分だけ，AFTAの関税削減額がACFTAの関税削減額を上回っているためである。

また，タイとインドネシアの関税削減率の差は1.8%（6.3% − 4.5%）に達するので，AFTAを利用して他のASEANから100万円を輸入した時は，タイではインドネシアよりも全品目平均で1.8万円ほど関税を節約できる。

したがって，純粋にFTA効果だけを考えるのならば，タイで他のASEANから輸入する方が，インドネシアでASEANから輸入するよりもメリットが大きいということになる。しかしながら，タイの関税削減率が高いということは，AFTA税率が限りなく0%に近い現状においては，それだけタイのMFN

税率が高いということを意味している。ASEANの主要国ではAFTAの関税は撤廃されているわけであるから，ほとんどの品目でAFTAを活用すれば関税を支払う必要はない。つまり，ASEAN主要国では，関税の支払い額に差はなくなっている。

このことは，もしもタイの他のASEANからの輸入でAFTAを利用しなければ，タイでは高い関税（MFN税率）を支払わなければならないことを意味するので，タイのASEANからの輸入においては，できるだけAFTAを利用することが肝要である。

AFTAの関税削減率を示す「第8-6表」とACFTAの関税削減率を表す「第8-3表」と比較すると，インドネシアではわずかではあるがACFTA（4.8%）の方がAFTA（4.5%）よりも高い。カンボジアもインドネシア同様に，ACFTA（6.2%）がAFTA（6.0%）よりもやや高い。しかし，タイではAFTA（6.3%）の方がACFTA（5.1%）の関税削減率よりも高いし，ミャンマーでもAFTA（3.6%）がACFTA（2.8%）よりも高い。

すなわち，タイとミャンマーでは，平均的な品目ではACFTAよりもAFTAを利用する方が，関税削減効果を大きく得ることができる。一方，インドネシアとカンボジアではACFTAを利用した場合の関税削減効果の方がAFTAよりもわずかに高いものの，実質的にはほとんど差がないと言ってよい。

2. 輸送用機械・部品で高いAFTAの関税削減率

第8-7表は，インドネシア，タイ，カンボジア，ミャンマー4カ国のAFTA利用時の業種別の関税削減額および関税削減率をまとめたものである。

インドネシアにおいては，ACFTAの関税削減率（第8-4表）と比べると，AFTAでは「輸送用機械・部品」，「プラスチック・ゴム製品」，「食料品・アルコール」の割合が高かった。ACFTAでは，「繊維製品・履物」や「雑製品」，「皮革・毛皮製品・ハンドバック等」の割合が高かったので，AFTAとACFTAではその業種別の関税削減効果に大きな違いがあることが明らかである。特に，「輸送用機械・部品」の関税削減率（効果）において，AFTAでは22.2%と高いが，ACFTAでは2.1%にとどまっている。

第 8 章　東アジアの FTA の経済効果

第 8-7 表　AFTA4 カ国の業種別関税削減額および関税削減率

(単位：US ドル)

	インドネシア (ASEAN9 カ国からの輸入)		タイ (ASEAN9 カ国からの輸入)		カンボジア (ASEAN9 カ国からの輸入)		ミャンマー (ASEAN9 カ国からの輸入)	
	関税削減額	関税削減率	関税削減額	関税削減率	関税削減額	関税削減率	関税削減額	関税削減率
農水産品	43,900,400	6.5%	410,369,813	31.4%	4,480,515	8.4%	11,951,941	3.0%
食料品・アルコール	82,426,439	9.2%	252,788,934	22.9%	33,257,312	8.9%	16,118,899	7.9%
鉱物性燃料	51,191,737	0.2%	61,907,751	0.6%	17,023,285	1.6%	3,716,643	0.2%
化学工業品	126,239,328	3.0%	115,644,810	3.9%	11,077,505	4.6%	10,085,118	3.1%
プラスチック・ゴム製品	369,201,342	9.6%	116,737,377	6.4%	8,917,818	12.2%	4,847,585	1.8%
皮革・毛皮・ハンドバッグ等	3,417,855	2.2%	9,023,106	13.4%	1,618,544	7.5%	542,632	7.1%
木材・パルプ	25,826,569	4.2%	30,258,475	3.7%	4,568,756	7.0%	1,822,371	2.1%
繊維製品・履物	78,205,262	8.7%	84,753,989	13.0%	18,194,389	6.9%	24,440,447	12.0%
窯業・貴金属・鉄鋼・アルミニウム製品	275,306,651	8.4%	180,621,387	4.8%	9,958,395	4.5%	9,408,589	1.1%
機械類・部品	280,689,941	5.4%	122,317,383	2.7%	10,844,107	11.7%	9,902,588	1.1%
電気機器・部品	142,898,793	3.2%	290,214,832	3.3%	7,910,808	15.0%	11,256,727	3.7%
輸送用機器・部品	691,235,775	22.2%	744,203,326	32.2%	34,693,027	14.9%	112,846,369	12.9%
光学機器・楽器	32,347,171	5.2%	65,900,825	7.2%	2,132,077	12.3%	1,378,885	1.8%
雑製品	42,457,521	14.0%	34,567,585	16.0%	4,484,589	15.4%	2,494,482	3.8%
全体	2,245,344,823	4.5%	2,519,309,592	6.3%	169,161,125	6.0%	220,813,279	3.6%

(資料)　第 8-1 表と同様。

タイの ASEAN からの輸入において，AFTA 利用時の関税削減率では，「農水産品」，「食料品・アルコール」，「輸送用機械・部品」が高く，20%～30%台に達している。また，「雑製品」が16%とこれに続く。タイにおいて，ACFTA を利用した中国からの輸入における関税削減率と違うところは，インドネシア同様に「輸送用機械・部品」の割合に大きな差があることである（ACFTA：6.9%⇒ AFTA：32.2%）。

カンボジアの AFTA の関税削減率で上位である業種は「雑製品（15.4%）」，「電気機器・部品（15.0%）」，「輸送用機械・部品（14.9%）」であった。ミャンマーの関税削減率で上位の業種は「輸送用機械・部品（12.9%）」，「繊維製品・履物（12.0%）」，「食料品・アルコール（7.9%）」であった。カンボジアで AFTA の方が ACFTA の関税削減率よりも大きな業種は，「輸送用機械・部品」と「プラスチック・ゴム製品」であり，ミャンマーでは「輸送用機械・部品」であった。

すなわち，これらの AFTA4 カ国において共通して AFTA の関税削減率の方が ACFTA よりも高かった業種は，「輸送用機械・部品」と「食料品・アルコール」ということになる。これは，自動車・同部品の分野においては，ACFTA 利用による ASEAN と中国との間の相互調達と比較して，いかに ASEAN 間でのサプライチェーンの形成に AFTA が貢献しているかを示すものと言える。

3. 甘味飲料，カラーテレビ，自動車・同部品で顕著な AFTA 効果

本章での分析では，第 8-7 表に掲載されている 14 業種よりも細かな 50 品目における AFTA の関税削減額と関税削減率を計算している（第 8-5 表では ACFTA の事例を掲載）。

インドネシア，タイ，カンボジア，ミャンマーにおいて，農産物・加工食品の分野で，ACFTA と比較して AFTA を利用した時の関税削減額が高い品目は，ミルク及びクリーム（甘味料を加えたもの），バターミルク・ヨーグルト等，たまねぎ，コーヒー牛乳・コーラ等の甘味飲料である。特に，甘味飲料については関税削減率も高く，AFTA 効果が明確に現れている。

素材・原材料の分野において，AFTA 利用による関税削減額が ACFTA よ

りも大きい品目は，エチレンの重合体，プラスチック製の板シートや鉄鋼製のネジ・ボルト・ナット等である．機械の分野では，ブルドーザー等や電動機・発電機，電気機器ではカラーテレビ，電気制御用・配電用のパネルが挙げられる．

　特筆すべきは，乗用車，貨物自動車，自動車部品では，AFTA の関税削減効果は ACFTA よりも桁違いに大きいことである．例えば，インドネシアの自動車部品の関税削減額は，AFTA を用いた ASEAN からの輸入では 1.2 億ドルであるが，ACFTA 利用での中国からの輸入では 127 万ドルにすぎなかった．同様に，タイではそれぞれ 1.4 億ドルと 2700 万ドル，ミャンマーでは 55 万ドルと 27 万ドルであった．

　乗用車ではそれ以上に AFTA と ACFTA 利用による関税削減額に格差が出る．インドネシアにおいては，AFTA での関税削減額の 3.8 億ドルに対して ACFTA では 4.5 万ドル．タイでは，同様に，4.1 億ドルに対して 484 万ドル，カンボジアでは 968 万ドルと 19 万ドル，ミャンマーは 9800 万ドルと 2600 万ドルであった．

　したがって，インドネシア，タイ，カンボジア，ミャンマーにおいては，AFTA を活用した関税削減効果が高く，同時に ASEAN 域内の相互調達が活発な品目として，「コーヒー牛乳・コーラ等の甘味飲料」，「カラーテレビ」，「自動車・同部品」を挙げることができる．

（高橋俊樹）

第3部
アジアの通貨・金融：新たな課題

第9章

通貨危機後の通貨・金融協力

はじめに

　本章では，1997年のアジア通貨危機を契機に，東アジア地域で進められてきた通貨・金融協力分野に関して，IMFをはじめとする国際的な枠組との関係もふまえて取り扱う。まず，日本・中国・韓国とASEAN10カ国，いわゆるASEAN＋3を中心とした，これまでの同分野での取組経緯や実績を振り返る。つづいて，2016年5月のASEAN＋3の財務大臣・中央銀行総裁会議の共同声明をふまえ，現時点でのASEAN＋3の各種施策とその方向性を確認する。そのうえで，アジアにおける通貨・金融協力の課題と展望をまとめたい。国際的な枠組にも言及するのは，グローバル化した現代において，特に金融分野はクロスボーダーでの影響が高速，かつ広範囲におよぶため，重要と考えられるためである。

　ここでは，ASEAN＋3による各施策の内容に触れる前に，こうした通貨・金融協力に至った経緯を確認する。1993年の世界銀行のレポートでは，それまでの同地域の経済成長は，「東アジアの奇跡」と称賛されていた。しかし，1997年7月のタイバーツの急落をきっかけに，通貨危機・経済危機の事態に至った。その危機は，インドネシア，マレーシア，フィリピン，韓国，香港にまで伝播し，影響を与えた。この背景としては，当時の同地域の多くの国が米ドルペッグ制を採っていたことが指摘できる。タイバーツの急落をきっかけに，各通貨は大幅に下落し，特にタイ・インドネシア・韓国は，IMFの支援を受ける事態となり，マレーシアは独自の為替・資本規制を導入するなど，大きな影響を受けた。

　この危機の原因としてあげられるのが，「ダブル・ミスマッチ」と呼ばれる

資金調達構造である。各国は経済成長していく中で必要となる資金を海外に負うところが大きかった。そこで必要となる資金は，主に国内インフラ需要など，自国通貨建て・長期資金だったにもかかわらず，多くは海外からの外貨建て（主に米ドル）・短期資金に拠っていた。つまり，通貨と期間の両面でのミスマッチが存在していた。このため，ひとたび自国通貨が下落し経済危機となった場合，短期であるため，海外からの資金支援の継続が困難となり，また，返済にあたっての自国通貨換算後の負債金額が急増することとなった。

　こうした域内の脆弱な通貨・金融システムの実態が明らかになったことを受け，1997年12月にマレーシアのクアラルンプールで第1回のASEAN＋3の首脳会議が開催された。この会議をきっかけとして，東アジアの通貨・金融問題を討議する場として，財務大臣会議が設けられ，1999年からは毎年開催されている。2012年からは，中央銀行総裁も参加する形態となり，第1節以降で詳述する各種施策の実現へとつながっている。そうした施策は，2008年のリーマン・ショック以降の世界的な経済危機やその後の日米欧の先進国の長期にわたる経済停滞においても，アジア地域の安定的な成長を持続させる支えとなってきたと考えられる。

第1節　ASEAN＋3による通貨・金融協力の取組

1. チェンマイ・イニシアティブの機能と目的

　前述の財務大臣会議の場を中心として，ASEAN＋3が，アジア通貨危機の経験から，危機防止のためまず取組んだのが，「チェンマイ・イニシアティブ」（以下CMIMという）。これは，域内国間で通貨危機となった国への外貨を融通するための協定である。前述のとおりアジア通貨危機の背景として，タイをはじめとする域内各国の多くは，為替相場制度として，実質的に米ドルペッグ制度をとっていた。そのため，自国通貨が市場で売り込まれた際に，為替介入により自国通貨を買い支える，あるいは，急激に進む自国通貨安を和らげるため，十分な外貨準備を必要とした。

　当初，2カ国間による複数の協定から構成される形式で2003年末までに8

第9-1図　チェンマイ・イニシアティブのマルチ化イメージ

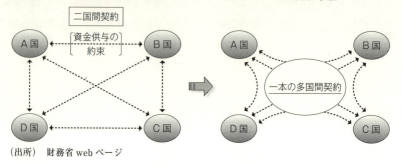

（出所）財務省 web ページ

カ国で開始。その後，第9-1図に示すような域内多国間契約（マルチ化）となり，2012年には金額増額が決定。またIMFとのリンク[1]を必要としない割合を増加させるなど，進化している（第9-1表参照）。合わせて，「危機予防機能」[2]も導入した。これは，文字通り，危機に至る前に予防的に資金を供給できる機能であり，IMFがリーマン・ショック以降に導入した新たな危機予防ファシリティにならったものと考えられる。

　上記のIMFとのリンクの割合を引き下げる前提として，ASEAN＋3が必要としたものは，域内各国のマクロ経済状況のサーベイランス能力である。なぜなら，IMFとは独立した形で，CMIMに基づく外貨融通を発動するためには，域内独自で当該国への外貨提供の妥当性を確認・検証することが必要となるためである。背景には，アジア通貨危機時にIMFの支援を受けた際に，コンディショナリティとして求められた各種の経済政策・自国内制度の見直しは，必ずしも各国の実状に合うものばかりではなかったことがある。こうして，域内各国のマクロ経済状況をモニターできる，域内機関として立ち上げられたのが，ASEAN＋3 Macroeconomics Research Office（AMRO）である。詳細は，次項で述べたい。

第 9 章 通貨危機後の通貨・金融協力　155

第 9-1 表　チェンマイ・イニシアティブ各国貢献額（2014 年 7 月発効）

CMIM 貢献額，借入乗数，引出可能総額，貢献割合，投票権率．IMF デリンク部分の 30％への引上げ後

		貢献額 （億ドル）		貢献割合 （％）		借入 乗数	引出可能総額 （億ドル）	投票権額合計			投票権率 （％）
								基本票	貢献額票		
日中韓		1,920.0		80.00			1,173.0	9.60	192.00	201.60	71.59
中国	中国 （香港除く）	768.0	684.0	32.00	28.50	0.5	342.0	3.20	68.40	71.60	25.43
	香港		84.0		3.50	2.5	63.0	0.00	8.40	8.40	2.98
日本		768.0		32.00		0.5	384.0	3.20	76.80	80.00	28.41
韓国		384.0		16.00		1	384.0	3.20	38.40	41.60	14.77
ASEAN		480.0		20.00			1262.0	32.00	48.000	80.00	28.41
インドネシア		91.04		3.793		2.5	227.6	3.20	9.104	12.304	4.369
タイ		91.04		3.793		2.5	227.6	3.20	9.104	12.304	4.369
マレーシア		91.04		3.793		2.5	227.6	3.20	9.104	12.304	4.369
シンガポール		91.04		3.793		2.5	227.6	3.20	9.104	12.304	4.369
フィリピン		91.04		3.793		2.5	227.6	3.20	9.104	12.304	4.369
ベトナム		20.0		0.833		5	100.0	3.20	2.00	5.20	1.847
カンボジア		2.4		0.100		5	12.0	3.20	0.24	3.44	1.222
ミャンマー		1.2		0.050		5	6.0	3.20	0.12	3.32	1.179
ブルネイ		0.6		0.025		5	3.0	3.20	0.06	3.26	1.158
ラオス		0.6		0.025		5	3.0	3.20	0.06	3.26	1.158
合計		2,400.0		100.00			2,435.0	41.60	240.00	281.60	100.00

（出所）財務省 web ページ

2. AMROの役割

　AMROは2009年に設立が合意され，2011年にシンガポールに設立された。当初は，シンガポール法人として立ち上げられたが，2016年2月に国際機関化が実現した。AMROの役割としては，前述のとおりCMIMの発動にあたり，IMFとリンクせずに外貨供与を判断するための，各国のマクロ経済のサーベイランス機能と実際のCMIM実施に関する支援機能が主となる。また，組織図を見るとCMIM関連で技術支援機能も有しており，主にCLMV（カンボジア・ラオス・ミャンマー・ベトナム）へのマクロ経済サーベイのためのデータ整備の支援などが想定される。

　AMRO関連の事項として，これまでのASEAN＋3の活動を振り返ると，2004年以降毎年，リサーチ・グループとして複数の研究機関が，中長期的な課題について調査・報告を行ってきたことがあげられる。直近では，2013年から2014年にかけて，「ASEAN＋3諸国における証券化市場拡大に必要な政策提言」および「ASEAN＋3諸国の資本市場関連インフラに関するSWOT分析とその意義」の2テーマが選定され，それぞれ2者の研究機関（含む大学）から報告がなされた。この活動は，2015年5月の財務大臣・中央銀行総裁会議の場で，AMROによるテーマ別研究に統合されることが表明された。AMROのエコノミストの業務としては，当面は，各国別のサーベイが主となると予想されるが，すでに2016年4月には「ASEAN＋3の新興国経済における外貨建て社債に関する傾向とリスク[3]」と題するレポートも発刊されている。国別サーベイに留まらず，こうした域内の中長期的な課題への分析も，ASEAN＋3の金融システムの安定には資するものと思料され，継続的な取組が期待される。

3. ASEAN＋3債券市場育成イニシアティブへの取組

　前述のCMIMは，アジア通貨危機の経験をふまえ，外貨不足に陥った国への支援のための枠組みとして構築された危機対応時の仕組である。それに対して，ASEAN＋3債券市場育成イニシアティブ（Asian Bond Market Initiative：ABMI）は，危機の原因とされた「ダブル・ミスマッチ」，すなわち通貨・期間のミスマッチへの対策としての取組である。

第9章　通貨危機後の通貨・金融協力　157

　具体的には，アジア域内の貯蓄を，欧米など域外を経由させず，直接，域内の投資資金として活用することを目的とする。効率的，かつ流動性の高い債券市場の育成を目指すものであり，2003年のASEAN＋3財務大臣会議で合意された。下記のとおり，4つのタスクフォース，1つの技術支援調整チーム（TACT）から構成され，各組織の議長国を指名している。各タスクフォースおよびチームの担当分野ならびに議長国（括弧内）は下記。こうしたABMIの取組により，域内通貨建て債券市場は，着実にその規模を拡大している。

＜ABMIの各タスクフォース・チームの内容＞
TF1　：現地通貨建て債券発行の促進（タイ・中国）
TF2　：現地通貨建て債券の需要の促進（シンガポール・日本）
TF3　：規制枠組みの改善（マレーシア・日本）
TF4　：債券市場関連インフラの改善（フィリピン・韓国）
TACT：各国の能力強化及び人材育成を目的とした技術支援の調整（ブルネイ・ラオス・ベトナム）

第9-2表　ASEAN＋3債券市場の拡大状況

(単位　10億米ドル)

国	国債		社債		合計		合計倍率
	Dec-00	Dec-15	Dec-00	Dec-15	Dec-00	Dec-15	
中国	198.83	4,067.00	3.49	2,083.00	202.32	6,150.00	30.4
香港	13.92	120.00	46.58	89.00	60.50	208.00	3.4
インドネシア	50.84	109.00	1.95	18.00	52.79	127.00	2.4
日本	3,499.39	8,274.41	1,053.14	656.11	4,552.53	8,930.52	2.0
韓国	122.38	700.00	232.60	1,020.00	354.98	1,720.00	4.8
マレーシア	35.68	142.44	33.02	118.14	68.70	260.58	3.8
フィリピン	20.83	84.00	0.15	17.00	20.98	101.00	4.8
シンガポール	24.93	129.00	19.60	91.00	44.53	221.00	5.0
タイ	25.89	208.01	5.16	69.87	31.05	277.88	8.9
ベトナム	0.09	40.00	0.00	1.30	0.09	41.00	455.6
合計	3,992.78	13,833.66	1,395.69	4,162.12	5,388.47	17,995.98	3.3
合計（除く日本）	493.39	5,559.45	342.55	3,506.01	835.94	9,065.46	10.8

（資料）Asian Bonds Onlineデータより作成（2000/12月と2015/12月の市場規模の比較）

具体的な取組として，ASEAN+3域内の企業が発行する社債に保証を供与する信用保証・投資ファシリティ（CGIF[4]）の設立，ASEAN+3域内のマーケットやABMIの進展に係る情報の発信を行うアジア・ボンド・オンライン（Asian Bonds Online）の開設・充実化，クロスボーダー債券取引の促進を目指し，市場慣行の標準化や規制の調和化を図るための官民一体のASEAN+3債券市場フォーラム（ASEAN+3 Bond Market Forum：ABMF）の設置などが実現している。

第2節　ASEAN+3による各種施策の現状と方向性

本節では，前節で述べたアジア通貨危機以降のASEAN+3による各種の取組について，2016年5月のASEAN+3の財務大臣・中央銀行総裁会議の共同声明の内容を中心に現状と方向性を確認したい。

1. チェンマイ・イニシアティブおよびAMROの方向性

上記共同声明においてCMIMは「地域の金融セーフティーネットの不可欠な一部」と位置づけられている。合わせて，一層の強化を目指し，運営のための体制整備として，①CMIM運用ガイドラインの強化，②様々なシナリオ下でのCMIMテストランの実行，③CMIMの平時の準備作業の実施，の進展が謳われている。また，IMFとのリンクを必要としない割合の引き上げについては，2016年11月にタスクフォースにより提言される方向性が示された。

注目できる点としては，CMIMがIMFを中心とするグローバルな金融セーフティーネットといかにすればより良く結合できるかの検討を掲げ，2016年にIMFプログラムとリンクした危機対応ファシリティに係るテストランの実施を表明した点である。前年，その開始が示された下記の2点のCMIMスタディの完了が，2016年に宣言されたことと合わせ，ASEAN+3のCMIMに対する姿勢・方向性を示すものと考えられる。

第 9 章　通貨危機後の通貨・金融協力　159

＜完了した CMIM スタディのテーマ＞
・CMIM の将来の参考のための，ユーロ圏におけるトロイカ体制[5]による金融支援プログラム
・CMIM アレンジメントと国際スワップデリバティブ協会（ISDA）の下での市場慣行の比較分析

　アジア通貨危機以降，ASEAN＋3 域内での独自のセーフティーネットの色彩の強かった CMIM だが，2008 年のリーマン・ショック以降の世界金融危機の経験などをふまえ，さらなるグローバル化の進展を意識せざるを得なくなったものと考えられる。そのため，IMF とのリンクを必要としない割合を高めることを準備しつつ，IMF との連携強化も行い，再び世界的な規模の危機が訪れた場合に備える姿勢を，合わせ持つこととなったのであろう。
　AMRO については，2016 年 2 月に正式に国際機関化されたことを歓迎し，域内の経済サーベイランス機関として，その能力の伸長を期待している。その方向性の 1 つとして，速やかに中期戦略目標を完成させる方針である。また，ASEAN＋3 各国の主要な経済・金融指標により構成される「経済情勢に関する政策対話マトリクス」が AMRO と協力して進められることも謳われた。合わせて，同マトリクスに基づき，CMIM 危機予防機能の適格性指標をさらに発展させることにも取組むとしている。
　以上から，CMIM をグローバルな規模も含めて，あらゆる今後の通貨・金融危機への対応する際の手段として高度化させること，AMRO を域内各国のマクロ経済のサーベイランス機関として発展させるとともに CMIM の運営・実施機関とすることが，ASEAN＋3 としての基本的なスタンスであると考えられる。

2．ABMI の現状と将来像

　2016 年の ASEAN＋3 財務大臣・中央銀行総裁会議の共同声明において，ABMI については，以下のように認識されている。それは，ABMI が域内の現地通貨建て債券市場発展に貢献し，域内で貯蓄を長期投資に向かわせてきたということである。また，引き続きの取組として，今後 3 年間で ABMI にお

いて支援される活動を示した新しい中期ロードマップが承認された。その詳細は未公表ながら，現地通貨建て債券によるインフラ開発需要に応える姿勢が示された。その支援のため，いくつかの国においてグリーンボンド[6]，カバードボンド[7]，レポ市場[8]におけるプライム担保および地方政府債を推進する，とある。これは，今後も継続的に巨額の資金ニーズが予想される域内のインフラに関して，域内通貨建て債券の活用を展望し，そのメニューの多様化も目指すものと読み取れる。

ABMI に関連する各種施策に関しては，前述の CGIF の保証能力を拡充し，業務の拡大を志向している。企業の資金調達における通貨と期間のミスマッチの回避を目的として，CGIF がそのリソースを有効活用することを期待する，とある。これは，アジア通貨危機の原因と言われる「ダブル・ミスマッチ」の回避・削減を図る機能を CGIF が負っていることを明確に表している。

また，前述の ABMF の取組として進められている ASEAN＋3 債券共通発行フレームワーク（AMBIF）におけるさらなるクロスボーダー債券の発行と，クロスボーダー決済インフラフォーラム（CSIF）における，ASEAN＋3 各国の中央銀行と証券保管振替機構間の中長期的な CSD-RTGS リンクの着実な進展への期待が表明された。

前者の AMBIF（＝ASEAN+3Multi-currency Bond Issuance Framework）は，域内のプロ投資家向け債券市場への上場プロセスの共通化を目的として進められているもの。2015 年 9 月には，その第 1 号案件として，みずほ銀行がタイバーツ建て債券 30 億バーツを発行し，東京プロボンド市場に上場させた。発行にあたり，発行体および投資家双方の国内外税制の取扱につき，タイ当局との交渉は難航した模様である。また，関連文書は AMBIF 共通形式が認められたものの，準拠法はタイ法となった。クロスボーダー債券であることをふまえれば，金融市場で事例が比較的多い英国法にすれば発行体・投資家双方にとって取扱いしやすいとの意見も見られた。こうした第 1 号案件の経験・レビューをふまえ，AMBIF 債をさらに改善させたうえで，今後の発行を増加させていくことは，ABMI の着実な進展に資するものであろう。

後者の CSIF（＝Cross-Border Settlement Infrastructure Forum）で検討されている CSD-RTGS リンク[9]とは，クロスボーダー債券取引の決済をス

第9-2図　CSD-RTGSリンク図

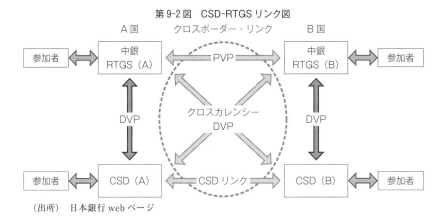

（出所）日本銀行webページ

ムーズに行うためのインフラとして検討されているものであり，資金・証券決済システムを域内の国々で接続する取組である（第9-2図参照）。

前述の第9-2表にあるとおり，日本を除く東アジア主要国における債券市場の規模は2000年との比較ではこの15年で10倍以上の規模に達している。こうしたABMIの取組は，「ダブル・ミスマッチ」の改善に資するものと考えられ，ASEAN+3としても，引き続き進めていく方針であろう。

第3節　アジアにおける通貨・金融協力の課題と展望

ここでは，前節までに述べたASEAN+3を中心とする通貨・金融協力に関する課題と今後の展望を3つのテーマに絞り論じたい。まず，CMIMが担うセーフティーネットのグローバルな枠組との関係におけるもの。つづいて，今後，巨額の資金ニーズの見込まれる域内のインフラファイナンスを，既述のダブル・ミスマッチの視点も加えて検討する。最後に，アジア域内の通貨間の為替相場の安定に関して考えたい。

1. 危機対応セーフティーネットのありかた

CMIMとAMROを中心に据えたASEAN+3における危機対応の体制は，

アジア通貨危機以降，着実に整備されてきた。一方で，その後のリーマン・ショックや欧州債務危機などの経験から，経済がよりグローバル化された状況もふまえた，セーフティーネットの構築が望まれる。「グローバル」をキーワードに，現在のアジアの体制を欧州とも比較して整理すると次のように整理できる（第9-3図）。IMFを中心とし，次段階にRFAs（＝Regional Financial Arrangements），次にバイラテラル・スワップなど二国間取極，最下層に各国の外貨準備といった構造となる。CMIMもこうした多層構造の中に組み込まれていることを認識しつつ，ASEAN＋3独自の危機支援策も可能とするべく，CMIMの金額的な維持・拡大とともに，IMFとのリンクを必要としない割合を高めること。それを可能とする，AMROのサーベイ機能の引き上げなどを着実に進めていくことが課題と考えられる。二国間協力や各国が相応の外貨準備を確保することも，セーフティーネットの役割を果たしている点も共通認識を持つべきであろう。これに関しては，2016年2月のAMROの国際機関化に伴う開所式の際，当時の根本所長も挨拶において，この多層化したセーフティーネットをいかに運用していくかが重要であると語っている。CMIMに関しては，2000年に合意された後，これまで一度も発動をされたことがない。そのため，テストランなど実際の発動時に向けた準備・運用体制の構築も，危機発生時に速やかに対応するためには，重要な課題となるであろう。

第9-3図　セーフティーネット多層化概念図

（資料）　財務省webページを参考に作成

2. インフラファイナンスへの対応

　2016 年の ASEAN＋3 の財務大臣・中央銀行総裁会議の共同声明の ABMI に関するものとして，インフラ開発需要への対応が言及された。これは，2015 年末に正式に設立された，中国主導によるアジアインフラ投資銀行（AIIB）の計画が具体化した同年春以降，アジアにおけるインフラファイナンスの議論が，従来以上に増加していることとも関連すると考えられる。AIIB については，日・米が不参加であったこともあり，「中国版 IMF」の設立であるとの意見もあった。その後の日本による，ADB と連携した「質の高いインフラパートナーシップ」と題するインフラ投資の提供表明などを受け，ADB と AIIB との関係なども注目された。そうした中，2016 年 5 月の ADB 年次総会のタイミングで，両者による協調融資に関する覚書締結が発表され，翌 6 月には ADB との協調融資案件 1 件を含め，AIIB の 4 件の初回案件が決定された。

　インフラファイナンスは，アジア域内でも 2010 年～2020 年で 8 兆ドル超のニーズがあると言われている。その資金ニーズは，基本的に自国通貨建て，かつ長期資金である。この「自国通貨建て・長期」というキーワードは，「ダブル・ミスマッチ」を想起させる。その対策ともいえる ABMI の枠組で，インフラ開発への対応も行うのは，上記のような巨額の資金ニーズに対して，ADB あるいは AIIB といった公的部門のみでは不足することが念頭にあると考えられる。

　「ダブル・ミスマッチ」への対応もふまえた，ABMI 関連のインフラ案件として，象徴的なクロスボーダー債券の案件が存在する。2013 年にラオス政府がタイバーツ建て国債を発行した事例である。ラオスが当該債券で調達した資金で自国内に水力発電所を建設し，発電した電力をタイ電力公社に供給する。売電収入がタイバーツ建てであり，それを償還に充てることにより，ラオス側は為替リスクを低減する仕組であった。このケースでは，ラオスの立場では，外貨（＝タイバーツ）建て調達であったものの，返済原資を同一外貨で確保する仕組であり，インフラ資金を調達する際に参考となる事例である。

　上述の公的部門で不足する資金に対応するためには，PPP（＝Public-Private Partnership）の仕組の活用による官民連携を通した，民間資金の導入が必要となる。その際のファイナンス手段として，銀行融資とともに重要なも

164   第3部　アジアの通貨・金融：新たな課題

第9-4図　PPPにおける標準的な資金調達手法

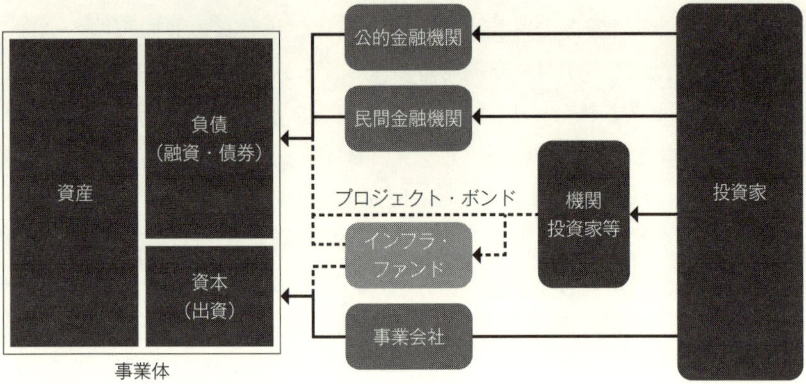

（出所）　グローバル金融メカニズム分科会（2010）

のがABMIでも後押しする債券発行となる。

　インフラファイナンスにおけるPPPの仕組をまとめたものが，第9-4図である。この図のうち，ポイントとなるものがプロジェクト・ボンドとインフラ・ファンドとなる。前者は，特定のインフラ開発を行う事業体が発行する債券であり，その返済原資は当該インフラ事業に限定される。したがって，事業体自体が当該事業専用の特定目的会社として設立されるケースが多い。後者は，インフラ事業を専門に投資を行うファンドであり，インフラ開発を行う事業体への出資や上記のようなプロジェクト・ボンドに投資を行う。こうした仕組で民間資金も導入することにより，巨額となる資金ニーズに対応していくことが展望される。

　PPPに関するアジアでの具体的な動きとして，2015年5月にADBが日本のメガバンク3行を含む民間銀行8行とPPPに関する共同助言業務について契約を行った。これは，国際開発金融機関と民間銀行との間の共同助言に関する公式な枠組みとしては初めてのものであり，官民連携してインフラ整備を進める流れが確認できるものであろう。

3．アジア域内の通貨間の為替相場安定について

　本章の最後に，ASEAN＋3を中心[10]として，アジア域内の通貨間の為替相

第9-3表　ASEAN+3現地通貨建て債券発行額の拡大状況

（単位10億ドル）

国	Dec-00	Dec-15	倍率
中国	23.18	643.39	27.8
香港	12.40	89.80	7.2
インドネシア	-	7.95	-
日本	329.28	433.68	1.3
韓国	18.08	160.37	8.9
マレーシア	0.39	21.89	55.5
フィリピン	3.24	3.56	1.1
シンガーポール	9.30	59.15	6.4
タイ	4.44	59.87	13.5
ベトナム	0.00	13.84	-
合計	400.32	1,493.49	3.7
合計（除く日本）	71.04	1,059.81	14.9

（資料）　Asian Bonds Online データより作成（2000/10～12月と2015/10～12月の発行額の比較）

場安定について検討したい。アジア通貨危機の原因とされた「ダブル・ミスマッチ」のうち，「期間」に関しては，前述のABMIでの取組を中心に対処する方向性は示されていると考えられる。第9-3表のとおり，現地通貨建て債券の発行額は着実に増加しいている。

一方で，貿易決済などクロスボーダー取引で利用されるSWIFT支払通貨の使用割合をみると，主要通貨の1つである円を含めアジア通貨の使用割合は低い。国際化の進んだといわれる人民元でも2016年4月現在1.82％で第6位，その他香港ドル・シンガポールドル・タイバーツも10・11・12位に位置し，割合は1％程度である（第9-5図）。

こうしたアジア通貨の状況をふまえると，対ドル・対ユーロの為替相場変動とともに，域内通貨間の為替相場が安定しない場合，ABMIにより域内通貨建て債券による発行を増加させても，域内通貨間で「ミスマッチ」が生じるリスクを内包する。例えば，2015年末に経済共同体を設立したASEANの場合，ヒト・モノ・サービス・カネ（投資）の移動を自由にし，経済面の一体化

166 第3部 アジアの通貨・金融：新たな課題

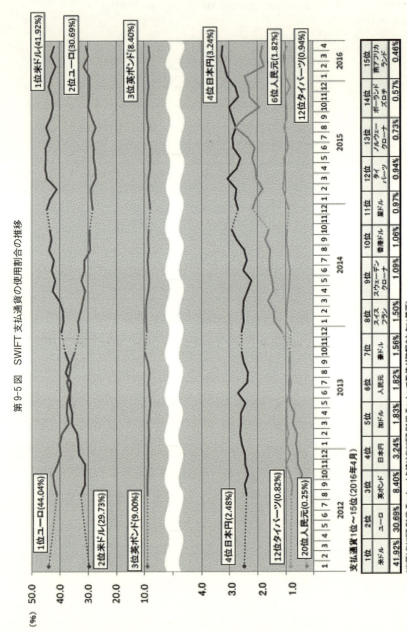

第9-5図 SWIFT支払通貨の使用割合の推移

(出所) 財務省関税・外国為替等分科会 外国為替等審議会 平成28年6月15日参考資料

を進めている。ただし，通貨に関してはユーロのような共通通貨は視野に入れていない。そのため，ASEAN10 カ国通貨間での為替相場が安定しない場合，輸出競争力や人件費などのコスト競争にさらなる変動要因が加わり，域内の一体化が損なわれる可能性がある[11]。その場合，進出企業にとってはASEAN経済共同体として進出する際に考慮すべきリスクが増加すると思料される。米ドル・ユーロとともに主要通貨の1つである日本円は1985年のプラザ合意以降の大幅かつ継続的な円高の進行を受けた後も，対米ドルを中心として大きな為替変動に見舞われ，企業業績は常に為替相場に大きく影響を受けてきた。今後，アジア域内通貨建て取引（経常取引・資本取引とも）が増加する場合，従来以上に為替リスク管理負担が増加することとなる。2016年秋にIMFのSDR[12]の構成通貨の1つとなった人民元は，2005年の為替制度改革開始以降，着実な取引自由化や国際化を進めてきた。これまでは，漸進的な人民元高を実現してきたが，2015年夏の基準レート算出方法見直し以降，大きく人民元安に動き，また従来のような中国人民銀行による為替相場のコントロールは困難になってきており，今後の資本取引自由化をどう進めていくかが問題となっている。残る韓国は，日本円とウォンとのレートの変動が，企業業績を通じて経済に大きく影響を与えてきた。こうしてみると，ASEAN，あるいはASEAN+3でみても，各国とも為替相場の変動が，経済成長にあたって大きなリスク要因となることが予想される。

　ギリシャ危機以降のユーロ圏の状況や現在のアジア地域の各国間の経済発展段階のバラツキを勘案すると，現時点で，域内でユーロのような単一共通通貨を想定するのは困難と考えられる。しかし，アジア地域全体での経済成長を進めるにあたって，域内通貨間の為替相場の安定化は，通貨・金融協力における課題の1つとして認識しておくべきと考えられる。ASEAN+3では，通貨主権制限につながり得ることもあってか，通貨に関してはABMIのような施策はこれまで具体化されていない。しかし，前述のリサーチ・グループにおいては，「地域通貨単位（Regional Monetary Unit（RMU[13]））」の研究がなされた実績がある。具体的には，2006年から2007年ならびに2007年から2008年にかけ，「アジア地域の一層の金融安定化に向けた地域通貨単位構築手順の研究」のテーマで，2010年から2011年にかけては，「地域通貨単位の使用可能

性―実用面における課題の特定―」のテーマで，それぞれ複数の研究機関から提言がなされている．実際のRMUの利用の仕方としては，経済産業研究所が公示しているAMU[14]のように，域内各国のマクロ経済のモニタリングの際の為替レートのモニター用ツールから開始し，債券発行や貿易取引などの実利用までが想定されていた．

アジアの経済成長に伴い，輸出の最終的な消費地におけるアジア域内の割合が高まり，従来のアメリカ中心から変化すれば，域内取引に関する使用通貨も従来の米ドル中心から域内通貨利用の割合が高まる．また，ABMIの取組を進めていけば債券取引など資本取引でも，域内通貨建ての割合が高まることが予想される．第2項で述べたインフラファイナスに関しても，道路など複数国に跨るプロジェクトが想定される．そうした際に，域内通貨間の為替相場の安定は，各国経済および域内企業活動・業績にもメリットがあると考えられる．したがって，アジアでの通貨・金融協力の将来像として，為替相場の安定の検討を進めていくことが望ましいと考えられる．

（赤羽　裕）

注
1）　外貨融通にあたって，IMFプログラムの発動を条件とすること．
2）　CMIM予防ライン（CMIM-Precautionary Line（PL））．危機発生前に予防目的の資金供与を可能とする仕組．
3）　原題：Non-Financial Corporate Bond Financing in Foreign Currency: Trends and Risks in ASEAN+3 Emerging Economies
4）　Credit Guarantee and Investment Facility。ASEAN＋3域内で債券発行による資金調達が困難な企業の信用力を高め，現地通貨建債券発行を円滑化することを目的として，当該企業の発行する債券に保証を付与する仕組．
5）　欧州債務危機において，ギリシャ支援にあたった欧州委員会・欧州中央銀行・IMFの協力体制．
6）　温暖化対策や環境プロジェクトの資金を調達するために発行される債券．
7）　不動産向けローン，公共セクター向けローンなどを担保として，欧州を中心に発行されている債券．
8）　レポとは買戻し条件付き取引．日本では主に現金担保付の債券貸借取引がなされる市場を指すことが多い．
9）　Central Securities Depositary（証券集中保管機関）－Real Time Gross Settlement（即時グロス決済）と呼ばれる，証券と資金の決済システムを，国境を跨ぎ接続する仕組．
10）　今後の経済成長を考えインド，あるいはRCEP（東アジア地域包括的経済連携）交渉などを勘案してオーストラリアやニュージーランドまで含めた考え方も存在する．しかし，Ogawa（2010）にあるように当該3カ国通貨を含めないASEAN＋3通貨間の域内為替相場の方が安定度

が高く，また通貨・金融協力のこれまでの実績もあることから，ASEAN+3を中心とする。
11) 共通通貨ユーロを導入した欧州の場合は，ギリシャ危機の際，自国通貨のみの切り下げによる輸出競争力向上ができない問題が顕在化した。そのため，一体化にも要検討事項が存在することには留意が必要である。
12) Special Drawing Rights。IMFに加盟する国が保有する「特別引出権」で，従来は，米ドル・ユーロ・英ポンド・日本円を構成通貨とする通貨バスケット。2016年10月より，人民元が構成通貨の1つとして加わった。
13) 域内通貨をGDPや貿易量などを基準として加重平均して算出するもの。通貨バスケットとも呼ばれる。通貨バスケットの事例としては，欧州のユーロの前身ECU（＝European Currency Unit）やIMFのSDRなどがある。
14) Asian Monetary Unit。経済産業研究所が，日次で開示しているASEAN+3の国々の通貨バスケット。他に香港ドルを含めた14通貨のAMU-cmiやオーストラリア，ニュージーランドおよびインドを含めた16カ国通貨のAMU-wideも算出されている。各通貨のAMUに対する乖離指標も算出している。

参考文献

赤羽裕（2015），「東アジアにおける通貨・金融協力」朽木昭文・馬田啓一・石川幸一編著『アジアの開発と地域統合 新しい国際協力を求めて』第9章 日本評論社。
赤羽裕（2016），「金融サービスと資本市場の統合」石川幸一・清水一史・助川成也編著『ASEAN経済共同体の創設と日本』第8章 文眞堂。
伊藤隆敏・鯉渕 賢・佐藤清隆・清水順子（2016），「日本企業の為替リスク管理とインボイス通貨選択―『平成25年度日本企業の貿易建値通貨の選択に関するアンケート調査』結果概要」RIETI DP 16-J-035，独立行政法人経済産業研究所。
関税・外国為替等審議会 外国為替等分科会（2016），「企業の通貨選択をふまえた今後のアジアにおける通貨金融協力についての考え方」財務省。
北野陽平（2015），「アジアにおけるインフラファイナンスの現状と今後の展望」『野村資本市場クォータリー』2015Winter 野村資本市場研究所。
グローバル金融メカニズム分科会（2010），「報告書 官民連携によるインフラ整備のためのインフラ・ファンドおよびプロジェクト・ボンドの活用の促進について」経済産業省。
清水聡（2016），「アジアのインフラ整備における官民連携（PPP）拡大の課題」『環太平洋ビジネス情報RIM』2016 vol.16 No.61 日本総合研究所。
Ramon Pacheco Pardo (2015), "CMIM and ESM:ASEAN+3 and Eurozone Crisis Management and Resolution Liquidity Provision in Comparative Perspective", National University of Singapore Centre for Banking & Finance Law Faculty of Low Working Paper.
Eiji Ogawa (2010), "Regional Monetary Coordination in Asia after the Global Financial Crisis : Comparison in regional monetary stability between ASEAN+3 and ASEAN+3+3" RIETI Discussion Paper Series 10-E-027 : RIETI.
（WEB）
財務省（国際政策） http://www.mof.go.jp/international_policy/
日本銀行 http://www.boj.or.jp/
ADB Asian Bonds Online http://asianbondsonline.adb.org/
ASEAN+3 Macroeconomics Research Office http://www.amro-asia.org

第10章
中国の人民元の国際化は本物か

はじめに

　2015年11月に，IMFは2016年10月から中国の人民元をSDR（特別引き出し権）の構成通貨とすることを決定した。しかも，その比重は日本の円やイギリスのポンドを上回り，ドル，ユーロに次ぐ第3位の構成通貨になることになった。この決定は，IMFが人民元を国際通貨として認知したことを意味し，にわかに人民元の国際化が注目を浴びることになった。

　実物経済面では，素材産業の過剰設備問題，企業などの過剰債務問題，公害問題，資源・エネルギー問題などに直面し，現状は厳しい状況に陥っている。しかし，すでに世界第2位の経済規模，世界第1位の貿易大国の地位を得ており，この実物経済面での存在感を背景に金融経済面でも，人民元が国際通貨としての役割を担うようになるのは自然の摂理とさえいえる。

　しかし，その国の通貨が国際通貨になるためには，いくつかの条件を満たし，いくつかの役割を果たしていかなければならない。残念ながら，今のところ中国の人民元は独自の国際化が図られており，国際通貨としての機能を十分果たしているとはいい難い。敢えていえば，今回のIMFの決定は国際通貨としての人民元を過大評価しているし，昨今の国際的な人民元への関心の高まりは将来への期待が先行し過ぎているといってよい。

　そこで，本章では，まず第1に，冷静に見て現時点での人民元の国際化度合いはどのようなものかを明らかにしたい。第2に，人民元の国際化がどのようになされているかを俯瞰し，その特徴を提示したい。最後に，取りまとめの意味で，中国は人民元の国際化をどのように推進しようとしているのかという国際化戦略を見てみたい。

第1節　人民元の国際化はどこまで進んだか

1. なぜ，人民元が SDR の第3位の構成通貨になったのか

　2016年10月から人民元は，第10-1表に示されるように，SDR の構成通貨として，ドル，ユーロに次ぐ第3位のウエートを持つことになった。それは，いきなり円やポンドを上回る比重ということである。

　IMF では，国際的な準備資産を補完する目的で SDR を1969年に創出したが，変動相場制の時代に入るとその価値を主要な国際通貨の加重平均値で規定し，安定化を図ってきた。その構成通貨には自由に利用可能な通貨（freely usable currency）であることが求められ，そのための基準として，2つのことが期待されている。1つは，国際的に広く使用されていることであり，具体的には ① 世界各国の外貨準備として保有されている通貨の割合，② 銀行による国際融資に使用されている通貨の割合，③ 国際的な債券発行額に使用されている通貨の割合，④ 通貨決済と貿易金融における通貨の割合の4つがあげられている。もう1つは，外国為替市場で広く取引されていることとされている。

　まさしく，理論的な国際通貨の機能を具体的に計測するときに，しばしば使用される基準，指標であり，妥当なものといえる。しかし，こうした理論的な考えに立ちながらも，IMF は実際にウエートを算出するに当たっては，1つは

第 10-1 表　SDR の構成通貨の比重

(単位：％)

	2010年見直し	2015年見直し
ドル	41.90	41.73
ユーロ	37.40	30.93
ポンド	11.30	8.09
円	9.40	8.33
人民元	-	10.92

（出所）　IMF, *Review of the Method of Valuation of the* SDR.

輸出額における割合（50％の比重），もう1つは金融指標として，外貨準備，国際的な銀行債務，国際債券発行残高（それぞれに16.7％，トータル50％の比重）をデータとして使用し，計算している。

となれば，人民元のウエートが理論的な国際通貨の地位として考えられるものより，過大評価になるのは自明の理といっても過言ではない。世界第1位の貿易大国にのし上がった中国の輸出額は当然5カ国の中で最も多く，この割合が50％もの比重を持つ決定要因となっているからである。一般に，通貨の国際化を推量するため使用される貿易取引における自国通貨建て比率（金額）ではなく，なぜか輸出額そのものを計算指標として使用しているのかは理解に苦しむ。輸出額の大きさは，貿易におけるその国の通貨の使用に影響を及ぼすとはいえ，現状の契約・表示通貨や決済通貨としての使用額でないからである。

もう1つの計算に使われた金融指標では，外貨準備，国際的な銀行債務，国際債券発行残高のいずれにおいても，人民元の使用や保有は見劣りがしており，高いポイントが得られるはずがない。もっぱら，輸出額が大きな比重を持って使用された結果といえる。そこで改めて，以下に人民元の国際化の現状とその特色を概観したうえで，その真の姿を把握してみることにしたい。

2. 人民元の国際化の現状

人民元の国際化とは，人民元が国際通貨の諸機能を担うようになって行くことに他ならないが，もう少し端的かつ具体的にいうならば，
(1) 人民元が，貿易取引や資本取引といった国際経済取引において使用されること
(2) 非居住者が人民元（人民元建て金融資産）を保有すること
を意味する。それをデータによって見てみたい。

経常取引における人民元の国際化

2009年7月に，一部の貿易取引において人民元を使用できるようになり，2012年3月には，経常取引のすべてにおいて人民元での決済が可能となった。
こうした緩和措置に伴って，商品貿易やサービス貿易などの経常取引におけるクロスボーダー人民元決済は，第10-2表に示すように急速な拡大を見せ，

第10-2表　経常取引と対内・対外直接投資におけるクロスボーダー人民元決済

(単位：億元)

	経常取引におけるクロスボーダー人民元決済			対外直接投資	対内直接投資
		商品貿易	その他の経常取引		
2012年合計	29,381	20,617	8,764	262	2,544
2013年合計	46,298	30,189	16,109	1,034	4,816
2014年合計	65,539	58,974	6,565	1,866	8,620
2015年合計	72,343	63,911	8,432	7,362	15,871

(出所)　中国人民銀行データ。

2015年には7兆2343億元にも達している。特に，商品貿易の人民元決済が開始からわずか6年で中国の貿易額の25.9％にも及んだことは，日本の円建て貿易比率が長年かかって輸出が約40％，輸入が約20数％であることからすると，驚異的な伸長ぶりであるといえる。ただし，その中身を見ると，貿易相手国・地域は約50％が香港であること，近年は均衡化しつつあるが，これまでは圧倒的に中国にとっての輸入取引が多かったことが特筆される。

資本取引における人民元の国際化

現段階での中国の人民元の国際化は，経常取引におけるクロスボーダー人民元決済が主体であり，資本取引では極めて限定的である。

(1) 人民元建て対内・対外直接投資の解禁

中国では，厳しい資本取引規制がなされてきた中で，対内直接投資のみ改革・開放開始以来積極的に自由化が進められ，対外直接投資も2000年代に入って自由化されつつある。それを受けて，2011年には対内直接投資と対外直接投資に関して，人民元の使用が解禁されることになった。第10-2表に見られるように，2015年現在，人民元建て対内直接投資は1兆5871億元，人民元建て対外直接投資は7362億元にのぼっている。

(2) 対内証券投資 (QFII制度とRQFII制度)，対外証券投資 (RQDII制度)

中国では，非居住者が人民建て金融資産として証券を購入しようとしても，2002年に制定された適格海外機関投資家 (QFII) 制度の範囲内でしかできない。すなわち，一定の基準を満たす海外の機関投資家に対して，一定の額

(2015年4月時点の運用割当額：736.15億ドル）までしか，非居住者は中国本土の人民元建て債券や株式を保有できない。

2011年には，人民元適格海外機関投資家（RQFII）制度が新設され，何らかの形でオフショア人民元を入手した海外の投資家は，その人民元で中国本土への証券投資ができることとなった。これによって，わずかながら対内証券投資にも人民元が使用されることになった。

一方，対外証券投資では，それ自体が適格国内機関投資家（QDII）制度の範囲内で規制されているが，2014年に人民元適格国内機関投資家（RQDII）制度が制定され，一定の枠内で海外の人民元建て証券に投資ができることとなった。

(3) 証券投資におけるその他の人民元の使用

2010年に，中国政府は海外中央銀行，香港などのクリアリング銀行などを対象に，オフショア人民元で中国本土の銀行間債券市場に参加することを認めた。

さらに，2014年には上海と香港，2016年には深圳と香港の間で，株式の売買を相互に取り次げるようにした相互株式投資制度がスタートした。これによって，やはり総額制限などはあるものの，個人投資家も含めて香港や海外の投資家が香港の証券会社を通じて，中国本土の株式を購入する道が開かれた。

香港などのオフショア人民元市場の拡大

中国の人民元の国際化を考える場合，中国の一部でありながら，1国2制度の下で運営されている香港を抜きにして語ることはできない。為替管理上，香港は非居住者扱いされ，中国本土から香港に流出した人民元はオフショア人民元と呼ばれ，人民元の国際化に深く関わっているからである。

中国本土の旅行者による持ち込み，中国本土からの送金などに加えて，香港から中国本土への輸出におけるクロスボーダー人民元決済が急増するとともに，香港に人民元が大量に流入してきた。このオフショア人民元は人民元預金として累増し，2015年夏ころには約1兆元前後に膨れ上がっている。

人民元が国際化されるためには，単に香港に流入した人民元が預金されるだけでは不十分である。オフショア人民元の融資や魅力的な人民元建て金融商品

での運用がなされなければならない。2007年以降，香港では人民元建て債券である「点心債」の発行が解禁され，急速に発行額が拡大している。さらに，人民元建て株式，人民元建て譲渡性預金，人民元建て投資信託など人民元建て金融商品の多様化が進展しつつある。

　この香港が，人民元預金残高で見て圧倒的に大きな規模であるが，それ以外にも台湾（約3000億元），シンガポール（約2570億元）などでもオフショア人民元市場が形成されつつある。こうして，海外に流出した人民元は金融商品として自由に取引され，人民元の国際化に一役買っているといえる。

第2節　人民元の国際化の特色と評価

1.　経常取引とオフショア人民元主体の国際化

　前節で概観した人民元の国際化の現状をさらにイメージ化してみると，第10-1図のように取りまとめることができる。そこからまず第1に，国際経済取引における人民元の使用といっても，それは財・サービスといった経常取引での使用（クロスボーダー人民元決済）が主体であるといえる。

　第2に，非居住者の人民元建て金融資産の保有だけでなく，資本取引における人民元の使用も極めて少なく，内外の資本取引では細いパイプしか通っていないといえる。特に，資本取引では人民元は海外からの還流ルートの方が太いため，海外のニーズに応じて，官製の人民元の供給ルート（人民元建て通貨スワップ協定）が設定されていることが注目される。

　第3に，経常取引のクロスボーダー人民元決済は2014年にはほぼ均衡したが，それまで中国側の輸入が圧倒的に多かったため，相当額の人民元が海外に流出した。これが，図の右側に示されるように香港，さらには台湾，シンガポールなどのオフショア人民元市場で，種々の金融商品，外国為替として自由に取引されているといえる。

2.　内外の市場を分断しながらの人民元の国際化

　こうした人民元の国際化の姿から，資本取引においては，ほとんど内外の金

第10-1図　人民元の国際化のイメージ図

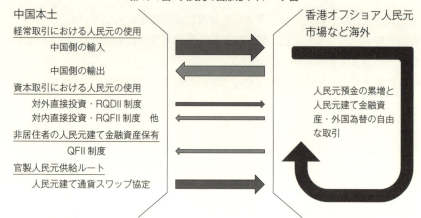

（注）　線の太さは，ある程度それぞれの取引金額を反映するように描いてある。
　　　ただし，人民元建て通貨スワップ協定は，協定の締結額で表示してあり，それが実行されたものではない。
（出所）　筆者作成。

融市場が分断されていることがわかる。その分断の仕組みを簡単に説明するならば，第10-2図に示されているように，3つの壁が設定されているといえる[1]。いうまでもなく，もっとも前面に設定されている第1の壁は，「資本取引規制」，とりわけ対内投資に対する規制に他ならない。非居住者は人民元を持たなくとも，中国の外国為替市場で自国通貨を人民元に交換することによって，人民元建て金融資産を保有することができるが，中国ではそこにかなりの高い第1の壁が築かれている。それを越えることができているのは，QFII制度，外国政府の外貨準備としての人民元建て金融資産の保有など，限られた流れでしかない。

　もちろん，人民元の国際化にとってより重要なのは，経常取引や資本取引において人民元が使用されることである。人民元が交換性を有する（その取引が自由にできる）ということと，人民元決済ができる（その取引に人民元を使える）ということは異なる。経常取引は両方可能になっているが，依然として資本取引については，交換性はあっても，人民元決済ができないという2つ目の壁が設定されている。これをクリアできるのは，具体的には，第10-2図の中

第10-2図　中国の人民元の国際化に設けられた3つの壁

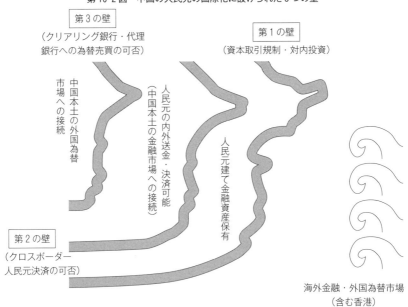

（出所）筆者作成。

の資本取引における人民元の使用分ということになる。これに経常取引における人民元の使用分を加えたものによって，中国本土の人民元金融市場と海外のオフショア人民元金融市場が結合されていることを意味する。しかし，それは極めて細いパイプであり，かついずれも代表的な実需取引を背景にした人民元の内外移動であり，中国本土の市場に与える影響が軽微であることは容易に想像がつくであろう。

さらに入念にも，中国ではこの後ろに，3つ目の壁を設定している。それは人民元を使用できる，すなわちクロスボーダー人民元決済が可能といっても，そのための内外送金・決済は認めるが，その人民元の為替売買は中国本土ではできず，海外でのみしか認めないという壁である。

具体的には，極めて標準的な商品貿易にともなうものしか，中国本土の上海外貨交換センターで人民元の売買を行うことができない[2]。これによって，ほとんどは香港を中心としたオフショア人民元外国為替市場などにおいて売買が

完結されることになる。つまり、上海外貨交換センターとオフショア人民元外国為替市場は針孔のようなルートでしかつながっておらず、ほとんど分断状態にあるということに他ならない[3]。

　以上のように、管理的色彩の強い中国本土と自由度の高い香港などのオフショア人民元市場との間の人民元の資金移動や外国為替売買が制限されている中では、同じ人民元にもかかわらず、金利格差が生じることになるし、オンショア人民元 (CNY) とオフショア人民元 (CNH) という為替レートが別々に形成されるのも当然といえる。つまり、現段階では中国は上記のような壁によって内外の金融市場を分断しているが、今後はそれを徐々に低めることによって、人民元の国際化を推進するという独自の方式をとっているといえる。

3. 過大評価されている人民元の国際化

　以上のように、現時点での人民元の国際化の現状や特色を把握するならば、他の国際通貨と比べて国際化の手法が異質であるし、進展度合いも見劣りがするといわざるを得ない。直観的にいっても、現時点では人民元が第3位のSDR構成通貨になれるほど、国際化していないことは容易に想像がつく。それは、大雑把に円との比較をしてみれば、一目瞭然であろう。

　すでに述べたように、IMFが通貨の国際化を判定するのに、輸出額そのものを使用したことに問題があるため、ここでは貿易における人民元や円の使用を見てみたい。商品貿易についてラフな試算してみると第10-3表のようになり、人民元建て貿易金額は急増し、2014年は一挙に円を抜き去り、2015年には3倍近くに膨れ上がっている。しかし、IMFが評価対象期間とした2010～14年全体では、むしろ円建ての貿易金額の方が大きかったといえる。さらに、2015年の夏から、中国経済の不振や人民元安の進行によって、人民元建て貿易金額は減少に転じており、曲がり角に来たといえるかもしれない。

　人民元の国際化の弱さは資本取引にあるが、特に中国の場合は第10-1図からわかるように、内外金融市場間の資本取引での脆弱さが問題である。まず、日本ならば、非居住者が円建て金融資産を保有することは全く自由であるため、株式市場や債券市場での大量の外国人売買、非居住者の自由円預金、さらには外国政府による外貨準備としての円資産保有などが大量かつ多岐にわたっ

第10-3表　人民元建て貿易額と円建て貿易額の大まかな比較

(単位：億ドル)

年	人民元建て貿易額	円建て貿易額
2010	647	4,813
2011	2,415	5,246
2012	3,266	5,152
2013	4,872	4,310
2014	9,599	4,174
2015	10,922	3,717
IMFが評価対象とした期間の累計（2010～14年）	20,799	23,695

(注)　人民元の場合は、商品貿易のクロスボーダー人民元決済額をドル換算し、円の場合は、通関輸出入額（円ベース）にそれぞれの円建て比率をかけて合計したものをドル換算したもので、大まかな目安に過ぎない。
(出所)　筆者作成。

ている。逆に、日本からの海外投資においても、邦銀による海外への円建て融資、非居住者の円建て外債発行などが相当額にのぼる。しかし、人民元の場合は、前述のように高いハードルが設定され、内外金融市場間では限定的な人民元の保有と使用しかなされておらず、大きく見劣りがするといわざるを得ない。

確かに、すでに見たようにオフショア人民元が急速に増加し、その金融・外国為替取引が拡大している。しかし、それを含めても国際金融市場での人民元が円の活用に迫ってきているとはいい難い。IMFが金融指標として採用した外貨準備では、近年（2015年2Q）でさえ円は世界各国の外貨準備保有の3.8％を占めているのに対して、人民元は1％程度に過ぎない。国際的な銀行債務（2015年2Q）では円が2.6％を占めているのに対して、人民元は1.8％、国際債発行残高では円が1.9％であるのに対して、人民元は0.4％と、相当の開きがある[4]。

さらに、IMFの試算には採用されていないが、いかに外国為替市場で広く取引されているかを見ても、円は21.6％であるのに対して、人民元は近年急増しているとはいえ、4.0％に過ぎない（2016年BIS調べで、トータル200％中

のシェア)。このように,資本取引面ではそれぞれの保有や使用の実態を見ても,実際に IMF で試算に採用された指標で見ても,現時点では人民元は円に比べて見劣りがするといえる[5]。

以上のように,経常取引面では円を凌駕して国際化が急伸したとはいえ,変調をきたしつつあること,肝心の資本取引面では格段の見劣りがすることから見て,人民元が円を超えた国際通貨になったとはいい難い。もし,冒頭の人民元の SDR 構成通貨入りが,IMF における人民元の国際化への評価の現れであるとすれば,それは過大評価であるか,さもなければかなり将来性を期待した評価であるという以外にない。あるいは,あえて過大な評価をしたのは,中国に対して人民元の為替制度の改革や資本取引の自由化の推進を迫るといった何らかの政治的意図があったからだと理解すべきなのかもしれない。

おわりに

中国の人民元の国際化は経常取引主体であり,オフショア人民元を勘案しても,資本取引面での立ち遅れは否めない。したがって,人民元が国際通貨としてその一翼を担い,かつひいては,アジアの中心的通貨の役割を担うべくアジア通貨化するためには,資本取引に設けられた壁をどのように引き下げていくかが重要になる。

その資本取引における人民元の国際化は,資本取引そのものの自由化の一環として推進されることになる。その資本取引の自由化は,金融改革によって中国の金融市場を海外からの外的ショックに耐えうるようにしたうえで進めなければならない。さらに,中国が巨大な国内経済を適切に運営すべく,今後とも金融政策の自立性を確保していくとするならば,国際金融のトリレンマからいって,資本取引の自由化は弾力化へ向けた為替制度の改革と歩調を合わせて推進しなければならない[6]。

このように,人民元の国際化はそのことだけを目指して進めればよいわけではない。中国を取り巻く内外経済環境の変化の中で,望まれる政策目標,それを達成するための政策の組合せの一環として推進せざるを得ないといえる。そ

の点に関する中国の基本方針は，立ち遅れが目立つ金融経済の近代化，強化をベースに段階的に推進するということであろう。すなわち，資本取引に課せられた3つの壁は時間をかけて徐々に低めていくことになると予想される。

　最後に，今後の人民元の国際化を展望するに当たっては，上記のように中国側の推進方針と規制緩和の計画を見るだけでは不十分であることを強調しておきたい。これまでは，中国経済や人民元への信認や期待が大きかったため，海外において人民元に対するニーズは大きかった。例えば，経常取引におけるクロスボーダー人民元決済の急増は，人民元の先高感が強かった中で，人民元を得たいという非居住者のニーズを強く反映している。資本取引規制とそこでの人民元の使用が限定されているため，そのニーズは中国への財・サービスの輸出（中国側の輸入）によって満たす以外になかった。その結果，すでに詳述したように，中国側の輸入中心の経常取引主体のクロスボーダー人民元決済とオフショア人民元市場の急拡大という変則的な形で人民元の国際化が進展してきた。

　しかし，2015年の夏から人民元安局面に入るとともに，経常取引におけるクロスボーダー人民元決済は減少に転じ，オフショア人民元市場も縮小を余儀なくされている。人民元の先安観が強い中では，非居住者の人民元を得たいというニーズは一挙にしぼみ，中国側の輸入での人民元建ては減少してしまった。その結果，中国から流出する人民元も減少し，オフショア人民元市場も縮小に転じていることはいうまでもない。その反面，中国側の輸出では，海外の輸入者は人民元建てを希望しても，中国の輸出者がそれよりもドル建てを選好するため，それほど人民元の使用が進んでいないからである。

　こうした事態を打開するためには，中長期的な抜本的対策によって，中国経済および人民元に対する信認を高め，人民元に対するニーズを強める以外にない。内外経済環境の変化に対応して，中国経済の構造改革を推進し，安定経済成長路線へとシフトするとともに，金融改革をベースに，資本取引の自由化を推進し，資本取引面での人民元の使用を可能にすることで，海外において「真の国際通貨」としての人民元へのニーズを高めていくことが不可欠である。

（中條誠一）

注
1) 内外の金融・外国為替市場をどのように分断しているかについての詳細な説明は，中條誠一（2015）を参照。なお，村瀬哲司（2011）はこうした中国独自の人民元の国際化を「管理された国際化」と呼んでいる。
2) 具体的には，クロスボーダー人民元決済が可能になった取引のうち，「外国為替売買後3カ月以内に送金決済する商品貿易取引，および商品貿易代金受領後3カ月以内に外国為替売買する取引」のみの中国本土での外国為替売買が許可されている。
3) 中国の対外的な取引において，実務的にどのように送金・決済および外国為替売買がなされているかは，露口洋介（2012）を参照。
4) いずれも，データはIMF（2015）による。BIS統計によれば，国際銀行債務では，円と人民元の格差はもっと大きいように思われる。
5) 中国人民大学・国際通貨研究所（2013）では，通貨の国際化に関する種々のデータを独自に指数化しているが，それによると，円は4.56（2011年4Q），人民元は0.87（2012年4Q）されている。その後，人民元が経常取引面で急速に国際化したといっても，円を凌駕したと考えられない。
6) 中国において，人民元の国際化がどのような戦略でなされるべきかについては，中條（2015）を参照願いたい。

参考文献

露口洋介（2012），「クロスボーダー人民元決済と中国の金融政策への影響」『国際金融』1237号。
中條誠一（2015），「中国における人民元の国際化戦略」中條誠一・小森谷徳純編著『金融危機後の世界経済の課題』中央大学出版部。
村瀬哲司（2011），「人民元市場の内外分離政策と「管理された」国際化――国際金融秩序への挑戦」『国際経済金融論考』2011年第2号。
中国人民銀行（2015），人民币国際化報告。
IMF (2015), *Review of the Method of Valuation of the SDR, IMF Policy Paper*, November.
International Monetary Institute, Renmin University of China (2014), *The Internationalization of the Renminbi*, China Renmin University Press.（中国人民大学・国際通貨研究所（2013），石橋春男・樋口宏行監修，岩田貴久子・古川智子翻訳『人民元国際化への挑戦』科学出版社東京）。

第 11 章
なぜヨーロッパが AIIB に参加するのか

はじめに

　なぜヨーロッパがアジアインフラ投資銀行（Asian Infrastructure Investment Bank：以下 AIIB）に参加するのか。それは，ヨーロッパにとって中国が重要なパートナーだからである。ヨーロッパからは 17 カ国が AIIB に参加しているが，投票権は合計 20％にとどまっている。EU（欧州連合）自身は AIIB に参加していないものの，EU の主要国が多く含まれており，欧州投資銀行などの EU の機関も AIIB との協調融資を行っている。AIIB への参加は事実上，EU の政策ということもできるだろう。

　本章では，EU と中国との間の協力関係を具体的に見ていく。長年にわたって EU と中国との経済協力関係は強化されてきており，2013 年には 2020 年に向けた協力パッケージの合意に至っている。協力パッケージは EU の 2020 年までの長期戦略との共通点も多く，EU は自らの長期戦略と同じ枠組みを中国との関係に転用している。インフラの整備だけでなく都市環境の改善，環境に配慮した農業，エネルギー使用量の削減，社会保障政策，雇用の促進などは EU 好みの政策であり，これらの政策に中国を引き込もうとしている。中でも EU は研究開発に拠るイノベーションの進展に力を入れており，Horizon2020 という研究プロジェクト助成制度にも中国の参加を求めている。まだ成果は得られていないものの EU は人権問題でも定期的な対話を続けている。また，ドイツはインダストリー4.0 のパートナーとして，ギリシャは国有企業の売却先として，ハンガリーは鉄道整備の投資元として中国を選んでいる。

　EU は名を捨てて実を取る戦略を採り，AIIB 内の主導権は中国に譲りつつも，個々のプロジェクトでは EU の進んだ技術や計画を背景にイニシアティブ

を握ることができる。EU はルール作りに長けており，中国と協力しつつ（中国をコントロールしつつ）様々な分野でユーラシア大陸のデファクトスタンダードを作っていくだろう。日本は中国の下に付くことを嫌い，実を捨てて名を採ったが，ユーラシア大陸の多くの国から失望されただけでなく，今後の日本企業の活動にも明らかに不利になるだろう。

第 1 節　動き出した AIIB

　2016 年 6 月に AIIB で第 1 回目の年次総会が開かれ，中国は第 1 回目の資金供給として 5000 万ドルを拠出した。2016 年 12 月末時点では，第 11-1 表のようなプロジェクトへの取り組みが決まっている。これらのプロジェクトは，道路整備や発電，都市開発などのインフラ整備に関わるものである。加えて，7 つのプロジェクトが承認待ちの状態にある。
　例えば，表の 1 番上のインドネシアのプロジェクトでは，総額は 17 億 4300 万ドルのうち，AIIB と世界銀行がそれぞれ 2 億 1650 万ドルを貸し付け，イン

第 11-1 表　AIIB の投資プロジェクト

プロジェクト名	国	共同出資
National Slum Upgrading Project	インドネシア	世界銀行
Dushanbe-Uzbekistan Border Road Improvement Project	タジキスタン	欧州復興開発銀行
National Motorway M-4 Project	パキスタン	アジア開発銀行
Distribution System Upgrade and Expansion Project	バングラデシュ	なし
Tarbela 5 Hydropower Extension Project	パキスタン	世界銀行
Myingyan Power Plant Project	ミャンマー	国際金融公社 アジア開発銀行など
Railway System Preparation Project	オマーン	なし
Duqm Port Commercial Terminal and Operational Zone Development Project	オマーン	なし
Trans Anatolian Natural Gas Pipeline Project	アゼルバイジャン	世界銀行

（資料）　AIIB ホームページより作成。2016 年 12 月末時点の情報。

ドネシア政府が残りを借り入れる。2016年9月から2021年6月までのプロジェクトで，インドネシアの貧困地域を対象に上下水道の整備，衛生環境の改善，歩道，火災対策などが主な使い道となる。他のプロジェクトも同様の方式を採っており，資金のすべてをAIIBが貸し出すのではなく，他の国際機関やAIIB加盟国との協調融資を行っている。必ずしもAIIBが最も主要な貸し手というわけでもない。

AIIBの刊行物が少ないため詳細が分からないものの，パキスタンの高速道路建設では業者の入札もすでに終了しており，その他のプロジェクトも順次入札が実施される見通しである。入札に参加するために，プロジェクト実行国を含む複数の国での実績などが条件に挙げられている。

AIIBは2015年12月に発足し，57カ国がメンバーとなっている。AIIBにはEU加盟28カ国のうち，オーストリア，デンマーク，フィンランド，フランス，ドイツ，イタリア，ルクセンブルク，マルタ，オランダ，ポーランド，ポルトガル，スペイン，スウェーデン，イギリスの14カ国が，EU非加盟国からもアイスランド，ノルウェー，スイスの3カ国が参加している。ヨーロッパの主要な国々がこぞって参加しているといえる[1]。

AIIBには理事会（Board of Governors）と役員会（Board of Directors）がある。理事会は意思決定機関でありメンバー国から1名ずつ参加して構成される。通常は年に1回開催されるが，臨時理事会も開催できることになっている。理事会での投票権は中国が約29.2%の票数を持ち，インド（約8.6%），ロシア（約6.8%），韓国（約4.0%），オーストラリア（約4.0%）などが続き，アジア地域で約79.7%，ヨーロッパはその他地域としてドイツ（約4.8%），フランス（約3.7%），イギリス（約3.4%）など約20.3%を持つ。理事会の投票は票数の多数決で決まることになっているため，中国を中心にアジアの上位5カ国で過半数を占めることができる。

役員会は総裁と11の役員からなる。年に4回開催され，AIIBの運営に関する事項を決定している。役員は11の地域ブロックから1名ずつ選出されることになっている。中国とインドは1ブロックに1カ国しか入っていないため，必ず1名選出できる。ヨーロッパは2つのブロックに分けられており，デンマーク，アイスランド，ノルウェー，ポーランド，スウェーデン，スイス，イ

ギリスの中から1名，残りの国々から1名選出できる。

　ヨーロッパ諸国はAIIBにおいては大きな発言力を持っていない。また，現時点ではヨーロッパ地域に対する投資は行われておらず，少なくとも西ヨーロッパ地域に対しては今後も投資は行われない。ではどうして17カ国もの国々がAIIBに参加したのだろうか。その理由は簡単であり，ヨーロッパにとって中国は重要なパートナーとなっているからである。そこで，次節ではEUと中国の経済関係を中心に近年の動きを見ていくことにしよう。

第2節　ヨーロッパと中国の経済関係

　EUと中国との関係は1975に始まり，2015年にはEU-中国関係40周年を祝った。1985年から中国と貿易や国際協力を進めてきており，2003年には包括的戦略パートナーシップを開始して，外交，安全保障，気候変動やグローバル経済におけるガバナンスなどの問題も扱っている。EUの主な窓口は欧州対外行動庁（European External Action Service）であり，ホームページには中国との関係として，EU-中国40周年記念，政治と戦略的関係，経済と金融，貿易，研究とイノベーション，環境と気候変動，食の安全と消費者保護，情報社会とメディア，開発と協力，持続可能な都市開発，エネルギーの項目を設けている。EUにとっては，中国はアメリカに次ぐ2番目の貿易相手国であり，EUと中国の協力関係はアメリカ，ロシアに次いで3番目に位置している。

　近年は，ハイレベル戦略対話，ハイレベル経済貿易対話，ハイレベル人的交流対話を3つの主軸として交流を深めており，年に1度開催されるEU-中国サミットでも3つの主軸を確認している。EUと中国の間には60以上の分野での対話が定期的に実施されている。2013年には，EU-China 2020 Strategic Agendaが合意され，平和と安全，繁栄，持続可能な開発，人的交流について今後の戦略を決めている。平和と安全では，EUと中国の協力関係をASEMやG20なども含めて強化し，アジア地域の発展につなげていこうとしている。地域の貿易交渉，サイバー空間の安全，人権の確保，犯罪や汚職への対応，海洋の安全などが含まれている。繁栄では，EU-中国投資協定や政府調

達も含めた包括的なFTAからなる貿易と投資，自動車・エネルギー効率・鉱物資源・造船・中小企業などを含めた産業政策，食の安全・持続可能な農業・農業に関連した研究活動・農村地域の発展からなる農業，アジアとヨーロッパの間の交通などが含まれている。持続可能な開発には，食糧・農業・バイオテクノロジー・持続可能な都市化・航空・水・健康・ICT[2)]についての科学技術やイノベーション，地球観測などの宇宙航空，原子力も含めて低炭素社会を実現させるエネルギー問題，インフラ整備や都市間の接続などの都市化，温室効果ガスの削減・再生可能エネルギーの使用・航空機の化石エネルギーの使用削減などの気候変動と環境保護，海洋，地域政策，社会保障・雇用促進・健康などからなる社会発展，公共政策，国際協力などが含まれている。人的交流には，文化産業や遺産や現代芸術などの交流・ヨーロッパの言語や中国語の相互教育・交換留学制度の整備などの文化・教育・若年層対策，観光の促進などの交流促進などが含まれている。

　以上のように両者の協力には幅広い内容が含まれている。2020年までの達成が難しいと思われる分野も多い。しかし，この包括的な戦略はEUの長期戦略との共通点が多い。ここで，EUの長期戦略について少しふれておこう[3)]。

　EUは競争力のあるヨーロッパを作り出すために，欧州2020（Europe 2020）という長期戦略を立てている。2010－2020年までの計画であり，EUの予算や経済政策も欧州2020に沿って変更されている。賢い成長，持続可能な成長，包括的な成長という3つの柱がある。賢い成長では，研究やイノベーションを促してヨーロッパ経済の競争力を高めようとしている。ヨーロッパ版のGPSであるガリレオシステムや地球観測衛星コペルニクスなどの宇宙航空関連も含まれている。Horizon2020という研究プロジェクトの募集窓口があり，大学や企業からの研究プロジェクトを助成している。ヨーロッパの研究機関などとのジョイントプロジェクトであれば日本などEU域外からの参加も可能であり，中国にも参加を促している。航空機への着氷を防ぐ素材開発や超低電力チップの開発などの数多くのプロジェクトへ資金を出しており，農業予算と並んでEU予算の多くの部分を占めている。持続可能な成長では，エネルギーの資料量を減らして低炭素社会を実現させようとしている。温室効果ガスの排出量を1990年比で20％削減，再生エネルギーの比率を全エネルギーの

20％以上に高める，エネルギー効率を 20％以上向上させるという 20/20/20 戦略を掲げている。EU は，環境問題への対策にはイノベーションが必要であり，これらのイノベーションが経済の競争力を強化するため経済成長と両立すると考えている。事実，EU では環境対策を強化させつつも GDP は伸び続けている。包括的な成長は，地域の発展を促し，社会から疎外された人々の社会参加を促そうとしている。近年問題になっている移民や難民の問題も含まれる。失業問題，教育，地域の生活インフラの整備などに取り組んでいる。

欧州 2020 と EU‒China 2020 Strategic Agenda には共通点が多く，EU の戦略を対中関係にも当てはめようとしていることが分かる。EU は 1995 年以降，中国と人権に関する対話も定期的に続けており，中国にとって頭の痛い分野にも切り込んでいる。現在のところ死刑制度の廃止など EU が望む成果は得られていないものの，経済分野だけでなく広い分野での関係を続けており，言うべきことははっきり言う，EU の姿勢を見せている。

次に，EU と中国との経済関係を表す「ヨーロッパのための投資計画」を見ていこう。

2015 年 9 月に中国が「ヨーロッパのための投資計画」に 3150 億ユーロ拠出することが決まった。この投資計画に EU 域外国が初めて拠出することになる。この投資計画の中心にあるのが 2015 年 6 月に設立された欧州戦略投資基金 (European Fund for Strategic Investments：EFSI) である。これまで，ドイツ (80 億ユーロ)，フランス (80 億ユーロ)，イタリア (80 億ユーロ)，ポーランド (80 億ユーロ)，スペイン (15 億ユーロ)，スロバキア (4 億ユーロ)，ブルガリア (1 億ユーロ)，ルクセンブルク (8000 万ユーロ)，イギリス (60 億ポンド) の拠出があったが，欧州投資銀行や民間からの資金をあてにしており，財源が不足していた。そこに，中国からの大量の資金が舞い込んできた。EFSI は当初は景気対策のための基金であったが，徐々にインフラ整備などを行う基金として形作られてきた。なお，EFSI は EU の常設の投資基金である欧州構造投資基金 (European Structural and Investment Funds：ESIF) とは名前が似ているが，異なる基金であり，役割も異なる[4]。

EFSI ホームページの情報によると，2016 年 12 月時点で 89 件のプロジェクトが採用されており，採用前の承認が 87 件，承認前が 25 件とすでに多くのプ

ロジェクトが動き始めている。金額ベースでは31％が中小企業支援，22％がエネルギー，21％が研究開発とイノベーション，10％がデジタル化などとなっている。採用89件の内訳はフランス17件，イタリア16件，スペイン13件，ドイツ11件，イギリス10件とEU主要国に偏っている（1件で複数の国が関わっているプロジェクトもある）。これらの国々はAIIBにも参加して資金を供出しているが，中国からの資金がEFSIを通じて還流していると見ることもできる。

中国のEFSIへの拠出が決まった同じ日には，EUと中国でインターネット通信の5Gの共同開発することも公表している。5Gの共同開発はこの時点ですでに韓国と日本との間でも共同開発に合意しているが，日本に比べて中国との共同開発はリリースの説明文も長く，EUの5GPPP協会と中国のIMT−2020の2つの団体が協定を結ぶより具体的な内容になっている。中国は技術開発のパートナーとしてだけでなく，巨大な市場へのアクセスでも重要となっている。

さらに同日，中国の「一帯一路」とEUの「TEN−T (Trans−European Transport Network)」との接続についても合意された。TEN−TはEU内外で道路，鉄道，水路の整備を行うプロジェクトであり，EUの地域政策の中核を担っている。2016年にスイスで開通した最も長いトンネルであるゴッタルド基底トンネルもTEN−Tのプロジェクトの一部である。特に東欧は交通網の整備が進んでおらず，TEN−Tの多くのプロジェクトの範囲に入っている。中国とヨーロッパを接続する一帯一路プロジェクトも東欧を通ることになり，EUは中国の資金をあてにできるようになる。中国のシルクロード基金，欧州委員会，欧州投資銀行などがジョイントワーキンググループを作り，投資プロジェクトの面で協力する。加えて，設備や技術の共通化を図り，企業の参入も促し，雇用の創出や経済の成長を目指している。設備や技術の共通化では，EUがイニシアティブを握るだろう。

EUと中国との具体的なプロジェクトも見てみよう。2012年に中国とEUの閣僚理事会との間で，中国欧州水管理機構（China Europe Water Platform）が発足した。水と食糧，水と都市化，水とエネルギー，河川管理と洪水対策の4つの主要分野がある。プロジェクトの一つにDragon−STAR Plusがある。

2015年2月から2018年1月までのプロジェクトであり，2012年10月から2015年9月までのDragon-STARを期間を一部重ねる形で引き継いでいる。Dragon-STAR Plusでは，Horizon2020に関わるEUと中国の研究コミュニティーの形成，両者の協力のためのプラットフォームや政策ツールの提供，ベストプラクティスや共同行動計画などを提供するプラットフォームの提供を柱としている。持続可能な都市化，農業に関するバイオテクノロジー，気候変動などに関して研究を進めており，すでにカンファレンスなどが数多く行われている。主な目的は研究の交流を進めて，Horizon2020のプロジェクトを起こすことにあるようだ。

　本節の最後に，EU加盟国と中国との関係をいくつか見てみよう。ギリシャは債務危機後の構造改革の一環としてEUから国有企業や国有財産の売却を求められている。アテネ近郊のピレウス港はギリシャにとって最も重要な港湾であるが，現在は中国に売却されている。中国にとってはヨーロッパまでの海路の拠点を手に入れたことになる。ピレウス港は中国に売却されたものの，港湾もEUのTEN-Tの対象に含まれており，オペレーションや技術的な問題，今後の開発などはEUの影響下にあるといえる。

　中国はハンガリーのブダペストとセルビアのベオグラードとを結ぶ鉄道のリノベーションに資金を提供している。建設費の85％は中国からの20年の借り入れで賄っており，計画は2016年4月にハンガリー議会で承認された。これまで両都市間の輸送に8時間かかっていたのが2時間半から3時間に短縮される。ギリシャのピレウス港から東欧までの輸送網が確立されることになる。その他にも中国は，ハンガリーで工業地域を買収してLED電球の生産を始めたり，ガソリンを使わない電気バスの生産を始めたりしている[5]。

　イギリスでは，ヒンクリーポイントC原発に中国が出資をしている。フランスのEDFが運営を行うが，建設の見通しの甘さや放射能汚染に対する住民の反対運動などがあり，イギリスのメイ首相も首相になる前から中国の出資に反対していた。そのような中，2016年9月にはイギリス政府はヒンクリーポイントC原発の計画を承認した。イギリスが抱える電力不足も背景にあるが，イギリスが中国との関係を重視したうえでの決定であるといえるだろう。

　ドイツでは，インダストリー4.0のパートナーの1つに中国を選んでおり，

メルケル首相は 2014 年と 2016 年に中国を訪れてインダストリー 4.0 についての協力を深めている。インダストリー 4.0 は工場内の機械やセンサーだけでなく，商品の企画段階から販売後のアフターサービスまでを 1 つのプラットフォームに載せる試みである。機械だけでなくすべての要素がインターネットでつながり，情報が自動的に交換されて共有される。工場は多品種少量生産でも少品種大量生産と同じコストを実現でき，試作品の製作や仕様の変化への対応はこれまで以上に早くなる。インダストリー 4.0 は生産の在り方を大きく変えるが，そのためには工場内の機械の仕様や通信プロトコルの統一に始まり，オフィスと工場との接続など数多くの課題を克服しなければならない。ドイツと中国との協力により，両国の技術的な交流や人的な交流が進んでいくだろう。

第 3 節　日本はどうかかわるべきか

　以上みてきたように，EU と中国との関係はすでに非常に深くなっており，EU は中国を単なる資金の出し手としてだけでなく，研究交流や研究プロジェクトの面でもパートナーとして期待している。交通インフラの面では一帯一路と TEN−T が共通のプラットフォームで進むことになれば，西ヨーロッパと東ヨーロッパそしてさらに東の中央アジアなどとの接続が期待できる。その際，技術面ではより進んでいる EU の基準が用いられる可能性が高い。

　EU 自身は AIIB に参加していないものの，すでに述べた通りヨーロッパからは 17 カ国が参加しており，欧州投資銀行や欧州復興開発銀行も参加している。これらの国々や機関は EU の方針に従って行動することになるだろう。中国もヨーロッパのインフラ投資に多額の資金を拠出しており，EU と中国は資金面でも互いに協力し合っている。両者の協力にはヨーロッパやアジアの多くに国々や地域が含まれることとなり，これらの地域の結びつきが強まるだろう。EU は地域政策を強化しており，プロジェクトの進め方や技術などの標準作りでは一日の長がある。AIIB のトップは中国で投票権も中国に偏っているが，個々のプロジェクトではヨーロッパサイドの協力が必要であり，ヨーロッ

パ諸国の影響力は強まっていくだろう。AIIBのガバナンスもEUルールで強化されていくことになるだろう。EUは名を捨て実を取る戦略を採ったのである。

日本はAIIBが中国主導だという点にとらわれ過ぎてしまい，実を捨て名を取る戦略を採用してしまった。AIIBに中国しか見ておらず，その先にあるユーラシア大陸が見えていなかった。中央アジアやヨーロッパなどユーラシア大陸諸国との関係強化のチャンスを逃してしまったのである。今後，ユーラシア大陸のインフラ整備への参加において日本企業は明らかに不利になるだろう。単に道路や鉄道の建設だけでなく，それに付随する電力網や通信網の整備，商業施設や不動産業，起業支援や中小企業金融，国境を越えた研究開発など多くの面で不利な立場に追いやられるだろう。

AIIBの発足に際して，日本はドイツから参加を求められたが拒否した。ヨーロッパ諸国は日本に失望しただろう。日本が参加すれば，日本は一定の投票権を得ることができたはずで，ヨーロッパ勢にとっては心強いパートナーになり得た。EUの欧州対外行動庁のHPには，EUと世界各国との関係が記載されている。その中では，日本と中国とは扱いが大きく異なる。日本は2001年の行動計画が国別ページのトップに記載されており，日本との関係構築が進んでいないことが読み取れる。一方，中国の情報はどんどんアップデートされており，新しい取り組みの情報も多い。EUにとっての日本の重要性は徐々に低下していることには危機感を持つべきだろう。

日本がAIIBに参加しなかったのは愚かな選択だったといわざるを得ない。しかし，日本はまだあきらめるべきではなく，AIIBの個々のプロジェクトに協力をすることでユーラシア大陸でのプレゼンスを高める道が残されている。中国のインフラ輸出にはトラブルが多いという報道があり（例えば，日本経済新聞2016年6月22日の朝刊では，8カ国でのトラブルが報道されている），日本の技術や計画実行能力は歓迎されるだろう。

（川野祐司）

注
1) アイスランド，ノルウェー，スイスの3カ国はEFTA（欧州自由貿易連合）に加盟している。

EFTA は EU との間に自由貿易協定を結んでおり，人の移動に関してもアイスランドとノルウェーはシェンゲン協定に参加しており自由になっている。スイスも制限付きでシェンゲン協定に参加している。3 カ国は EU 加盟国ではないが，EU との関係は非常に深い。

2) ヨーロッパでは携帯電話などの通信企業が大きなプレゼンスを持っていることから IT ではなく ICT（Information and Communication Technology）という用語が使われている。

3) 詳しくは川野祐司（2016）第 2〜4 章を参照のこと。

4) 欧州構造投資基金は，欧州地域開発基金，結束基金，欧州社会基金，欧州地域農業開発基金，欧州漁業基金の 5 つの基金の総称であり，EU と加盟国が資金を出し合って運営している。漁港の整備，起業支援，若年層の学校での再教育，農家への支援，交通網の整備など様々なプロジェクトを扱っている。

5) China's Inesa Europe purchases industrial property in Hungary, China's BYD eyes to launch bus production in Hungary, Budapest Business Journal ホームページ 2016 年 7 月 27 日の記事。

参考文献
川野祐司（2016），『ヨーロッパ経済とユーロ』文眞堂。
EEAS (2013), *EU-China 2020 Strategic Agenda for Cooperation*.
European Commission (2015a), "The Investment Plan for Europe: Questions and Answers," MEMO/15/5419.
European Commission (2015b), Investment Plan for Europe goes global: China announces its contribution to #investEU," *Press release*, 28 September 2015.

第4部

重層的なアジアの経済連携：今後の行方

第12章

ASEAN経済共同体の創設と新たな目標:
世界経済の構造変化の下での経済統合の深化

はじめに

　今年2017年はASEAN設立50周年である。ASEANは東アジアで最も長い歴史を有する地域協力機構である。そして2015年末にはASEAN経済共同体(AEC)を創設した。AECは東アジアで最も深化した経済統合である。

　ASEANは,構造変化を続ける世界経済の下で域内経済協力・経済統合を進めてきた。1976年から域内経済協力を開始し,1992年からはASEAN自由貿易地域(AFTA)を推進し,2003年からはAECの実現を目指してきた。AECは,2003年の「第2ASEAN協和宣言」で打ち出された,ASEAN単一市場・生産基地を構築する構想である。

　ASEANは,東アジアにおける地域協力においても中心となってきた。ASEAN＋3やASEAN＋6などの重層的な協力の中心は,ASEANであった。またASEANを軸としたASEAN＋1の自由貿易協定(FTA)も確立されてきた。

　そして2008年からの世界金融危機後の構造変化の中で,環太平洋経済連携協定(TPP)がASEANと東アジアの経済統合に大きな影響を与え,2011年11月にASEANは東アジア地域包括的経済連携(RCEP)を提案した。その後2013年5月には交渉が開始された。TPPとRCEPは,更にAECの実現を追い立てている。

　AECは2015年末に創設され,2016年からは新たな段階に入った。2015年11月の首脳会議で,ASEANは新たなAECの目標(「AEC2025」)を打ち出し,AECのさらなる深化へ向かっている。

第 12 章　ASEAN 経済共同体の創設と新たな目標：世界経済の構造変化の下での経済統合の深化　197

　本章では，2015 年末に AEC がどこまで実現されたか，ASEAN は世界経済の構造変化の下で，どのように AEC の創設までに至ったか，AEC の次の目標はいかなるものか，について考察する。筆者は世界経済の構造変化の下でのASEAN 域内経済協力・経済統合を長期的に研究してきている。本章ではそれらの研究の延長に，2015 年末の AEC の実現状況，世界経済の構造変化の下での経済統合の深化，そして 2015 年を越えて 2025 年に向けての AEC の新たな目標について検討したい。

第 1 節　2015 年末の AEC 創設と ASEAN 経済統合

　ASEAN は 2015 年 11 月の首脳会議で「ASEAN 共同体設立に関するクアラルンプール宣言」を発し，2015 年末の AEC 創設を宣言した。世界経済の構造変化が AEC の実現を追い立てる中で，ASEAN は着実に 2015 年末の AEC 創設に向かってきた。以下，2015 年末に AEC がどこまで実現されたのかについて，2007 年の「AEC ブループリント」に即して述べたい[1]（AEC の実現状況に関して，第 12-1 表も参照）。
　2007 年に定められた「AEC ブループリント（2015）」は，2015 年へ向けての AEC のそれぞれの分野の目標とスケジュールを定めた。4 つの戦略目標と 17 のコアエレメント（分野）が提示され，4 つの戦略目標は「A．単一市場と生産基地」，「B．競争力のある経済地域」，「C．公平な経済発展」，「D．グローバルな経済統合」であった。4 つの戦略目標の中心である「A．単一市場と生産基地」では，① 物品（財）の自由な移動，② サービスの自由な移動，③ 投資の自由な移動，④ 資本の自由な移動，⑤ 熟練労働者の自由な移動が挙げられていた[2]。
　実現状況を見ると，「A．単一市場と生産基地」の中心である ① 物品（財）の自由な移動において，関税の撤廃に関しては，AFTA によってほぼ実現された。AFTA は東アジアの FTA の先駆であるとともに，東アジアで最も自由化率の高い FTA である。先行加盟 6 カ国は，2010 年 1 月 1 日にほぼすべての関税を撤廃した。2015 年 1 月 1 日には，新規加盟 4 カ国（CLMV 諸国）

第 12-1 表　ASEAN 経済共同体（AEC）2015 の成果（2016 年 4 月末時点）

分野	主な目標	2015 年末までの成果	評価	備考
全体評価		高度優先措置を含む 506 措置中 469 措置を実施し実施率は 92.7％，単一の市場と生産地域は 92.4％，競争力のある地域は 90.5％，公平な経済発展とグローバル経済への統合は 100％。全措置 611 に対しては 486 措置を実施し実施率は 79.5％（2015 年 10 月 31 日時点）。	○	未実施措置は 2016 年末までに実施。
関税	関税撤廃	ASEAN6 は 99.2％撤廃，CLMV は 90.9％，ASEAN 全体では 96％。ASEAN 物品貿易協定（ATIGA）2009 年発効。	◎	CLMV は 7％相当品目の撤廃猶予，2018 年 1 月に同品目を撤廃。
非関税障壁	非関税障壁撤廃	撤廃はほとんど進展なし，① データベース更新を計画しているが，2012 年 3 月以降更新されていない），② 省庁間横断組織（進展状況は不明），③ 具体事例マトリックス。	×	
原産地規則	継続的改善	選択的原産地規則導入と ASEAN＋1FTA に拡大，FOB 価額不記載。	○	2 つの自己証明制度パイロットプロジェクト実施，2016 年に統合。
税関業務円滑化		ASEAN 通関申告書，ASEAN 統一関税分類（AHTN）など進展 AFAFGIT 第 7 議定書に署名。第 2 議定書はテキストは完了。	○	AFAFGIT 第 2 議定書の署名。現場での施行が課題。
その他の貿易円滑化措置	透明性向上など	ASEAN 貿易レポジトリ（ATR）稼動開始。ASEAN 投資サービス貿易解決制度（ASSIST）も公開・運用開始。	○	
ASW〈シングル・ウィンドウ〉	NSW の導入（ASEAN6 は 08 年，CLMV12 年）7 カ国で ASW を実施。	フォーム D と ASEAN 税関申告書の交換の 5 カ国の連結テスト実施，ASW 実施のための法的枠組みに関する議定書署名。	△	連結テストから稼動までを 2016 年中に完了。

第12章　ASEAN経済共同体の創設と新たな目標：世界経済の構造変化の下での経済統合の深化　199

基準認証	いくつかの産品について基準の調和と相互承認協定（MRA）。	化粧品統一指令の国内法制化, 電気電子機器（EEE）, 化粧品, 医療製品のMRAの実施, EEE121品目で統一規格への調和・準拠, 自動車分野で国連欧州経済委員会（UNECE）規則に基づく15の技術的要件の調和, ゴム製品で47のテスト基準の調和, 農産物でよく使われる農薬について955の残留基準値（MRLs）設定, 医療機器指令（AMDD）署名, 伝統薬・健康補助食品で19の技術的要求の調和, 製薬分野で適正製造基準（GMP）。ASEAN共通食品管理基準, 優先商品の輸入のための9つのASEAN植物検疫ガイドライン, 農業産品に係る46のASEAN標準, 5つの農業慣行などで域内共通のガイドライン。	○	自動車, 調整食品, 建築材料のMRA, 伝統的薬品とサプリメントの技術要件の調和。MRA枠組み協定の見直し・拡充。
サービス貿易	128分野の自由化, 第3モードは外資出資比率70％。	2015年11月に第9パッケージ署名（104分野の自由化）。	○	第10パッケージ合意（2017年中）。新サービス協定（ATISA）締結。第4モードは極めて限定。15％柔軟性規定により自由化例外が残存。
金融サービス	保険, 銀行, 資本市場, その他の4分野で各国別に自由化するセクターを特定し2015年までに実施, その他は2020年。ASEAN銀行統合枠組み（ABIF）はASEAN適格銀行（QABs）によるネットワーク創設を目標。	AFAS金融第6パッケージ署名。各国がポジティブリスト方式で自国で可能な自由化領域を明示。15年の財務省会議でQABs選定に合意。15年の財務相会議でQABs選定に合意し16年の会議で2019年までに2行を認証することに合意。ASEAN銀行統合枠組み（ABIF）は2014年12月中央銀行総裁会議で承認。16年3月の財務相中銀総裁会議で「戦略行動計画2016-25」を採択。	○	第7パッケージ交渉を2016年中に完了予定。当初よりブループリントで2020年までの自由化を許容している点に留意, ASEAN6は銀行を15年までの自由化対象から除外。

熟練労働者の移動	自由職業サービスのMRA	エンジニアリング，看護，建築，測量技師，会計，開業医，歯科医，観光の8分野署名。ASEAN公認エンジニア（1260名），ASEAN建築士（212名）の登録は進展。自然人移動協定（AMNP）署名。ASEAN資格参照枠組み（AQRF）採択（2014）。	△	実効性が課題。ASEAN公認エンジニアはすでに就労しているとの報告。
投資	ASEAN包括的投資協定（ACIA）制定，「最小限の制限」を残して自由化	ACIA制定（2012），留保表（12），ACIA修正議定書（14）。	○	留保分野の削減が課題。
資本移動	資本市場統合	ASEAN資本市場フォーラム（ACMF）での各種取組み：ASEAN Exchangesに向けた証券取引所の連携（ASEAN証券取引ブランドアイデンティティ，ASEANスターズINDEX，シンガポール・タイ・マレーシア間のASEAN取引リンク），域内のクロスボーダーでの起債のための会計基準などの共通化。	○	2020年までながら，①資本勘定の自由化，②金融サービスの自由化が提言され，さらに長期では，③決済システムの統合，④資本市場開発も推進。これまでの取組みは，マレーシア，シンガポール，タイの3カ国が先行実施している項目が多い。
域外FTA	ASEAN＋1FTA締結，東アジア地域包括的経済連携（RCEP）締結	5本のASEAN＋1FTA締結，インドとのサービス貿易投資協定締結。RCEP交渉モダリティに合意。	◎	RCEP協定は2016年合意が目標，AJCEPサービス投資協定署名，ASEAN香港FTA合意。

（注）◎はブループリントの想定どおりあるいは想定以上の成果をあげている，○は概ねブループリントの想定どおり施策が実施されている，△はブループリントの想定より実行遅れているが一定の成果がみられる，×は実施が大幅に遅れている，ことを示している。ブループリントの目標達成度の評価であり，自由化・円滑化実現の評価ではないことに留意が必要。

（出所）石川幸一・清水一史・助川成也・福永佳史が作成，輸送とエネルギーは春日尚雄氏（福井県立大学），金融サービスと資本は赤羽裕氏（亜細亜大学）の協力を得た。なお，本表は「A. 単一市場と生産基地」と「D. グローバルな経済統合」の部分である。他の分野を含めた全体に関しては，石川幸一（2016a）「ASEAN経済共同体の創設とその意義」（石川幸一・清水一史・助川成也編（2016）『ASEAN経済共同体と日本』文眞堂）の付表を参照頂きたい。

の一部例外を除き，全加盟国で関税の撤廃が実現された（尚，CLMV諸国においては，関税品目表の7%までは2018年1月1日まで撤廃が猶予される）。2015年1月には，カンボジアで約3000品目，ラオスで約1000品目，ミャンマーで約1200品目，ベトナムで約1700品目の関税が新たに撤廃され，ASEAN10カ国全体での総品目数に占める関税撤廃品目の割合は95.99%に拡大した[3]。

原産地規則においても，2008年8月には，従来からの「ASEAN累積付加価値基準（RVC）」に「関税番号変更基準（CTC）」を加えてその選択制が導入され，利用しやすくなった。「関税番号変更基準（CTC）」の際のFOB価格の不記載も採用されてきた。また原産地証明の自己証明制度の導入や税関業務の円滑化，ASEANシングル・ウインドウ（ASW），基準認証も進められている。

非関税措置の撤廃も進められているが，その課題の達成は先進国でも難しく，一部では新たに導入される例もあり，2016年以降の重要な課題となる。②サービス貿易の自由化，③投資や④資本の移動の自由化，⑤熟練労働者の移動の自由化も徐々に進められている。たとえば②サービス貿易の自由化では，ASEANサービス枠組み協定（AFAS）によって128分野の自由化が進められており，サービスの第3モード（投資自由化）では外資出資比率70%の自由化を目指してきている。③投資の自由化では，ASEAN包括的投資協定（ACIA）が2009年2月に署名され2012年3月に発効，2014年8月には修正議定書が署名され，最小限の制限を残して自由化を目指している。⑤熟練労働者の移動では，エンジニアリング，看護，建築，測量，会計，医療，歯科医療，観光の8分野の専門家資格の相互承認協定（MRA）に署名し，自然人移動協定（MNP）に署名している。ただし，これらの自由化は，2015年末を通過点として2016年以降の課題である。

「B．競争力のある経済地域」では，①競争政策，②消費者保護，③知的財産権，④インフラストラクチャー，⑤税制，⑥電子商取引が，「C．公平な経済発展」では，①中小企業，②ASEAN統合イニシアチブ（IAI）が挙げられており，輸送プロジェクトやエネルギープロジェクト，知的財産権，経済格差の是正等多くの取り組みがなされてきている。ただしこれらも徐々に進められ

ているが，2015年末を通過点として更に2016年以降の課題である。

「D. グローバルな経済統合」では，① 対外経済関係への一貫したアプローチ，② グローバル・サプライ・チェーンへの参加が挙げられていた。それらは ASEAN＋1 の FTA 網の整備や RCEP 交渉の進展によって 2015 年末の当初予想よりも早く達成された。

2015 年末に，2007 年の「AEC ブループリント」で述べられた目標のすべてが実現したわけではないが，AFTA の実現により ASEAN における関税の撤廃はほぼ実現され，域外との FTA も整備された。1990 年代前半の AFTA が提案された時の状況とは大きく異なり，統合が深化してきている。

第2節　世界経済の構造変化と経済統合の深化

1. ASEAN 域内経済協力の展開と統合の深化

世界経済の構造変化が AEC と ASEAN 経済統合を追い立てる中で，ASEAN では 2015 年末の AEC 実現へ向けて着実に行動が取られてきた[4]。東アジアでは，ASEAN が域内経済協力・経済統合の嚆矢であった。1967 年に設立された ASEAN は，当初の政治協力に加え，1976 年の第1回首脳会議と「ASEAN 協和宣言」より域内経済協力を開始した。しかし 1976 年からの域内経済協力は挫折に終わり，1987 年の第3回首脳会議を転換点として，1985 年 9 月のプラザ合意を契機とする世界経済の構造変化をもとに，「集団的外資依存輸出指向型工業化戦略」へと転換した。

さらに 1991 年から生じた ASEAN を取り巻く政治経済構造の歴史的諸変化，すなわちアジア冷戦構造の変化，中国の改革・開放に基づく急速な成長と対内直接投資の急増等から，域内経済協力の深化と拡大が進められ，1992 年からは ASEAN 自由貿易地域（AFTA）が推進されてきた。その後 1997 年のアジア経済危機以降の構造変化のもとで，ASEAN にとっては，更に協力・統合の深化が目標とされた。

2003 年 10 月の第9回首脳会議における「第2 ASEAN 協和宣言」は，ASEAN 経済共同体（AEC）の実現を打ち出した。AEC は，当初は 2020 年

までに物品（財）・サービス・投資・熟練労働力の自由な移動に特徴付けられる単一市場・生産基地を構築する構想であった。2007年1月第12回ASEAN首脳会議では，ASEAN共同体創設を5年前倒しして2015年とすることが宣言され，2007年11月の第13回首脳会議では，AECの2015年までのロードマップである「AECブループリント」が出された。2010年11月には，「ASEAN連結性マスタープラン」も出された。ASEAN域内経済協力は着実な成果を上げ，2010年1月には先行加盟6カ国で関税が撤廃されAFTAが完成した。またASEANにおける生産ネットワーク構築も支援してきた。こうしてASEANでは，AECの実現に着実に向かってきた。

　ASEANは，東アジアの地域経済協力においても，中心となってきた。東アジアにおいては，アジア経済危機とその対策を契機に，ASEAN＋3やASEAN＋6などの地域経済協力が重層的・多層的に展開してきた。それが東アジアの地域経済協力の特徴であるが，その中心はASEANであった。東アジアにおいては，FTAも急速に展開してきた。その中でもASEAN日本包括的経済連携協定（AJCEP），ASEAN中国自由貿易地域（ACFTA），ASEAN韓国FTA（AKFTA）などのASEAN＋1のFTAが中心であった。ただし，東アジア全体のFTAについては，日本が推す東アジア包括的経済連携（CEPEA）と中国が推す東アジア自由貿易地域（EAFTA）が検討されてきたが，いずれも交渉には至らなかった。

2. 世界金融危機後のASEANと東アジア

　2008年の世界金融危機後の構造変化は，ASEANと東アジアに大きな転換を迫ってきた[5]。ASEANと東アジアは，他の地域に比較して世界金融危機からいち早く回復し，現在の世界経済における主要な生産基地と中間財市場とともに，主要な最終消費財市場になってきた。

　一方，世界金融危機後のアメリカにおいては，過剰消費と金融的蓄積に基づく内需型成長の転換が迫られ，輸出を重要な成長の手段とした。その主要な輸出目標は成長を続ける東アジアであり，オバマ大統領は2010年1月に輸出倍増計画を打ち出し，アジア太平洋にまたがるTPPへの参加を表明した。

　TPPは，2006年にP4として発効した当初は4カ国によるFTAにすぎな

かったが，アメリカが参加を表明し，急速に大きな意味を持つようになった。以上のような状況は，ASEANと東アジアにも影響を与え始めた。東アジアの需要とFTAを巡って競争が激しくなってきたのである。

世界金融危機後の変化の中で，2010年1月にAFTAが先行6カ国で完成し，対象品目の関税が撤廃された。同時にASEAN＋1のFTA網もほぼ完成した。TPPにはアメリカ，オーストラリア，ペルー，ベトナムも加わり，2010年3月に8カ国で交渉が開始された。

TPPがアメリカをも加えて確立しつつある中で，また日本の参加が検討される中で，2011年8月にはASEAN＋6経済相会議において日本と中国は共同提案を行い，日本が推していたCEPEAと中国が推していたEAFTAを区別なく進めることに合意した。これらはASEANが東アジア地域包括的経済連携（RCEP）を提案する契機となった。

2011年11月バリでのASEAN首脳会議では，ASEANが，これまでのEAFTA，CEPEA，ASEAN＋1のFTAの延長に，ASEANを中心とする東アジアのFTAである東アジア地域包括的経済連携（RCEP）を提案した。RCEPはその後，東アジアの広域FTAとして確立に向けて急速に動き出した。

2013年3月15日には日本がTPP参加を正式に表明した。日本のTPP交渉参加表明は，東アジアの経済統合とFTAに更に大きなインパクトを与え，他のFTA交渉が急加速した。5月にはブルネイでRCEPの第1回交渉会合が開催された。7月には，コタキナバルでの第18回TPP交渉会合において，日本が初めて交渉に参加した。TPPは世界第1位と第3位の経済大国を含む巨大なFTAとなることが予想され，ASEANと東アジアの経済統合の実現に更に圧力をかけることとなった。

こうして世界金融危機後の変化は，AECと東アジアの経済統合の実現を追い立ててきた。世界金融危機後のアメリカの状況の変化は，対東アジア輸出の促進とともに，東アジア各国のTPPへの参加を促した。更にアメリカを含めたTPP構築の動きは，日本のTPPへの接近につながり，AECと東アジアの経済統合を加速させることとなったのである。

3. ASEAN 経済統合の加速と緊張

　世界金融危機後の変化は，AEC の実現の加速を促している。TPP と RCEP の実現が，ASEAN の経済統合を追い立てる。ASEAN においては，域内経済協力が，その政策的特徴ゆえに東アジアを含めより広域の制度や FTA を求める。しかし同時に，協力枠組みのより広域な制度化は，広域枠組みへの埋没を含めて常に自らの存在を脅かす。それゆえに，東アジア地域協力の構築におけるイニシアチブの確保と自らの協力・統合の深化が求められるのである [6]。ASEAN にとっては，常に自らの経済統合を他に先駆けて進めなければならない。

　ただし ASEAN においては，そもそも利害対立が起こりやすい構造を有してきた。現在においても各国の状況の違いがあり，依然いくつかの統合への遠心力を抱えている。最近では，長年 ASEAN 統合の遠心力であったミャンマーの民主化は進展したが，各国の政治の不安定，各国間政治対立，発展格差，各国の自由貿易へのスタンスの違いがあり，南沙諸島を巡る各国の立場の違い，それにも関連する各国の中国との関係の違いが，統合の遠心力となっている。

　ASEAN は，多くの緊張と遠心力を抱えながらも，経済発展のためにも，広域枠組みの進展の要因からも，統合を深化させなければならない。これまでの域内経済協力の歴史においても，多くの遠心力を抱えながら少しずつ域内経済協力を深化させ，AFTA を確立し，2015 年末の AEC 創設へ向かってきたのである。

第 3 節　AEC の新たな目標：「AEC ブループリント 2025」

1. 2015 年 11 月第 27 回首脳会議と『ASEAN2025』

　2015 年末が近づき，2016 年以降の AEC の目標設定についても，新たな取り組みがなされてきた [7]。2014 年 11 月第 25 回 ASEAN 首脳会議の「ASEAN 共同体ポスト 2015 ビジョンに関するネピドー宣言」では，2025 年に向けての AEC に関して，① 統合され高度に結合した経済，② 競争力のある革新的でダ

イナミックなASEAN,③強靭で包括的,人間本位・人間中心のASEAN,④分野別統合・協力の強化,⑤グローバルASEANの5つの柱が提示された[8]。

2015年11月21-22日には第27回ASEAN首脳会議と関連諸会議が開催され,11月22日には「ASEAN共同体設立に関するクアラルンプール宣言」によって,2015年12月31日にASEAN共同体を正式に設立することが宣言された。11月21日の第27回ASEAN首脳会議では,これまでのAECの状況に関する報告として『ASEAN経済共同体2015』(ASEAN Secretariat, 2015a) 並びに『ASEAN統合レポート2015』(ASEAN Secretariat, 2015b) が提出されるとともに,2025年に向けてのASEAN統合のロードマップである『ASEAN2025』(ASEAN Secretariat, 2015c) が採択された。『ASEAN2025』は,2025年に向けてのASEAN統合のロードマップであり,ASEAN共同体(AC)の3つの柱である「ASEAN政治安全保障共同体(APSC)」,「AEC」,「ASEAN社会文化共同体(ASCC)」のそれぞれのブループリント,すなわち,「APSCブループリント2025」,「AECブループリント2025」,「ASCCブループリント2025」を含む。

2. AECの新たな目標と「AECブループリント2025」

AECの目標を定める「AECブループリント」においては,「A. 高度に統合され結合した経済」,「B. 競争力のある革新的でダイナミックなASEAN」,「C. 高度化した連結性と分野別協力」,「D. 強靭で包括的,人間本位・人間中心のASEAN」,「E. グローバルASEAN」の5つの柱が示された。5つの柱の中心と言える「A. 統合され高度に結合した経済」では,①物品貿易,②サービス貿易,③投資環境,④金融統合,金融包摂,金融の安定,⑤熟練労働とビジネス訪問者の移動促進,⑥グローバル・バリュー・チェーンへの参画強化が述べられている[9](第12-2表,参照)。

前年の2014年11月の「ASEAN共同体ポスト2015ビジョンに関するネピドー宣言」で述べられた5つの柱と比べると,「C」と「D」が入れ替わり,「C」の部分に連結性(コネクティビティー)が付け加えられた。2007年の「AECブループリント」に比べると,「C」の部分は新たに加えられた柱であ

第12章 ASEAN経済共同体の創設と新たな目標：世界経済の構造変化の下での経済統合の深化　207

第12-2表　2007年のAECブループリントと2015年のAECブループリント

AEC2015（2007年）	AEC2025（2015年）
A．単一市場と生産基地 　A1　物品の自由な移動 　A2　サービス貿易の自由化 　A3　投資の自由化 　A4　資本のより自由な移動 　A5　熟練労働者の自由な移動 　A6　優先統合分野 　A7　食糧，農業，林業	A．高度に統合され結合した経済 　A1　物品貿易 　A2　サービス貿易 　A3　投資環境 　A4　金融統合，金融包摂，金融安定化 　A5　熟練労働者・ビジネス訪問者の移動円滑化 　A6　グローバル・バリュー・チェーンへの参画強化
B．競争力のある経済地域 　B1　競争政策 　B2　消費者保護 　B3　知的財産権 　B4　インフラストラクチャー 　B5　税制 　B6　電子商取引	B．競争力のある革新的でダイナミックなASEAN 　B1　効果的な競争政策 　B2　消費者保護 　B3　知的財産権協力の強化 　B4　生産性向上による成長，技術革新，研究開発等 　B5　税制協力 　B6　ガバナンス 　B7　効率的・効果的規制 　B8　持続可能な経済開発 　B9　グローバルメガトレンド・通商に関する新たな課題
	C．高度化した連結性と分野別協力 　C1　交通運輸 　C2　情報通信技術（ICT） 　C3　電子商取引 　C4　エネルギー 　C5　食糧，農業，林業 　C6　観光 　C7　保健医療 　C8　鉱物資源 　C9　科学技術
C．公平な経済発展 　C1　中小企業 　C2　ASEAN統合イニシアチブ（IAI）	D．強靭で包括的，人間本位・人間中心のASEAN 　D1　中小企業強化 　D2　民間セクターの役割の強化 　D3　官民連携（PPP） 　D4　格差是正 　D5　地域統合に向けた努力への利害関係者による貢献
D．グローバルな経済統合 　D1　対外経済関係への一貫したアプローチ 　D2　グローバル・サプライ・チェーンへの参加	E．グローバルASEAN 　域外国との経済連協定の改善，協定未締結の対話国との経済連携の強化等

（出所）　ASEAN Secretariat（2008），*ASEAN Economic Community Blueprint*, ASEAN Secretariat（2015a），*ASEAN 2025: Forging Ahead Together*から筆者作成。日本語訳に関しては，石川・清水・助川（2009），ASEAN日本政府代表部「ASEAN経済共同体（AEC）ブループリント2025（概要）」等を参照。

る。

　またそれぞれの柱の中身が再編されるとともに，新たな内容が加えられている。たとえば「A. 統合され高度に結合した経済」では，「⑥ グローバルチェーンへの参加」は，今回のブループリントでは「A」の部分に付けられた。また「④ 金融統合」では，「金融」が前面に出るとともに，2007年のブループリントでサービスや投資等に含まれていた金融関連の項目がまとめられた。「B」では，「④ 生産性向上による成長，技術革新，研究開発等」を挙げ，「生産性向上による成長，技術革新（イノベーション）」を目標に掲げていることも注目される。ASEANが生産性とイノベーションを増進し，「中所得国の罠」を克服して発展する，あるいは従来のキャッチアップの過程を越えて発展するための目標と言えるだろう。

　2016年以降のAECにおいては，これまで達成してきた関税撤廃等の成果の上に，未達成の部分を達成して統合を深化させて行く現実的な路線を採っていると言える。「AECブループリント2025」では，従来の目標設定のような，きわめて野心的な目標は設定されなかった。関税の撤廃がほぼ完成し，更に達成が難しい目標が残ってしまっている事情もあるだろう。また2007年に策定された「AECブループリント（AEC2015）」では，「戦略的日程」が統合の段階毎の目標を明示していたが，「AECブループリント2025」では「戦略的日程」は策定されなかった。

　「AEC2025」はやや現実的な路線と言えるが，今後，更に統合の加速を迫られ，新たな目標を追加する，あるいは達成時期を2025年から前倒しする可能性もあろう。

おわりに

　ASEANは，世界経済の構造変化に合わせて発展を模索し，1976年から域内経済協力を進め，1992年からはAFTAの確立を目指し，更に2015年末のAECの実現を目指してきた。世界金融危機後の変化は，世界経済におけるASEANの重要性を増すとともに，AECの実現を迫ってきた。これらの変化

の下でASEANは，2015年12月31日にはAECを創設した。2015年11月の首脳会議では新たなAECの目標（AEC2025）を打ち出し，2025年に向けて，更にAECを深化させようとしている。

ASEANは，時間を掛けながら着実にAECの実現に向かってきた。AECは，東アジアで初のFTAを越えた取り組み（FTAプラス）である。また輸送やエネルギーの協力，経済格差の是正にも取り組んでいる。

AECは地域としての直接投資の呼び込みを重要な要因とし，国境を越えた生産ネットワークを支援し，常に世界経済の中での発展を目指す経済統合を目標としている。多くの緊張と遠心力を抱えながらも，グローバル化を続ける現代世界経済の変化に合わせて着実にAECの実現に向かい，更には世界の成長地域である東アジアにおいて経済統合を牽引しているASEANの例は，現代の経済統合の最重要な例の1つと言える。

2017年はASEAN設立50周年である。しかしASEANを取り巻く状況は大きく変化するかもしれない。2017年1月にはアメリカでトランプ大統領が就任した。TPPから永久に離脱するとの大統領令にも署名した。TPPの行方は，ASEANが進めるRCEPの進み方にも影響を与え，AECにも影響を与えるであろう。トランプ氏の大統領就任が世界の貿易体制全体に負の影響を与え，それがASEANの発展を阻害する可能性も考えられる。

TPPが頓挫してしまった場合には，第1にASEAN経済統合を追い立てる力が弱くなるであろう。第2にTPPがRCEP交渉を促す力が弱くなり，RCEPがAECを追い立てる力も弱くなる。第3にTPPの幾つかの規定がAECを深化させる可能性は低くなる。

TPPが進まない状況では，ASEANとRCEPは更に重要となる。ASEANがAECを深化し，RCEPを推進することは，東アジア全体の発展のためにも不可欠である。そしてそれは，ASEANの世界経済に占める地位を向上させ，ASEANの交渉力を向上させるであろう。RCEPについては，先ずは交渉を妥結させることが先決である。RCEPの交渉妥結が，TPPや他のメガFTAの存続と発展に大きく繋がる。RCEPを早期に先ず妥結すること，そしてレベルをできるだけ上げて行くことが重要である。

ASEANは，2025年に向けてAECを更に深化させて行かなければならな

い。そして AEC の深化が，東アジアの経済統合の深化を推進するであろう。同時に，ASEAN と東アジアの経済発展を促進するであろう。

（清水一史）

注

1) AEC の実現状況に関しては，清水 (2016b)，石川 (2016a)，ASEAN Secretariat (2015a, 2015b) 等，参照。物品貿易の自由化・円滑化，サービス貿易の自由化や投資の自由化に関しては，助川 (2016a, 2016b, 2016c)，石川 (2016b)，参照。また AEC の様々な分野における状況に関しては，石川・清水・助川 (2016) の各章を参照頂きたい。「AEC ブループリント (2015)」に関しては，第12-2表も参照。
2) ASEAN Secretariat (2008). AEC ブループリント並びにスコアカードに関しては，石川 (2016a) 等を参照。
3) 『通商弘報』2015年3月16日号。
4) 以下，詳細は清水 (1998, 2016b) を参照。
5) 清水 (2016b)，参照。
6) 清水 (2008)，参照。
7) AEC の新たな目標の設定と「AEC ブループリント 2025」に関しては，清水 (2016b)，石川 (2016a)，福永 (2016) 等を参照。
8) "Nay Pyi Taw Declaration on the ASEAN Community's Post2015 Vision," http://www.asean.org/images/pdf/2014_upload/Nay%20Pyi%20Taw%20Declaration%20on%20the%20ASEAN%20Communitys%20Post%202015%20Vision%20w.annex.pdf.
9) ASEAN Secretariat (2015c).

参考文献

石川幸一 (2016a)，「ASEAN 経済共同体の創設とその意義」，石川・清水・助川 (2016)。
石川幸一 (2016b)，「投資の自由化」，石川・清水・助川 (2016)。
石川幸一・朽木昭文・清水一史 (2015)，『現代 ASEAN 経済論』文眞堂。
石川幸一・馬田啓一・国際貿易投資研究会編 (2015)，『FTA 戦略の潮流：課題と展望』文眞堂。
石川幸一・清水一史・助川成也編 (2009)，『ASEAN 経済共同体―東アジア統合の核となりうるか』日本貿易振興機構 (JETRO)。
石川幸一・清水一史・助川成也編 (2013)，『ASEAN 経済共同体と日本』文眞堂。
石川幸一・清水一史・助川成也編 (2016)，『ASEAN 経済共同体の創設と日本』文眞堂。
浦田秀次郎・牛山隆一・可部繁三郎編 (2015)，『ASEAN 経済統合の実態』文眞堂。
大庭三枝編 (2016)，『東アジアのかたち―秩序形成と統合をめぐる日米中 ASEAN 交差―』千倉書房。
清水一史 (1998)，『ASEAN 域内経済協力の政治経済学』ミネルヴァ書房。
清水一史 (2008)，「東アジアの地域経済協力と FTA」，高原・田村・佐藤 (2008)。
清水一史 (2016a)，「世界経済における ASEAN 経済共同体と日本」，『アジア研究』(アジア政経学会) 62巻2号。
清水一史 (2016b)，「世界経済と ASEAN 経済共同体」，石川・清水・助川 (2016)。
清水一史 (2016c)，「ASEAN と東アジア経済統合」，石川・清水・助川 (2016)。
鈴木早苗編 (2016)，『ASEAN 共同体―政治安全保障・経済・社会文化―』アジア経済研究所。

助川成也（2016a），「物品貿易の自由化に向けた ASEAN の取り組み」，石川・清水・助川（2016）。
助川成也（2016b），「貿易円滑化に向けた ASEAN の取り組み」，石川・清水・助川（2016）。
助川成也（2016c），「サービス貿易の自由化に向けた ASEAN 取り組み」，石川・清水・助川（2016）。
高原明生・田村慶子・佐藤幸人編・アジア政経学会監修（2008），『現代アジア研究1：越境』慶応義塾大学出版会。
福永佳史（2016），「ASEAN 経済共同体2025ビジョン」，石川・清水・助川（2016）。
山影進編（2011），『新しい ASEAN ―地域共同体とアジアの中心性を目指して―』アジア経済研究所。
山澤逸平・馬田啓一・国際貿易投資研究会編（2013），『アジア太平洋の新通商秩序― TPP と東アジアの経済連携―』勁草書房。
ASEAN Secretariat, *ASEAN Documents Series, annually*, Jakarta.
ASEAN Secretariat, *ASEAN Annual Report*, annually, Jakarta.
ASEAN Secretariat (2008), *ASEAN Economic Community Blueprint*, Jakarta.
ASEAN Secretariat (2010), *Master Plan on ASEAN Connectivity*, Jakarta.
ASEAN Secretariat (2012), *ASEAN Economic Community Scorecard*, Jakarta.
ASEAN Secretariat (2015a), *ASEAN Economic Community 2015: Progress and Key Achievements*, Jakarta.
ASEAN Secretariat (2015b), *ASEAN Integration Report*, Jakarta.
ASEAN Secretariat (2015c), *ASEAN 2025: Forging Ahead Together*, Jakarta.
ASEAN Secretariat (2016), *ASEAN Economic Community 2025 Strategic Action Plans (SAP) for Financial Integration From2016-2025*, Jakarta.
Intal, P., Fukunaga, Y., Kimura, F. et. al (2014), *ASEAN Rising: ASEAN and AEC beyond 2015*, ERIA, Jakarta.
Plummer, M.G., Petri, A. P. and Fan, Zhai. (2014), "Assessing the Impact of ASEAN Economic Integration on Labor Market," ILO Asia-Pacific Working Papers Series, Regional Office for Asia and Pacific, Bangkok.
Severino, R. C. (2006), *Southeast Asia in Search of an ASEAN Community*, ISEAS, Singapore.
"Nay Pyi Taw Declaration on the ASEAN Community's Post2015 Vision."

第 13 章

RCEP の概要と課題

はじめに

　東アジア地域包括的経済連携（RCEP）は，ASEAN が提案・主導し，ASEAN＋6（日中韓印豪 NZ）の 16 カ国により交渉されているメガ FTA である。2015 年末の妥結を目標に 2013 年から交渉されているが，2015 年には妥結できず 2017 年にずれこんだ。RCEP の交渉分野は 8 分野と TPP に比べ少ないが，分類が違うためで広範な分野をカバーする包括的な FTA である。

　TPP は極めて自由化レベルの高い P4 協定をベースに交渉が行われたが，RCEP は 5 つの ASEAN＋1FTA をベースとしている。AIFTA（ASEAN インド FTA）は自由化レベルが 70％台と極めて低く，関税撤廃交渉ではインドの消極的な姿勢のため進捗が遅れている。2015 年 8 月に合意された物品貿易の自由化目標は発効時に 65％，10 年で 80％という低いものになったと報じられた。一方で投資では設立時の内国民待遇，貿易関連投資協定（TRIMs）を超えるパフォーマンス要求の禁止，ISDS などが盛り込まれるなど質の高い協定案文が交渉されていると報じられている。

　RCEP は，中国，ASEAN という世界の工場というべき地域を含み，インドを加えた世界の成長市場をカバーする重要な FTA である。TPP が発効しなかった場合，RCEP が唯一のアジア広域 FTA となるという点でも重要性が増している。本章では，RCEP について，広域 FTA として提案された背景，ASEAN 中心性など特徴，交渉分野と交渉状況，課題を検討し，FTAAP に向けての展望を論じている。

第 1 節　アジアの広域 FTA としての RCEP

1. 広域 FTA の必要性

　東アジアでは，21 世紀の最初の 10 年間で ASEAN が自由貿易地域（AFTA）を実現し，ASEAN を中心に主要国地域と 5 つの ASEAN＋1FTA が締結されるともに，二国間 FTA も数多く締結された。2016 年 2 月には TPP（環太平洋パートナーシップ協定）が締結され，交渉中を除くと東アジア主要国間で FTA がないのは日中，日韓，中印のみとなっている（第 13-1 表）。

　東アジアの経済統合の現在の課題は地域全体をカバーし（広域），多くの分野を対象とする（包括的な）FTA の締結である。広域かつ包括的 FTA が必要な理由は，① 既存の FTA は自由化品目，原産地規則などルールが異なるため FTA 利用の手続きが煩瑣となり企業のコスト負担が大きくなる，② 日本→ASEAN→インドなど 3 カ国・地域以上を経由しての貿易で FTA が利用できない可能性がある。この場合累積原産地規則を有する広域 FTA を締結すれば FTA が利用可能になる，③ 多くの国に生産拠点，販売拠点を設置し，多国間で生産・調達・販売を行い，多国間サプライ・チェーンを構築している企業のニーズに応えるには広域かつ投資，サービス貿易，規格・基準，貿易円

第 13-1 表　RCEP16 カ国が参加しているアジアの FTA

ASEAN 経済共同体	ASEAN10 カ国
TPP	ブルネイ，シンガポール，マレーシア，ベトナム，日本，豪州，NZ
ASEAN＋1FTA	AJCEP（日本），ACFTA（中国），AKFTA（韓国），AIFTA（インド），AANZFTA（豪州，NZ）
2 国間 FTA	日豪，日印，中韓，中豪，中 NZ，韓印，韓豪，韓 NZ，日本は CLM 以外の ASEAN7 カ国と二国間 FTA
FTA なし	日韓（交渉中断），日中，中印
交渉中	日中韓，豪印，印 NZ

（注）　TPP は締結済だが未発効。日 NZ は TPP により FTA を締結。中印は共同研究修了。
（出所）　執筆者が作成。

滑化など幅広い分野を含む包括的なFTAが必要である．④貿易創出効果などFTAの経済効果はFTAが広域かつ包括的であれば大きくなること，などである．

2．2つの広域FTA

東アジアの広域FTAに向けては，APECボゴール宣言を起源として紆余曲折を経てTPPとして具現化する流れとアジア通貨危機後の東アジアの地域協力から構想が生まれ日中の主導権争いを経てTPP交渉の影響を受けASEANが東アジア地域包括的経済連携（RCEP）を提案するに至る流れの2つがある[1]。

① TPP：APECに起源を持ち米国主導

APECは1994年の首脳会議で，「先進経済は2010年までに，発展途上経済は2020年までに貿易自由化を実現する」というボゴール宣言を発表し，1990年代半ばはAPECによる貿易自由化への期待が高まった．しかし，1997年に導入された早期自発的分野別自由化（EVSL）は日本が水産物と林産物の自由化に反対したことにより頓挫し，APECの協調的自発的自由化は失敗に終わった．

1998年には，自由化の意思と体制を備えた国が先行してAPECの枠内のFTAを作る動きがP5（チリ，ニュージーランド，シンガポール，米国，豪州）として始まった．しかし，P5は進展せず2国間FTA交渉が開始された．まず，シンガポールとニュージーランドが2001年にFTAを締結し，2002年にチリ，2005年ブルネイ加わりP4となり2006年に発効した．

2008年3月にはP4の投資と金融サービス交渉が開始され，米国が交渉参加を表明，9月には全分野の交渉への参加を表明，11月に豪州とペルーが参加を表明し，ベトナムは将来における参加を前提とした準メンバーとして参加を表明している．P4には8カ国が交渉参加を表明し，TPPと呼ばれるようになった．オバマ新政権は2009年12月にTPP交渉参加を表明し，第1回TPP交渉は2010年3月にメルボルンで8カ国により開始された．その後，マレーシア（2010年），カナダ，メキシコ（2012年），日本（2013年）が参加し交渉参加国は12カ国となり，2015年10月に大筋合意，2016年2月に調印に至った．

② RCEP：東アジアの地域協力に源流を持ち ASEAN 主導

　アジア通貨危機の起きた 1997 年に初めての ASEAN＋3 首脳会議が開催され，その後定例化された。ASEAN＋3 首脳会議で設置された東アジアスタディグループ（EASG：政府関係者が参加）は 2002 年に東アジア自由貿易地域の創設を提案した。2003 年には中国が EAFTA（ASEAN＋3）を提案，2006 年に日本が CEPEA（ASEAN＋6）を提案し，併行して研究が続けられたが，日中の主導権争いの中で交渉は始まらなかった。しかし，米国主導で TPP 交渉が開始され，東アジアの広域 FTA が TPP により米国主導で進むことを警戒した中国が EAFTA に固執するのを止め柔軟な姿勢に転じ，日中は 2011 年 8 月に EAFTA と CEPEA を加速させるための共同作業部会設置の共同提案を行った。日中共同提案に対し東アジアの地域統合においてイニシアチブを握りたい ASEAN は EAFTA と CEPEA を統合する構想として RCEP を 2011 年に提唱し，2012 年 RCEP 交渉立上げが宣言され，2013 年に交渉が始まった。RCEP 参加国は ASEAN＋6 の 16 カ国である。

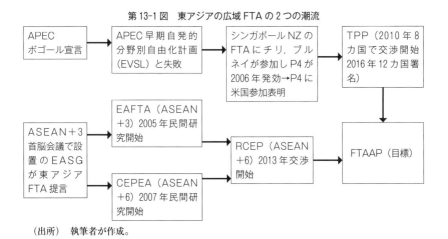

第 13-1 図　東アジアの広域 FTA の 2 つの潮流

（出所）　執筆者が作成。

第2節　RCEPの概要

1. 交渉状況と交渉分野

　RCEP 交渉は 2013 年 5 月の第 1 回会合以降, 2016 年 12 月までに 15 回開催され, 閣僚会合（中間会合を含む）は 2015 年 8 月の第 1 回以降, 2016 年 8 月までに 6 回開催された。合意目標は 2015 年末までだったが, 各国の主張の隔たりが大きいため遅れ, 物品貿易のモダリティ（交渉の枠組み）に合意したのは 2015 年 8 月の閣僚会議だった。そのため, 交渉の合意目標は同会議で 2016 年末に延期された。

　RCEP 交渉は, 2012 年 11 月に承認された「交渉の基本指針および目的」により進められている（第 13-2 表）。自由化レベルについては, 物品の貿易は GATT24 条, サービス貿易は GATS（サービス貿易協定）5 条に整合的であるとともに既存の ASEAN＋1FTA より相当改善した広く深い約束を目指すとしている。GATT24 条は「実質的にすべての貿易（substantially all the trade）について関税その他の制限的通商規則を撤廃する」ことなどを規定

第 13-2 表　RCEP 交渉の 8 つの基本指針

① GATT24 条, GATS5 条を含む WTO と整合的。
② 既存の ASEAN＋1FTA よりも相当改善した, より広く深い約束。
③ 貿易投資円滑化規定, 貿易投資関係の透明性を向上する規定, 国際的, 地域的サプライチェーンへの参加国の関与を促進する規定を含む。
④ 既存の ASEAN＋1FTA に整合的な形で, 特別のかつ異なる待遇並びに ASEAN の後発加盟国に対する追加的な柔軟性についての規定を含む適切な形の規定を含む。
⑤ ASEAN＋1FTA および参加国間の二国間・多国間 FTA は存続し, RCEP 協定のいかなる規定もこれらの FTA に影響を及ぼさない。
⑥ 当初から交渉に参加しなかった ASEAN の FTA パートナー国は他の全ての参加国が合意する条件に従い交渉への参加が認められる, FTA パートナー国と域外の経済パートナー国が交渉完了後に参加できるよう開かれた加盟条項を設ける。
⑦ 技術協力および能力開発に関する規定は, 全参加国が十分に交渉に参加し RCEP の義務を実施し RCEP から利益を享受することを可能ならしめ, 途上国および後発開発途上国に利用可能になる。
⑧ 物品貿易, サービス貿易, 投資およびその他の分野の交渉は併行して実施する。

（出所）「RCEP 交渉の基本指針および目的」外務省仮訳より作成。

し，GATS5条は「相当な範囲の分野（substantial sectoral coverage）を対象にする」ことを規定している。CLMVに対する特別な待遇を認めるとともにASEANのFTAパートナーのRCEPへの交渉中および終了後の参加が認められている。既存のFTAとの関係については，その存続とRCEPがこれらFTAに影響を及ぼさないとしている。

　RCEPの交渉分野は，「基本指針と目的」によると，物品貿易，サービス貿易，投資，経済・技術協力，知的財産，競争，紛争解決，その他の事項の8分野である。物品貿易では，包括的な関税交渉を行い，品目数および貿易額の双方で高い割合の関税撤廃を行い，非関税障壁は漸進的に撤廃するとしている。標準・強制規格・適合性評価手続き（貿易の技術的障害：TBT），衛生植物検疫（SPS），原産地規則，税関手続と貿易円滑化，貿易救済措置も対象となっている。サービス貿易では，GATSおよびASEAN＋1FTAの約束を基礎としてサービス貿易に関する制限と差別的な措置を実質的に撤廃する。投資では，促進，保護，自由化，円滑化の4つの柱を含む。経済技術協力では，開発格差の縮小を目指し，ASEANおよびFTAパートナー国との既存の取決めを基礎とする。電子商取引およびその他の分野が含まれる。知的財産では，知的財産の利用，保護，執行における協力の推進により貿易投資に対する知的財産関連の障壁を削減する。競争では，能力・制度の差異を認識しつつ競争，経済効率，消費者の福祉の促進，反競争的な慣行の抑制に関する協力を行う。紛争解決では，効率的かつ透明性ある紛争解決メカニズムを目指している。その他の事項ではRCEP参加国のFTAに包含されている事項などを検討するとしている。

　TPPが全30章の包括的協定であるのに対し，8分野となっているが，分野の分類が異なっているためでRCEPは包括的な協定である。RCEP交渉は，11の作業部会が進められている（第13-3表）。政府調達と貿易救済措置について第13回交渉会合時点で専門家による協議が続けられている[2]。中小企業は対象となっており，人の移動はサービス貿易の第4モードで取り扱われる。TPPの対象分野でRCEPに含まれないのは，国有企業，労働，環境の3分野である[3]。

　第13回の交渉会合時点ですべての国が物品貿易とサービス貿易のイニシャ

第13-3表　RCEPの作業部会と議長国

1. 物品貿易	シンガポール
2. サービス貿易	マレーシア
3. 投資	ベトナム
4. 経済技術協力	インドネシア
5. 知的財産権	シンガポール
6. 競争	シンガポール
7. 法的制度的事項（紛争解決）	ブルネイ
8. 原産地規則	タイ
9. 税関手続き・貿易円滑化（CPTF）	フィリピン
10. 標準・強制規格・適合性評価手続き（STRACAP）	タイ
11. 衛生植物検疫（SPS）	インドネシア

（注）　8～11はサブワーキンググループ。上記以外に「その他」の事項を扱う作業部会があり，全体で12作業部会となる。電子商取引と中小企業の2作業部会設置に2014年8月の第2回RCEP閣僚会議で合意している。STRACAPはStandard, Technical Regulations and Conformity Assessment Procedures

（出所）　マレーシア政府資料

ル・オファーと投資の留保リスト（ネガティブリスト）を提出しており，大半の国によりイニシャル・リクエストが物品貿易，サービス貿易と投資留保リストについて提出されている[4]。

2. RCEPの特徴
(1) 成長市場が参加するメガFTA

　RCEPは，人口では世界の48.6％（2014年），GDPでは29.2％（同）を占めるメガFTAである。RCEPは人口では世界の5割近くを占めるが，名目GDPでは他のメガFTAであるTPP（36.3％），米国とEUのFTAであるTTIP（46.5％）より小さい。RCEPの重要性は，インド，中国，ASEANという新興国地域を含んでいることである。アジア開発銀行の「アジア2050」によると，2050年にアジアのGDP（名目，市場価格）の世界シェアは51％に達すると予測している[5]。アジアの成長を牽引するのは，中国，インド，インドネシア，日本，韓国，タイ，マレーシアの7カ国であり，この7カ国で2050年のアジアのGDPの9割を占める。7カ国はすべてRCEPの参加国である。同報告書のいう「アジアの世紀」のアジアはRCEPとほぼ同じであり，

RCEPの魅力は市場の大きな成長可能性にある。

　RCEPの経済規模は今後拡大し，世界経済における重要性が増すことは確実であろう。

(2) ASEAN中心性

　RCEPはASEANが提案した構想であり，ASEAN中心性（ASEAN Centrality）を原則とし，ASEANが主導するFTAである。ASEAN主導は，具体的には次のような点に示されている。参加国はASEANおよびASEANのFTAを締結している国（FTAパートナーズ）であり，交渉のベースになるのは5つのASEAN＋1FTAおよびEAFTA（ASEAN＋3）とCEPEA（ASEAN＋6）というASEANプラス型FTAである。分野別の交渉はASEAN各国が議長となる作業部会で行われている（第13-3表）。

　一方，ASEAN中心性は形だけであり，ASEANを議長に祭り上げ中国が実態的に主導しているという見方がある。米国主導のTPPに対抗して中国がRCEPを重視し交渉のイニシアチブを握ろうとしていることは確かであろう。ただし，ASEAN外相会議などを見ると，中国の影響力が強い国はカンボジアとラオスの2カ国であり，他のASEAN各国は中国の意向に唯々諾々と従っているわけではない。RCEP交渉では低い水準での合意を狙う中国に対してASEANは主導権を発揮しているといわれており，RCEP交渉におけるASEAN中心性は形式だけでなく，実態的にも機能していると考えられる。

(3) サプライ・チェーン構築に重要

　RCEPが重要なのは，世界の製造業の生産基地であり，日本企業が多くの生産拠点を設けている中国，ASEANを含むとともに市場，生産基地として大きな可能性を持つインドを含んでいることだ。製造業および化学と機械における日系企業の海外現地法人数をみると，RCEPとほぼ重なるアジアが7割から8割を占めている（第13-4表）。

　ジェトロ調査では，アジアに進出している日系企業の部品調達先はRCEP参加国が豪州とニュージーランドを除き90％前後を占めている（第13-5表）。日本企業はすでにRCEP参加国間でサプライ・チェーンの構築を行って

第 13-4 表　製造業での日系海外現地法人数（2012 年度末）

(単位：社，%)

	全地域	アジア	中国	ASEAN10	インド
製造業	10,425 (100.0)	7,962 (76.4)	4,142 (39.7)	2,887 (27.7)	197 (1.9)
化学	1,213 (100.0)	837 (69.0)	342 (28.2)	319 (26.3)	27 (2.2)
電気機械	667 (100.0)	535 (80.2)	326 (48.9)	153 (22.9)	13 (1.9)
情報通信機械	1,095 (100.0)	905 (82.6)	469 (42.8)	332 (30.3)	5 (0.5)
輸送機械	1,950 (100.0)	1,310 (67.2)	530 (27.2)	588 (30.2)	83 (4.3)
その他機械	1,402 (100.0)	1,051 (80.0)	572 (40.8)	319 (22.7)	42 (3.0)

(注)　中国には香港を含む。その他機械は，はん用機械，生産用機械，業務用機械。
(出所)　経済産業省（2014）「第 43 回海外事業活動基本調査概要（2012 年実績 /2013 年 7 月 1 日調査）

第 13-5 表　アジアにおける日系企業の部品調達先

(単位：%)

	RCEP	現地	日本	ASEAN	中国
タイ	93.5	52.7	29.7	4.6	6.5
インドネシア	91.6	40.8	32.7	13.5	4.6
マレーシア	88.7	42.3	27.9	11.5	7.0
ベトナム	90.8	32.2	34.8	12.4	11.4
フィリピン	88.8	27.9	41.6	10.7	8.6
シンガポール	90.9	40.4	27.3	15.9	7.3
カンボジア	92.1	10.7	22.5	36.6	22.3
ラオス	94.9	11.0	18.7	42.7	22.5
中国	95.0	64.2	27.9	2.9	
韓国	94.2	47.9	38.9	2.0	5.4
インド	95.4	43.4	32.2	12.1	7.7
豪州	78.5	48.2	19.7	5.7	4.9
ニュージーランド	75.3	55.1	17.4	1.4	1.4

(注)　部品調達額に占める RCEP 地域および各国地域の比率。
(出所)　梶田朗・安田啓（2014）「FTA ガイドブック 2014」日本貿易振興機構。

おり，RCEP は日本企業のサプライ・チェーンの効率化に極めて重要である。

第 3 節　RCEP の課題

1．物品貿易での高水準の自由化

　RCEP は，「ASEAN＋1FTA を相当程度改善した，より広く深い約束」を交渉の基本方針としている。ASEAN＋1FTA は，AANZFTA（ASEAN と豪州・ニュージーランド）のように高い自由化レベルの FTA がある一方で，AIFTA（ASEAN とインド）は 70％台という低い自由化率（関税撤廃率）である（第 13-6 表）。AIFTA では，ASEAN 側ではインドネシアが 48.6％と極めて低い自由化率となっているほか，マレーシア，ミャンマー，タイが 70％台の自由化率である[6]。インドはタイとの FTA のアーリーハーベストにより，タイからの輸入が急増しタイとの貿易が黒字から赤字に転換した経験から FTA での自由化に慎重になっていることが背景にある。インド側の例外品目を増やしたことに対抗して ASEAN 側も自由化率を引き下げている。

　2015 年 8 月の第 3 回閣僚会合では，物品貿易のモダリティが合意され，自由化率を協定発効時に 65％，発効後 10 年で 80％とすることになったと報道されている。インドの報道では，インドが 2015 年 11 月の一連の首脳会議直前に提出した案では，インドは ASEAN に対して 80％（65％即時，残り 15％が 10 年間，日本と韓国には 65％，豪州，ニュージーランド，中国には 42.5％の関税撤廃率を提案している[7]。これは，3 層方式（three-tier system）と呼ばれている。なお，インドに対しては，日本と韓国は 80％，中国は 42.5％，豪州は 80％，ニュージーランドは 65％を提案している。

　TPP の関税撤廃率は，工業製品は即時撤廃率 88.4％，最終撤廃率 99.9％，農林水産品は即時撤廃率 81.7％，最終撤廃率 97.0％であり，RCEP の協定発効時に 65％，発効後 10 年で 80％という自由化率は非常に低いレベルである。また，この自由化率は AIFTA を僅かに上回るものの，ASEAN＋1FTA を相当程度改善したものとはいえない。インドの提案は，ASEAN に対しては 2015 年 8 月の合意に従っているものの，その他の国に対してはさらに低いレベルで

第13-6表　ASEAN＋1FTAの自由化率（HS6桁レベル）

(単位：%)

	ACFTA	AKFTA	AJCEP	AIFTA	AANZFTA	AFTA	
ASEAN	94.2	92.9	92.7	79.7	94.7	ASEAN6	99.2
相手国	94.7	90.4	91.9	78.8	100.0	CLM91.1%	

（出所）Kuno,A. Fukunaga.Y. and Kimura.F (2015) p.151, AFTA は助川成也（2016b）。

ある。AIFTAで行われたようにインドの低レベルのオファーに合わせる形で中国，ニュージーランドとも低いレベルの提案となっている。また，インドの提案を認めると，譲許表はインドおよびインドに対する譲許表は別となり，第1回閣僚会合で合意した共通譲許という方針に反するものになる。

2. 企業が使いやすい原産地規則

　原産地規則は，企業が使いやすい規則とするべきである。具体的には，HS4桁関税番号変更基準と40％付加価値基準の選択制，デミニマス，完全累積，第三国経由の仲介貿易への適用，自己証明制度などである[8]。ASEAN＋1FTAの原産地規則は一様ではないが，付加価値基準は40％が多く，関税番号変更基準（HS4桁）と付加価値基準の選択制がAFTAを含め4つと多い（第13-7表）。最も厳格なのはAIFTAで，付加価値基準（35％）と関税番号変更基準（HS6桁）の併用制となっている。

　TPPの原産地規則は，完全生産品と原産材料のみから生産される産品を除くと，品目別規則が適用される。品目別規則では関税番号変更基準が原則として採用されており，付加価値基準と関税番号変更基準の選択制が一部品目に採用されている。付加価値基準のみは一般機械，自動車など一部品目である。自動車は控除方式の付加価値基準または加工工程基準（特定部品7品目）の選択制，自動車部品は関税番号変更基準と付加価値基準の選択制および加工工程基準（特定部品14品目）となっている。縫製品の原産地規則として「糸の製造，生地の製造，裁断・縫製という3つの工程をTPP参加国で行わなければならない」という厳しい原産地規則（原糸規則）が採用された。

　累積についてはTPP参加国で生産された部品は付加価値基準を満たしていなくてもすべて付加価値に加算できるという完全累積を採用している。締約国

第13-7表　AFTAおよびASEAN+1FTAの原産地規則

	AFTA	AJCEP	ACFTA	AKFTA	AANZFTA	AIFTA
一般規則	RVC40％，CTHの選択型	RVC40％，CTHの選択型	RVC40％	RVC40％，CTHの選択型	RVC40％，CTHの選択型	RVC35％とCTSHの併用型
RVCの計算方式	直接法と間接法	間接法	直接法	直接法と間接法	直接法と間接法	直接法と間接法
品目別規則（PSRO）	繊維衣料品，鉄鋼，電子製品，自動車など	すべてのHS章にある	皮革，繊維衣料品	すべてのHS章にある	すべてのHSの章にある	
累積	適用，部分累積規定あり	適用	適用	適用	適用	適用
デミニマス	適用（FOBの10％）	適用（一部品目）	不適用	適用（一部品目）	不適用（一部品目）	不適用
仲介貿易	利用可能	利用可能	利用可能	利用可能	利用可能	利用可能

(注)　RVCは付加価値基準，CTHは関税番号変更基準（HS4桁），CTSHは同6桁。直接法は積上げ方式，間接法は控除方式。
(出所)　各協定およびStefano Inama and Edmund W SIm (2015), "Rules of Origin in ASEAN A Way Forward", Cambridge pp.41-43　などにより作成。

および第三国（非締約国）経由の貿易でも積送要件を満たしていることを示すことによりTPP原産品として認められる。原産地証明制度では，自己証明制度（輸出者，輸入者，生産者）が採用されている。

3. 質の高いルールの実現

　ルール面でも質の高さが求められる。交渉内容は明らかにされていないが，海外報道によると投資では質の高い協定案が出されている[9]。投資については，設立段階の内国民待遇が認められるか，パフォーマンス要求の禁止がどの程度認められるか，企業が投資先国の政策により損害を被った場合に国際仲裁機関に投資先国政府を提訴できる投資家と国家の紛争解決規定（ISDS）が含まれるかなどが焦点である。リークされた投資章のテキストによると，内国民待遇についてはTPPと同じ表現となっており，設立段階の内国民待遇が認められている[10]。ASEANと中国の投資協定など中国の締結した投資協定には

設立段階の内国民待遇の規定はなく，RCEP により中国は初めて設立段階の内国民待遇を認める可能性がある。

パフォーマンス要求の禁止については，①輸出，②現地調達，③国産品購入，④輸入を輸出あるいは外貨流入と関連させる要求，⑤国内販売制限，⑥技術移転，⑦自国からのみの供給，⑧ライセンス契約における特定使用料などの採用，⑨輸出制限，⑩拠点設置，自国民雇用，研究開発などの要求が禁止になっている。TPP とほぼ同じレベルであり，TPP の特定技術利用要求が含まれていない一方で，本部設置，自国民雇用，研究開発など TPP に入っていない要求の禁止が盛り込まれている。また，経営幹部の国籍要求の禁止が TPP と同様に別の条文として含まれている。ISDS は日本，中国，韓国がテキストを提案している。

リークされた協定文案は交渉中のものであり，最終的にどのような形になるか判らないが，ASEAN＋1FTA の水準を超え，TPP の影響が見られるのは確かであり，「TPP ルールの RCEP への移管作業」（助川：2016a）が行われているようだ[11]。

知的財産では，TRIPS プラスの内容になるかが焦点である。真偽は不明だが，リークされた日本の提案は，6 年間の医薬品のデータ保護期間，販売承認手続きによる特許期間侵食回復のための医薬品特許保護期間の延長など TRIPS プラスの内容となっている[12]。日本の提案は豪州，ニュージーランド，マレーシア，シンガポールなど TPP 交渉参加国および韓国が支持しているが，インドは TRIPS プラスに反対しているといわれる。

第 4 節　FTAAP に向けて

TPP は 2016 年 2 月に署名が行われ，TPP の発効と RCEP の合意が関係各国の課題である。RCEP は 2016 年末までの妥結が目標となっていたが，2017 年に延期された。RCEP 締結の次の目標は，アジア太平洋 FTA（FTAAP）であり，TPP と RCEP の統合がその道筋といわれてきた。

TPP が発効すると，参加意思表明をしている韓国，インドネシア，フィリ

ピン，タイなど参加国が拡大するのは確実であり，特に中国が TPP に入れば TPP が FTAAP になる可能性は大きかった。しかし，米国の TPP 脱退により，TPP が発効する見通しはなくなり，TPP は当面「漂流」あるいは「凍結」されることになる。

　TPP が発効しない場合は，RCEP が東アジアの唯一の広域 FTA となる。RCEP の日本経済および日本企業にとっての重要性は前述のように TPP に劣らない。日本は，RCEP を自由化率が高く，ルール面でもレベルの高い内容にするように交渉を主導することが求められる。一方，途上国は高いレベルの要求に直ちに対応できない可能性がある。ASEAN は時間をかけて段階的に高いレベルの自由化を実現してきた。1993 年に開始された AFTA は ASEAN6 の域内関税をまず 5% 以下に引き下げ，2010 年に関税を撤廃した。CLMV の関税スケジュールは ASEAN6 よりも緩やかであり，関税撤廃は 2018 年 1 月である。1993 年から 25 年かけて約 99% の関税撤廃率という TPP に匹敵する高い自由化を実現することになる。ASEAN 中心性を交渉の原則とする RCEP でも高いレベルを目標にしながらこうした柔軟かつ段階的な自由化方式を採用することを考えるべきであろう[13]。

　RCEP が発効し，参加国を増やしていけば，米国企業はアジア市場で貿易転換効果による不利益を被ることになり，米国の TPP 参加への国内圧力（内圧）を強めることになる。2017 年前半での妥結を目標に交渉を加速することを期待して本章のまとめにしたい。

（石川幸一）

注
1） TPP の起源については，ジェフリー・J・ショット「環太平洋パートナーシップ協定（TPP）：その起源と交渉成果」，『世界経済評論』2016 年 5 月 /6 月（通巻 684 号）7-8 ページ，が参考になる。
2） ニュージーランド政府外交通商省の発表。https://www.mfat.govt.nz/en/trade/free-trade-agreements/agreements-under-negotiation/rcep/ （2016 年 8 月アクセス）
3） 労働についても議論は行われているといわれる。
4） 同上。
5） 中所得の罠に陥る悲観的シナリオでは GDP の世界シェア 32% にとどまる。ADB（2012）
6） Kuno,A. Fukunaga.Y. and Kimura.F（2015）p.151
7） Business Standard June 24,2016, 'China backed Asean oppose India's stand on RCEP'

8) 紙幅の都合で原産地規則そのものについての説明は割愛している。原産地規則と企業の利用については，助川成也・高橋俊樹編（2016）『日本企業のアジア FTA 活用戦略』文眞堂，の第2章，第5章，第6章を参照。
9) Deccan Herald. August 3,2016 'RCEP meet: focus on investor-state dispute' (http://www.deccanherald.com/content/561863/rcep-meet-focus-investor-state.html　2016 年 8 月アクセス)
10) http://keionline.org/node/2474　（2016 年 8 月アクセス）
11) 助川（2016a）40-42 ページ。
12) Intellectual Property Provisions in the Leaked Japanese RCEP Proposal that Threaten the Availability Of Generic Medicines (http://infojustice.org/archives/33910) および http://www.ip-watch.org/2015/06/24/secret-regional-comprehensive-economic-partnership-rcep-takes-centre-stage-in-asia/（2016 年 8 月アクセス）
13) たとえば，助川成也は，「ASEAN-X 方式」の採用を提言している。助川（2016c）83 ページ。

参考文献

石川幸一（2015），「RCEP の新たな課題」，朽木昭文・馬田啓一・石川幸一『アジアの開発と地域統合―新しい国際協力を求めて』日本評論社。
馬田啓一（2015），「FTAAP への道」，朽木昭文・馬田啓一・石川幸一『アジアの開発と地域統合―新しい国際協力を求めて』日本評論社。
梶田朗・安田啓（2014），『FTA ガイドブック 2014』日本貿易振興機構。
木村福成（2014），「経済連携の潮流と日本の通商戦略」，馬田啓一・木村福成編著『通商戦略の論点―世界貿易の潮流を読む―』文眞堂。
ジェフリー・J・ショット（2016），「環太平洋パートナーシップ協定（TPP）：その起源と交渉成果」，『世界経済評論』2016 年 5 月 /6 月（通巻 684 号）。
清水一史（2014），「RCEP と東アジア経済統合」，『国際問題』No.632,2014 年 6 月 日本国際問題研究所。
助川成也（2013），「RCEP と ASEAN の課題」，山澤逸平・馬田啓一・国際貿易投資研究会編『アジア太平洋の新通商秩序』勁草書房。
助川成也（2016a），「ASEAN の FTA 構築作業と変わる生産ネットワーク」『世界経済評論』2016 年 1 月 /2 月（通巻 682 号）。
助川成也（2016b），「物品貿易の自由化に向けた ASEAN の取組み」，石川幸一・清水一史・助川成也『ASEAN 経済共同体の実現と日本』文眞堂。
助川成也（2016c），「RCEP の意義と課題」石川幸一・馬田啓一・渡邊頼純編著『メガ FTA と世界経済秩序』勁草書房。
助川成也・高橋俊樹編（2016），『日本企業のアジア FTA 活用戦略』文眞堂。
菅原淳一（2015），「越年は確定した RCEP 交渉」『みずほ』インサイト 2015 年 8 月 27 日。
深沢淳一・助川成也（2014），『ASEAN 大市場統合と日本』文眞堂。
ASEAN Secretariat (2012), "Guideline Principles and Objectives for Negotiating the regional Comprehensive Economic Partnership".
Asian Development Bank (2012), "Asia2050: Realizing the Asian Century", Manila, Asian Development Bank.
Kuno, A., Fukunaga, Y. and Kimura, F. (2015), "Pursuing a consolidated tariff structure in the RCEP", in Findlay, C. (eds) ASEAN and Regional Free Agreements, Oxford: Routledge.
Stefano Inama and Edmund W. Sim (2015), "Rules of Origin in ASEAN A Way Forward", Cambridge: Cambridge University Press.

Bas Das, Sanchita (2016), "The ASEAN Community and Beyond", Singapore: ISEAS.
Urata, Shujiro (2015), 'Constructing and multilateralizing the Regional Comprehenssive Economic Comprehensive Partnership: an Asian Perspective', in Findlay, C. (eds.) ASEAN and Regional Free Agreements, Oxford: Routledge.

第14章

日中韓の貿易構造とFTA

はじめに

　近年，多くの二国間レベルの自由貿易協定や地域レベルの自由貿易協定が締結され，さらにはTPP, RCEP, TTIPといったメガFTAの構築に世界経済は舵を取りつつある[1]。アジア地域についてはASEANが経済統合であるAEC（ASEAN経済共同体）を2015年に発足し，一定の域内ルールを設定することからこれまで以上のビジネス環境や社会インフラの整備・改善を試みている。このAECはアジア地域で初となる地域経済統合である。1990年代以降，北東アジアと東南アジアから成る東アジア地域は市場メカニズムをベースに急激な経済成長を遂げ，世界経済を牽引する役割を担ってきた。しかし，地域経済統合は東アジア地域には存在していなかったのが現状であり，世界経済の中でも経済的プレゼンスの高い日本・中国・韓国に至っては地理的に隣接していながら2015年の中国と韓国の自由貿易協定締結までFTAすら締結してこなかった。

　日本・中国・韓国（以下，日中韓）のFTAの締結状況をそれぞれ見てみると，中国は2000年半ば以降ASEAN諸国を中心に近隣諸国とFTAの締結を進めており，日本も2002年におけるシンガポールとのFTA締結から，近年では2015年のオーストラリアや2016年のモンゴルとそれぞれFTAを締結させている。韓国もまたEUやアメリカといった巨大経済圏や経済大国とのFTAの締結を促進させている。しかしながら，2015年までにこれら三カ国の貿易自由化への道はそれほど進展がみられない。2014年時点で，世界のGDPに占める日中韓のGDP比率は20％を越えており，同様に，輸出額と輸入額についてもそれぞれ約17％を占めており，1990年と比較するとGDPは2倍以

上,輸出入でも2倍近い数値である[2]。この数値からみても日中韓の経済は世界経済において強い影響力を持っているといえ,東アジア・東南アジア地域においても同様である。東アジア地域での貿易の拡大を牽引してきた要因の1つとして機械関連産業で顕著に観察できる生産ネットワークが構築されたことがある。財貿易に関しては市場メカニズムのもと国際貿易が活発に行われている。しかし,貿易をさらに活発化させ,円滑な国際取引環境を構築するためには非関税障壁に関する制度面を国際的に調和していく必要がある。東アジア経済および世界経済を牽引する日本・中国・韓国が関税障壁や非関税障壁の削減・撤廃などを含む包括的な自由貿易圏の形成に進むことができれば,広域にわたる経済成長へ寄与することにつながるであろう。本章では,これら日本・中国・韓国の貿易構造を確認することから,現状の貿易構造の把握および国際分業におけるこれら三カ国の経済的立ち位置を分析し,日中韓FTAの必要性について考察する。

第1節　東アジアの貿易拡大と日中韓の国際分業の位置づけ

　90年代以降の世界的な貿易の拡大を牽引してきた要因として,東アジア地域における経済成長および貿易拡大があげられる。その背景には,企業の海外直接投資による生産拠点の国際的分散,類似した生産要素を求めることによる生産拠点の地域的な産業集積,そして,各生産拠点で生産された中間財の双方向貿易といった諸要因が効率的・機能的にかみ合い,生産・流通ネットワークが東アジアにおいて広域的に構築されたことがあげられる。そこでは最終財の生産・貿易を試みるまでに越境した様々な生産活動が行われてきている。最終財の構成要素である部品やコンポーネントといった中間財は各生産拠点で段階的に付加価値を加えられ,複数回国境をまたぎ最終生産拠点で最終財として組み立てられ,最終的に消費地に輸出される。各国のもつ比較優位に沿って行われるこのような工程間分業の促進が北東アジアと東南アジアから成る東アジア地域の貿易構造を頑健なものとした。

　本節では,東アジア地域の経済成長を牽引してきた日本,中国,韓国の三カ

国が 2000 年を基準にしたときに，アジア地域，北米地域，欧州地域に対する貿易がどの程度変化してきているのかを輸出入データから確認する。第 14-1 表は日中韓の貿易構造を地域別にまとめたものであり，2000 年の輸入額および輸出額を 1 とした時に，2005 年，2010 年，2014 年それぞれの輸出入額を指数化したものと，各地域別輸出入額の対世界シェアを表したものである。

　日本は中国との貿易において輸出入ともに増加させており，2000 年と 2014 年を比べると，輸入額で約 3 倍，輸出額で約 4 倍に拡大している。韓国や ASEAN10 といった他のアジア諸国との貿易も，国により増減は見られるものの，全体的には増加傾向であることが分かる。さらに日本の世界全体への輸出入に占めるアジア地域の比率をみると，輸入で約 40％を占め，輸出で約 45％を占めている。この高いアジア比率と比べ，北米地域や欧州地域に対する輸出入シェアは減少傾向であることが分かる。つまり，2000 年以降の日本の貿易は，それ以前の主要な貿易相手国であった北米地域や欧州地域からアジア地域志向に変化してきたということである。韓国の地域別貿易構造からも日本と同様の傾向をうかがうことができ，輸出入ともにアジア地域が最大の貿易相手国である。対世界比率でみても，アジア地域への輸出比率は 50％をこえており，輸入比率も約 40％という高い数値を示している。韓国は 2011 年と 2012 年に EU と米国といった経済大国とそれぞれ FTA を締結しており，2000 年と比べると貿易額は増加している。しかし，対世界比率では中国や ASEAN10 よりも依然として低いシェアであることから，FTA 締結の顕著な効果はまだ表れていない。

　中国は 2000 年と比較すると全地域において輸出入ともに大きく増加している。中国は WTO に加盟した 2001 年以降，対外直接投資の受け入れとそれに伴う貿易の拡大を達成してきたことからも分かるように，貿易の成長が非常に顕著であることが観察できる。特徴的な点として，輸入では日本，韓国，ASEAN10 からの輸入が大きく増加しており，2000 年と比べると約 4 倍から約 10 倍にも増加している。これらアジア地域からの輸入は輸入全体の約 40％をも占めている。対照的に，日本，韓国，ASEAN10 それぞれの輸出シェアは 10％以下である。輸出額自体は日本，韓国，ASEAN10 に対してそれぞれ約 3 倍，約 7 倍，約 11 倍と拡大させているものの，総輸出に占めるこれらアジア

第 14 章　日中韓の貿易構造と FTA

第 14-1 表　日中韓の地域別貿易構造

日　本	輸　入 (2000 年 = 1)			比率 (対世界 = 100%)			輸　出 (2000 年 = 1)			比率 (対世界 = 100%)		
	2005 年	2010 年	2014 年	2005 年	2010 年	2014 年	2005 年	2010 年	2014 年	2005 年	2010 年	2014 年
中　国	1.97	2.78	3.29	22%	23%	23%	2.42	4.26	3.92	16%	23%	23%
韓　国	1.19	1.40	1.63	5%	4%	4%	1.52	2.02	1.69	8%	8%	8%
ASEAN10	1.22	1.70	1.94	15%	15%	15%	1.16	1.66	1.54	13%	15%	15%
ASEAN5	1.19	1.60	1.72	13%	13%	12%	1.14	1.58	1.40	13%	14%	13%
インドネシア	1.27	1.73	1.57	4%	4%	3%	1.28	3.14	3.15	1%	2%	2%
マレーシア	1.01	1.57	2.01	3%	3%	4%	0.96	1.20	0.97	3%	3%	2%
フィリピン	1.07	1.10	1.41	2%	1%	1%	1.22	1.05	0.80	1%	1%	1%
シンガポール	1.04	1.27	1.23	1%	1%	1%	0.83	1.05	0.87	3%	3%	3%
タイ	1.47	1.98	2.05	3%	3%	3%	1.70	2.48	2.34	4%	5%	5%
NAFTA	0.92	1.00	1.06	15%	12%	11%	0.99	0.88	0.97	27%	20%	23%
カナダ	1.03	1.26	1.29	2%	2%	2%	1.09	1.17	1.08	2%	2%	2%
メキシコ	1.06	1.46	1.79	1%	1%	1%	2.02	2.32	2.71	2%	2%	2%
アメリカ	0.91	0.96	1.01	13%	10%	9%	0.94	0.80	0.89	23%	16%	19%
EU28	1.23	1.39	1.62	12%	10%	10%	1.18	1.13	0.94	18%	14%	13%
世　界	1.38	1.85	2.18	100%	100%	100%	1.30	1.61	1.50	100%	100%	100%

中　国	輸　入 (2000 年 = 1)			比率 (対世界 = 100%)			輸　出 (2000 年 = 1)			比率 (対世界 = 100%)		
	2005 年	2010 年	2014 年	2005 年	2010 年	2014 年	2005 年	2010 年	2014 年	2005 年	2010 年	2014 年
日　本	2.42	4.26	3.92	17%	14%	9%	1.97	2.78	3.29	11%	8%	8%
韓　国	3.31	5.96	8.19	13%	11%	11%	3.02	5.59	7.04	4%	4%	4%
ASEAN10	3.38	6.97	9.39	13%	12%	12%	3.32	6.97	11.20	6%	7%	9%
ASEAN5	3.42	6.92	8.11	12%	11%	9%	3.24	6.25	9.57	5%	6%	7%
インドネシア	1.92	4.72	5.56	1%	2%	1%	2.89	10.10	15.15	1%	1%	1%
マレーシア	3.67	9.20	10.16	3%	4%	3%	4.06	6.38	10.89	1%	1%	1%
フィリピン	7.67	9.67	12.51	2%	1%	1%	3.58	5.66	11.75	0%	0%	0%
シンガポール	3.26	4.89	6.09	3%	2%	2%	2.88	4.73	6.24	2%	2%	2%
タイ	3.19	7.58	8.75	2%	3%	2%	3.31	7.19	11.43	1%	1%	2%
NAFTA	2.20	4.68	7.37	10%	10%	11%	2.56	3.84	4.96	29%	24%	25%
カナダ	2.00	3.98	6.72	1%	1%	1%	3.21	5.69	6.99	2%	2%	2%
メキシコ	4.56	14.08	22.90	0%	1%	1%	6.15	15.85	23.02	2%	2%	3%
アメリカ	2.18	4.59	7.14	8%	8%	9%	2.41	3.39	4.34	25%	20%	20%
EU28	2.36	5.38	7.77	13%	13%	13%	3.00	5.73	6.21	21%	22%	19%
世　界	2.93	6.41	9.04	100%	100%	100%	2.57	4.65	5.90	100%	100%	100%

韓　国	輸　入 (2000 年 = 1)			比率 (対世界 = 100%)			輸　出 (2000 年 = 1)			比率 (対世界 = 100%)		
	2005 年	2010 年	2014 年	2005 年	2010 年	2014 年	2005 年	2010 年	2014 年	2005 年	2010 年	2014 年
中　国	3.02	5.59	7.04	15%	17%	18%	3.31	5.96	8.19	27%	31%	34%
日　本	1.52	2.02	1.69	19%	16%	11%	1.19	1.40	1.63	9%	6%	6%
ASEAN10	1.43	2.43	2.94	10%	11%	10%	1.56	3.26	4.52	9%	13%	14%
ASEAN5	1.41	2.25	2.50	10%	9%	9%	1.50	2.99	3.64	8%	10%	10%
インドネシア	1.55	2.65	2.32	3%	3%	2%	1.38	3.70	5.69	1%	2%	2%
マレーシア	1.23	1.95	2.28	2%	2%	2%	1.55	2.43	2.64	2%	2%	2%
フィリピン	1.28	1.92	1.84	1%	1%	1%	0.83	1.40	1.81	1%	1%	1%
シンガポール	1.43	2.11	3.04	2%	2%	2%	1.79	3.74	4.49	3%	4%	4%
タイ	1.65	2.56	3.28	1%	1%	1%	1.79	3.72	3.95	1%	2%	2%
NAFTA	1.07	1.46	1.71	13%	11%	11%	1.15	1.38	1.84	20%	15%	16%
カナダ	1.24	2.06	2.58	1%	1%	1%	1.28	1.72	1.89	2%	1%	1%
メキシコ	1.22	4.02	8.65	0%	0%	1%	1.76	3.45	3.73	2%	3%	2%
アメリカ	1.05	1.39	1.55	12%	10%	9%	1.12	1.17	1.67	16%	11%	13%
EU28	1.69	2.39	3.85	11%	9%	12%	1.78	2.11	2.13	17%	13%	10%
世　界	1.63	2.64	3.27	100%	100%	100%	1.75	2.73	3.40	100%	100%	100%

（出所）　UN COMTRADE をもとに著者により作成。

地域への輸出シェアは合計しても約20％程度と輸入シェアよりも低い。しかし，北米地域や欧州地域に対する輸出シェアは北米地域で約25％，欧州地域で約20％と相対的に高い数値を示している。

多くの研究で既に明らかにされているように，東アジア地域では部品やコンポーネントといった中間財の生産と双方向貿易，そして，最終財の最終需要地への輸出といった生産ネットワークから国際分業が繰り広げられている。それは第14-2表の日中韓の中間財と最終財の地域別貿易構造からもみてとれ，東アジア域内での中間財貿易シェアの拡大と中国からNFTAおよびEU28への最終財貿易シェアの拡大が確認できる。以上の日中韓の貿易構造は東アジア地域の国際分業の特徴をある程度映し出している。

第2節　日中韓の貿易構造と貿易構造の類似性

本節では日中韓の貿易構造を確認する。はじめに日中韓の貿易のうち，貿易額ベースで上位40％の貿易データから貿易構造を概観する。そして，日中韓の貿易パートナー市場においてどの程度競合的な関係であるかについても貿易データを用いて考察する。

第14-3表は日中韓各国の総輸出額（総輸入額）の中で，HS6桁レベルにおける貿易額の高い順の上位40％のデータを抽出し，その中からどのような産業が貿易額の上位に来ているのか，あるいは，どのような貿易品目がより多く取引されているのかをまとめたものである[3]。具体的には，2000年と2014年における三カ国の貿易パートナーとHS分類の貿易品目データからペアをつくり，そして，そのデータとBEC分類をコンバートさせ，最終的に産業レベルおよび財用途レベルにまで総括し，上位5産業および5品目をまとめたものがこの表である。例えば，ここで使用しているデータでは，2014年の輸入データのうち，日本は208の貿易パートナーから輸入しており，総輸入品目は4568品目，総輸入額は約7880億ドル，そして，そのデータからは6万8550ペアが観察されている。同様に，日本の2014年における輸出データでは，145の貿易パートナーへ輸出しており，総輸出品目は4697品目，総輸出額は約

第 14 章　日中韓の貿易構造と FTA

第 14-2 表　中間財および最終財の地域別貿易シェア

中間財		日本			中国			韓国		
年代＼国名		EAST ASIA	NAFTA	EU28	EAST ASIA	NAFTA	EU28	EAST ASIA	NAFTA	EU28
輸入	1990 年	28.7%	27.0%	17.8%	62.4%	12.3%	16.1%	46.9%	22.9%	12.8%
	2000 年	44.6%	24.5%	12.3%	62.2%	11.2%	14.5%	51.4%	20.6%	10.7%
	2014 年	49.4%	11.0%	9.1%	56.5%	9.7%	13.7%	52.2%	9.6%	11.0%
輸出	1990 年	44.4%	29.3%	17.6%	68.7%	10.4%	14.2%	53.0%	25.3%	11.3%
	2000 年	52.4%	26.4%	14.8%	52.1%	22.6%	15.2%	58.2%	21.5%	10.7%
	2014 年	63.1%	17.7%	10.0%	42.9%	19.9%	15.3%	67.2%	12.0%	7.8%

最終財		日本			中国			韓国		
年代＼国名		EAST ASIA	NAFTA	EU28	EAST ASIA	NAFTA	EU28	EAST ASIA	NAFTA	EU28
輸入	1990 年	32.6%	29.0%	28.2%	44.3%	19.4%	31.4%	41.0%	28.1%	22.6%
	2000 年	49.7%	23.0%	18.3%	46.2%	21.0%	26.6%	49.9%	28.6%	17.3%
	2014 年	59.6%	13.4%	17.9%	40.1%	17.3%	34.2%	49.5%	15.8%	25.9%
輸出	1990 年	22.1%	38.9%	27.2%	51.5%	25.9%	17.6%	27.2%	45.8%	20.4%
	2000 年	27.6%	39.6%	21.5%	42.5%	33.5%	17.1%	28.4%	37.2%	21.1%
	2014 年	39.1%	28.0%	13.9%	27.2%	30.5%	22.8%	37.7%	25.4%	16.4%

（出所）RIETI-TID より著者作成。

第14-3表 日中韓各国の貿易上位産業と品目

		産業	輸入額	財用途	輸入額	産業	輸出額	財用途	輸出額
日本	2000年 輸入	鉱物生産品	72.68 (32)	燃料・調滑剤原料	46.91 (14)				
		電気機器	17.96 (15)	資本財部品	19.10 (14)				
		一般機械	16.44 (20)	家庭用食料・飲料	13.47 (19)				
		農産用・食品	11.33 (12)	産業用加工品	7.44 (10)				
		繊維製品	5.11 (7)	半耐久消費財	6.65 (10)				
	2000年 輸出					輸送機器	63.30 (50)	資本財部品	58.86 (80)
						電気機器	57.24 (86)	乗用車	47.16 (26)
						一般機械	44.65 (53)	家庭用食料・飲料	35.67 (56)
						精密機器	6.99 (17)	輸送機器部品	20.00 (27)
						化学工業品	3.86 (9)	耐久消費財	6.89 (8)
	2014年 輸入	鉱物生産品	247.57 (33)	燃料・調滑剤原料	137.72 (11)				
		電気機器	31.37 (7)	資本財部品	93.19 (19)				
		一般機械	17.05 (5)	家庭用食料・飲料	31.39 (5)				
		輸送機器	5.84 (2)	産業用原料	19.91 (4)				
		化学工業品	4.42 (2)	資本財部品	15.22 (6)				
	2014年 輸出					輸送機器	90.64 (51)	資本財部品	73.44 (59)
						電気機器	67.76 (58)	乗用車	65.27 (29)
						一般機械	45.64 (52)	家庭用食料・飲料	44.18 (51)
						精密機器	22.14 (22)	家庭用加工品	36.29 (46)
						化学工業品	14.43 (16)	産業用機器部品	33.24 (32)
中国	2000年 輸入	電気機器	21.81 (65)	資本財部品	24.72 (73)				
		鉱物生産品	19.30 (29)	産業用加工品	14.92 (54)				
		一般機械	10.24 (31)	燃料・調滑剤原料	14.03 (18)				
		化学工業品・食品	4.39 (11)	家庭用食料・飲料	8.02 (27)				
		化学工業品	4.31 (18)	産業用原料	5.05 (18)				
	2000年 輸出					電気機器	35.72 (77)	半耐久消費財	64.15 (113)
						一般機械	28.06 (35)	家庭用食料・飲料	33.07 (58)
						雑品	28.07 (47)	耐久消費財	21.84 (32)
						繊維製品	20.95 (48)	耐久消費財	12.50 (25)
						植物製品	16.01 (12)	産業用機器部品	9.81 (27)
	2014年 輸入	鉱物生産品	312.02 (20)	資本財部品	217.25 (14)				
		電気機器	166.48 (10)	燃料・調滑剤原料	174.33 (11)				
		農産用・食品	65.09 (7)	家庭用食料・飲料	81.95 (4)				
		精密機器	35.05 (2)	産業用原料	36.15 (4)				
		輸送機器	30.26 (3)	乗用車	38.88 (4)				
	2014年 輸出					電気機器	479.31 (162)	家庭用食料・飲料	423.78 (139)
						一般機械	248.63 (88)	資本財部品	279.91 (90)
						繊維製品	58.40 (32)	半耐久消費財	100.22 (61)
						雑品	28.17 (24)	産業用加工品	46.41 (31)
						植物製品	20.02 (10)	耐久消費財	43.76 (26)
韓国	2000年 輸入	鉱物生産品	33.06 (29)	資本財部品	25.17 (17)				
		電気機器	16.03 (29)	燃料・調滑剤原料	17.16 (19)				
		一般機械	6.22 (10)	産業用加工品	7.57 (11)				
		卑金属製品	1.86 (5)	家庭用食料・飲料	5.27 (8)				
		化学工業品	1.53 (2)	産業用加工品	3.99 (9)				
	2000年 輸出					電気機器	28.76 (41)	資本財部品	26.84 (33)
						一般機械	13.86 (18)	家庭用食料・飲料	15.07 (24)
						輸送機器	8.70 (15)	燃料・調滑剤原料	7.19 (6)
						プラスチック・ゴム製品	7.19 (6)	乗用車	6.92 (9)
						鉱物生産品	1.59 (5)	産業用加工品	4.18 (13)
	2014年 輸入	鉱物生産品	158.03 (33)	燃料・調滑剤原料	97.90 (13)				
		電気機器	27.18 (9)	資本財部品	51.58 (7)				
		精密機器	6.82 (4)	産業用加工品	23.96 (7)				
		輸送機器	4.09 (3)	産業用原料	11.31 (5)				
		鉱金属製品	3.81 (2)	家庭用食料・飲料	10.72 (6)				
	2014年 輸出					鉱物生産品	110.04 (19)	資本財部品	105.05 (18)
						電気機器	40.49 (11)	家庭用食料・飲料	38.89 (10)
						精密機器	18.36 (2)	燃料・調滑剤原料	27.32 (4)
						輸送機器	21.94 (5)	家庭用加工品	24.54 (8)
						貴金属等製品	10.37 (1)	乗用車	17.72 (5)

(出所) UN COMTRADE をもとに著者により作成。
(注) 貿易額の単位は10億ドル。
括弧内は貿易品目 – 仕向け地のペアの数を表している。

7100億ドル，そして，そのデータからは16万9531ペアが観察することができる。この日本の貿易データのうち，上位40％を見てみると，輸入（輸出）では20（32）の貿易パートナー，該当する輸入品目数は25（123）であり，53（248）のペアから構成されており，この53ペアで約3150億ドルの輸入（2800億ドルの輸出）を占めている[4]。

　第14-3表から日中韓の貿易構造の特徴を以下のようにまとめられる。産業別にみると，日本と韓国の輸出では一般機械，電気機器，輸送機器，精密機器などといった機械関連産業が上位を占めており，輸入においても一連の機械関連産業が輸入額の上位にいるのがわかる。財用途では資本財部品，産業用加工品，燃料・潤滑剤原料，輸送機器部品といった中間財の輸出入が上位に来ている。日本の輸出においては，資本財部品や乗用車の輸出が貿易額と貿易品目・貿易パートナーのペアの数が相対的に突出している。さらに中国においても機械関連産業の輸出入額が上位に来ており，その規模も電気機器と一般機械の輸出でそれぞれ約4800億ドルと約2500億ドルと非常に大きいものであり，輸入では電気機器で1500億ドルを超える規模であることがわかる。同様に中国の貿易品目をみると，産業用加工品や資本財部品といった中間財だけではなく，耐久・半耐久消費財といった最終財の輸出が輸出上位に位置している。ここでは機械関連産業における貿易の拡大や中間財の双方向貿易の拡大，そして，中国からの最終財の貿易の拡大を観察することができる。ここから機械関連産業における中国の経済的な役割の大きさが見て取れる。それは電気機器や一般機械などにおける輸出の規模の大きさだけではなく，貿易品目と貿易パートナーのペアの数も非常に大きいことから，中国は以前から言われてきた，最終財の組み立て地としての役割に加え，中間財の加工や生産拠点としての役割をも担っていると考えられる。これは中国が直接投資を受け入れたことにより，段階的であろうが，産業の高度化を達成してきているということであり，東アジア地域の生産ネットワークにおいて，生産拠点や輸出基地としての重要な地位を確立してきているといえる。

　続いて日中韓の貿易構造を第三国市場においてどの程度競合的であるのかについてみていく。一般的に，一国の貿易構造を分析するにあたり，多くの先行研究では二国間の輸出額や輸入額といった貿易額や，それと国内生産額との関

係などから貿易構造がどのように変化してきたかを観察する。しかしながら，二国間の貿易データを用いるだけでは近年のグローバル化が経済に与える影響を分析するには比較的不十分であり，複雑化する国際分業の決定要因を探るには第三国市場をも考慮に入れた方がより適切な分析ができると考えられる。

貿易から一国の競争力を示してくれる貿易特化係数や，差別化された財の貿易の度合いを示してくれる産業内貿易指数などは，二国間の貿易構造を分析する際には比較的優れた指標であろう。しかしながら，それらの指標は二国間での貿易構造の一部の説明を可能とするだけで，そこから第三国の経済的要因を分析に取り入れるのは困難である。本節では，貿易を行う特定の二国が，第三国の市場においてどの程度競合的かどうかを観察し，これまでの二国間の貿易構造からの貿易構造分析とは違う側面から貿易構造の考察を試みる。

第三国への輸出の類似性から輸出産業の競争力を示す代替的指標として，ここでは輸出類似指数 (export similarity index) を分析に用いる。この指数を用いて貿易構造の分析を試みた代表的研究としては，Finger & Kreinin (1979) や Lee (1997) があげられる。Finger & Kreinin (1979) はこの指標を用いて，先進国間の貿易構造がどれぐらい類似しているかを指摘し，Lee (1997) は北米市場における外国同士の競争の度合いを分析している。これらの研究は第三国市場での競争の度合いと輸出国の産業構造を考察したものであるが，輸出を行っている二国の貿易構造の特徴を強調しており，分析の中に輸出先の市場要因を詳細には取り入れていない。本節では市場別産業別用途別の貿易データから日中韓の輸出類似指数を用いて，これら三国が世界の特定市場においてどの程度競争的に貿易を行っているのかを確認する。

輸出類似指数は，ある特定市場において財別輸出構造の相違の度合いを表し，以下のような式から導入できる。

$$ESI = \sum_i \left| EX_{ac}^i - \frac{EX_{ac}^i + EX_{bc}^i}{2} \right|$$

EX_{ac}^i は a 国から c 国への総輸出に占める i 財の輸出シェアであり，EX_{bc}^i は b 国から c 国への総輸出に占める i 財の輸出シェアである。つまり，これは，a 国と b 国にとっての輸出市場である c 国への輸出構造が，a 国と b 国の間で

どれぐらい相違しているか，または類似しているかを表す指標である。この値は0から1の間で求められる。この数値が大きければ大きいほど，その特定市場において二国間の輸出構造は相違していることであり，反対に小さければ小さいほど，それは類似していることを意味する。輸出構造が類似していればいるほど，その輸出先の市場において，二国間は競合関係が強いことを意味する。換言すれば，この指数はある市場において一国の輸出の構成が他の国と相対的にどの程度類似しているかを示してくれる。これはたとえある輸出産業や輸出品目の貿易額が増加していたとしても，必ずしもその産業や貿易品目がその市場において競争力を持っていることを説明しているものではなく，比較する国との間における輸出市場での競合関係を説明するものである。

　第14-4表は2000年と2014年における日中韓の輸出類似指数を産業別に表したものである。この指数はHS96の6桁の貿易データをBEC分類にコンバートしたものと，HS96の貿易データを産業別に整理したものを用い，産業レベルで計測したものである。表からも分かるように，ここでは日本と中国，中国と韓国，韓国と日本の3つのカントリー・ペアから，世界，ASEAN5, ASEAN10, NAFTA, EU28, 日中韓の中の第三国となる国，の6つの国・地域の市場における輸出の類似性を産業別に示している。

　ここでは機械関連産業を中心にみていく。第14-4表から日中韓の第三国市場への貿易構造において1つの特徴がみてとれる。それは機械関連の4つの産業において，ASEAN5, ASEAN10, および日本，中国，韓国といったアジア市場での貿易構造の類似性が確認できる。対照的に，NAFTAやEU28に対する輸出構造の類似性は減少傾向にある。具体的には，一般機械における日本と中国のペアのASEAN10市場での輸出類似指数は2000年では0.23であったが，2014年では0.16にまで下がっており，同様に，中国と韓国のペアでは0.27から0.03へとその度合いが変化している。日本と韓国のペアにおいては，2000年と2014年にこの数値の変化はほぼ観察できない。精密機器においても類似した傾向がみてとれ，3つのペアすべてにおいてASEAN市場で競合関係を深めていることがわかる。日本と韓国はこれら機械関連産業において2000年時点ですでに低い数値を示しており，その時点から輸出構造の類似性の度合いが高いことが確認できる。この輸出類似指数は輸出構造の類似性から

第 14-4 表　日中韓の輸出類似指数

産業	年代＼市場	日本－中国						中国－韓国						韓国－日本					
		世界	ASEAN5	ASEAN10	NAFTA	EU28	韓国	世界	ASEAN5	ASEAN10	NAFTA	EU28	日本	世界	ASEAN5	ASEAN10	NAFTA	EU28	中国
農産物・食品	2000年	0.15	0.44	0.43	0.28	0.22	0.42	0.15	0.52	0.50	0.27	0.38	0.07	0.14	0.26	0.25	0.12	0.38	0.16
	2014年	0.10	0.37	0.40	0.15	0.18	0.25	0.21	0.36	0.34	0.15	0.35	0.14	0.14	0.29	0.32	0.18	0.24	0.27
鉱物生産品	2000年	0.43	0.36	0.32	0.54	0.45	0.63	0.57	0.40	0.36	0.62	0.50	0.79	0.31	0.43	0.40	0.09	0.31	0.42
	2014年	0.18	0.03	0.04	0.46	0.56	0.51	0.23	0.09	0.08	0.61	0.94	0.51	0.13	0.09	0.10	0.15	0.40	0.11
化学工業品	2000年	0.01	0.08	0.07	0.04	0.01	0.05	0.08	0.10	0.08	0.06	0.06	0.05	0.08	0.04	0.02	0.10	0.06	0.04
	2014年	0.02	0.02	0.02	0.01	0.06	0.05	0.05	0.02	0.00	0.01	0.07	0.08	0.05	0.03	0.03	0.01	0.13	0.08
プラスチック・ゴム製品	2000年	0.46	0.27	0.26	0.58	0.54	0.25	0.49	0.37	0.37	0.58	0.57	0.33	0.09	0.10	0.11	0.02	0.09	0.07
	2014年	0.24	0.09	0.08	0.30	0.33	0.17	0.34	0.19	0.17	0.33	0.35	0.31	0.13	0.12	0.11	0.06	0.09	0.11
皮革製品	2000年	0.61	0.25	0.25	0.15	0.19	0.38	0.64	0.76	0.73	0.06	0.05	0.05	0.12	0.68	0.61	0.09	0.14	0.16
	2014年	0.53	0.63	0.54	0.08	0.03	0.61	0.67	0.79	0.62	0.08	0.15	0.36	0.41	0.76	0.66	0.01	0.12	0.09
木材とその製品	2000年	0.40	0.02	0.03	0.45	0.41	0.37	0.51	0.06	0.09	0.20	0.59	0.39	0.12	0.05	0.06	0.24	0.44	0.12
	2014年	0.39	0.06	0.10	0.12	0.09	0.55	0.19	0.04	0.03	0.10	0.28	0.14	0.40	0.09	0.11	0.05	0.35	0.57
木材・パルプ製品	2000年	0.28	0.05	0.01	0.27	0.19	0.05	0.30	0.04	0.06	0.27	0.22	0.23	0.07	0.04	0.04	0.00	0.03	0.04
	2014年	0.16	0.12	0.16	0.34	0.31	0.18	0.23	0.13	0.10	0.35	0.32	0.06	0.26	0.21	0.24	0.01	0.01	0.19
繊維製品	2000年	0.69	0.29	0.22	0.79	0.78	0.36	0.47	0.29	0.19	0.27	0.42	0.27	0.22	0.06	0.07	0.52	0.36	0.07
	2014年	0.66	0.23	0.12	0.80	0.76	0.47	0.66	0.29	0.17	0.68	0.74	0.60	0.14	0.13	0.10	0.14	0.06	0.04
陶製品	2000年	0.05	0.02	0.01	0.05	0.10	0.05	0.05	0.05	0.05	0.05	0.11	0.03	0.10	0.07	0.07	0.01	0.00	0.50
	2014年	0.13	0.08	0.08	0.02	0.03	0.01	0.08	0.05	0.19	0.02	0.01	0.01	0.05	0.04	0.04	0.00	0.01	0.42
窯・陶器製品	2000年	0.38	0.22	0.20	0.42	0.58	0.02	0.38	0.21	0.19	0.47	0.53	0.04	0.01	0.02	0.02	0.05	0.05	0.00
	2014年	0.17	0.07	0.06	0.24	0.28	0.04	0.16	0.04	0.05	0.19	0.27	0.10	0.01	0.02	0.02	0.04	0.02	0.01
貴金属等製品	2000年	0.61	0.45	0.45	0.76	0.50	0.51	0.34	0.34	0.34	0.11	0.60	0.07	0.27	0.18	0.18	0.84	0.62	0.29
	2014年	0.32	0.26	0.24	0.79	0.69	0.66	0.41	0.30	0.27	0.77	0.64	0.38	0.21	0.19	0.18	0.22	0.49	0.12
卑金属製品	2000年	0.28	0.06	0.06	0.36	0.35	0.05	0.23	0.06	0.05	0.26	0.27	0.05	0.08	0.05	0.05	0.18	0.13	0.07
	2014年	0.13	0.04	0.05	0.24	0.24	0.17	0.13	0.02	0.02	0.25	0.22	0.08	0.07	0.04	0.04	0.07	0.14	0.12
一般機械	2000年	0.16	0.25	0.23	0.14	0.08	0.23	0.12	0.28	0.27	0.07	0.04	0.29	0.09	0.12	0.12	0.18	0.09	0.07
	2014年	0.19	0.18	0.16	0.25	0.28	0.12	0.11	0.04	0.03	0.22	0.19	0.24	0.08	0.15	0.13	0.13	0.12	0.02
電気機器	2000年	0.34	0.31	0.31	0.34	0.28	0.27	0.36	0.32	0.32	0.41	0.32	0.42	0.08	0.04	0.03	0.15	0.11	0.11
	2014年	0.27	0.23	0.20	0.37	0.30	0.19	0.36	0.36	0.34	0.27	0.25	0.19	0.13	0.18	0.17	0.16	0.18	0.17
輸送機器	2000年	0.62	0.36	0.74	0.72	0.68	0.21	0.70	0.68	0.76	0.89	0.65	0.46	0.17	0.40	0.42	0.17	0.23	0.33
	2014年	0.56	0.32	0.35	0.64	0.57	0.49	0.51	0.38	0.28	0.72	0.51	0.26	0.07	0.33	0.31	0.08	0.31	0.22
精密機器	2000年	0.38	0.36	0.35	0.38	0.42	0.17	0.31	0.27	0.26	0.24	0.35	0.36	0.17	0.12	0.09	0.21	0.17	0.21
	2014年	0.15	0.12	0.13	0.12	0.28	0.10	0.29	0.20	0.11	0.27	0.37	0.17	0.17	0.09	0.04	0.18	0.11	0.15
雑品	2000年	0.19	0.38	0.38	0.14	0.17	0.38	0.17	0.33	0.33	0.13	0.20	0.17	0.15	0.09	0.08	0.12	0.21	0.04
	2014年	0.35	0.27	0.28	0.42	0.40	0.33	0.46	0.33	0.41	0.45	0.54	0.34	0.28	0.16	0.22	0.24	0.30	0.29

(出所) UN COMTRADE をもとに著者により作成。
(注) 産業分類で武器とその他に属する貿易財は除外している。

第三国市場での産業レベルでの競合の度合いがどの程度なのかを示してくれる。産業というセミマクロレベルの分析は，マクロレベルの分析では分析対象が広すぎてしまう点や，企業・貿易品目レベルでは分析対象が細かすぎてしまう点を補ってくれる。しかし，近年の国際分業は生産工程やタスク単位の分業であることから，セミマクロレベルの分析では現代の国際分業の特徴を完全にとらえきれない点も考慮する必要がある。

東アジアで見られる生産ネットワークは企業による海外直接投資により生産拠点を分散立地，親会社と子会社間あるいは子会社間での企業内取引が行われることが多い[5]。この現代の国際分業の特徴を加味すると，中国や韓国へ進出した日本企業が，現地で調達・生産活動を行い，そこから第三国へ輸出を行うとすれば，第三国に対する輸出構造は類似してくる。第14-4表で示されたような機械関連産業の輸出構造の類似性は，現代の企業の国際的な経済活動の蓄積から解釈することができる。

第3節　日中韓FTAへの課題とむすび

前節までに日中韓の貿易データをもとに各国の貿易構造を概観し，日中韓ともに東アジア市場での機械関連産業の貿易の拡大，特に東アジア域内での中間財貿易の拡大と中国から北米や欧州への最終財貿易の拡大を経済成長の梃としてきたことを確認した。日中韓の貿易拡大を後押ししてきた背景には，輸送技術や情報通信技術の飛躍的な進歩や改善，港湾設備の整備や国境での手続きの簡素化といったハードインフラとソフトインフラの向上などからもたらされた貿易コストの低下という経済現象がある[6]。そして，貿易コストの低下と同様に，多国籍企業が海外直接投資やオフショア・アウトソーシングを活発に行うことにより，効率的な生産・流通ネットワークが広域にわたり構築されたことも日中韓の貿易拡大に大きく寄与してきたといえる[7]。つまり，いわゆる市場メカニズムをベースとした市場誘導型の経済統合が構築されてきたのである[8]。この市場誘導型の経済統合の形は主に製造業の財貿易に限ったものであり，農産品などのセンシティブ品目に関しては双方が恩恵を受けるようなさら

なる貿易促進への政策転換が必要となってくる。

既述したが,財貿易の拡大をもたらした背景には貿易コストが低下したことが主な要因であるが,日中韓の自由貿易協定では貿易財の関税削減だけではなく,様々な分野での包括的な経済連携協定が考えられている[9]。段階的であれ,関税削減・撤廃を行い貿易の自由度を高め,質の高い自由貿易協定を締結することは経済的恩恵をもたらすことは言うまでもない。関税障壁に加え,非関税障壁の分野でも国際的に調和の取れた政策設計が必要となる。非関税障壁の1つに投資障壁があるが,投資障壁を低下させることはこれまでに構築されてきた生産ネットワークをより頑強なものとするといえる。現状の投資障壁の度合いを表しているものとして,OECDが投資障壁指数を公開しており,58カ国22部門ごとの投資障壁について数値化を行っている。第14-5表は投資障壁指数を第一次産業から第三次産業にまとめたものである。OECD平均を1つの基準と考えると,いずれの産業においても日本の投資障壁が低いが,中国

第14-5表　投資障壁指数

国名	全体		第一次産業		第二次産業		第三次産業	
	2010年	2015年	2010年	2015年	2010年	2015年	2010年	2015年
ドイツ	0.023	0.023	0.069	0.069	0	0	0.022	0.022
フランス	0.045	0.045	0.155	0.155	0	0	0.033	0.033
日本	0.052	0.052	0.069	0.069	0.005	0.005	0.077	0.077
イタリア	0.052	0.052	0.13	0.13	0	0	0.057	0.057
UK	0.061	0.061	0.16	0.16	0.023	0.023	0.05	0.05
USA	0.089	0.089	0.181	0.181	0.028	0.028	0.094	0.094
韓国	0.143	0.135	0.25	0.25	0.06	0.06	0.156	0.141
カナダ	0.175	0.166	0.198	0.193	0.11	0.1	0.208	0.197
メキシコ	0.211	0.193	0.319	0.319	0.102	0.102	0.242	0.206
マレーシア	0.243	0.211	0.245	0.245	0.107	0.107	0.329	0.265
インド	0.287	0.237	0.338	0.321	0.063	0.049	0.411	0.325
インドネシア	0.311	0.34	0.286	0.426	0.096	0.092	0.456	0.466
中国	0.42	0.386	0.465	0.438	0.291	0.263	0.486	0.445
フィリピン	0.43	0.41	0.659	0.659	0.191	0.191	0.5	0.459
ミャンマー	..	0.369	..	0.399	..	0.289	..	0.408
OECD-平均	0.07	0.068	0.099	0.1	0.034	0.034	0.089	0.085

(出所)　OECD FDI Regulatory Restrictiveness Indexを参照。

と韓国は OECD 平均よりも高い投資障壁であることがわかる。投資障壁の低い国は主に EU 加盟国であり，アジア諸国の投資障壁は 2015 年においても依然として高いままである。

　中国や ASEAN 諸国は海外からの投資を受け入れ，生産拠点を地域的に集積させ，貿易を活発に行う環境整備を積極的に行ってきた。その結果，東アジア地域では市場誘導型の経済統合が進展してきた。つまり，投資を受け入れることが貿易の拡大を誘発し，経済成長につながるというメカニズムが東アジア地域において観察できるのである。しかし，第 14-5 表でも確認できるように投資の障壁は世界の他地域と比べると十分に低いとは言えず，障壁撤廃の余地が残ったままである。自国の産業を保護し，相手国の関税を撤廃することを通じた相手国市場への参入を主な目的としてきた 20 世紀型の通商交渉ではなく，自国の産業を保護することではなく生産ネットワークの一角を担うことを可能とするような通商交渉が必要である。この 21 世紀型の通商交渉を日中韓で進めることは，複数国間にまたがる生産ネットワークが展開されている現在の国際分業の効率性を向上させ，これまで以上に貿易の利益を得るための手段となると考えられる。

（前野高章）

注
1) 世界的に自由貿易協定に対しては FTA という表現が使われるが，日本は経済連携協定を意味する EPA という表現を用いている。FTA は伝統的に関税撤廃を目的とするものであるが，EPA は FTA の要素に加え様々な対象分野での経済連携を含む包括的な協定である。本章では FTA という表現に統一する。
2) 世界銀行の World Development Indicators をもとに計測。
3) UN COMTRADE から HS96 の 6 桁を用い，輸入データをもとに貿易データをまとめたものを使用している。
4) 2014 年の中国の輸入（輸出）では 209（146）の貿易パートナーと 4559（4916）の輸入（輸出）品目で 1 万 8346（37 万 2104）のペアから約 1 兆 8000 億ドル（2 兆 3700 億ドル）の輸入（輸出）が観察できる。この時の上位 40％の輸入（輸出）は 29（36）の貿易パートナーと 20（147）の輸入（輸出）品目で 51（385）のペアから約 7230 億ドル（9470 億ドル）の輸入（輸出）である。同様に韓国については，輸入（輸出）では 223（143）の貿易パートナーと 4630（4604）の輸入（輸出）品目で 9 万 2110（14 万 6401）のペアから約 5100 億ドル（5500 億ドル）の輸入（輸出）が観察でき，26（17）の貿易パートナーと 23（26）の輸入（輸出）品目で 51（51）のペアから約 2000 億ドル（2200 億ドル）の輸入（輸出）が上位 40％に該当する。
5) 企業内取引は取引コストを内部化するためであるが，この取引コストが十分に低い場合は他社

ヘアウトソーシングを行う企業間取引が行われる。
6) 貿易コストの低下により貿易が拡大したことを実証した研究としては Persson (2008)、Hummels (2009)、Pomfret and Sourdin (2010)、前野 (2014) などを参照。
7) 生産ネットワークに関する研究は既に多く存在しており、代表的なものとして Yi (2003)、Kimura and Ando (2005)、Wakasugi (2007)、Ando and Kimura (2012)、などがある。
8) 石川・馬田・高橋 (2015) を参照。
9) 日中韓の自由貿易協定への取り組みは 1999 年から開始されており、民間レベルの共同研究や事務レベルの会合が行われている（外務省 HP での公開資料を参照）。また、FTA の経済効果に関する研究として阿部・浦田・NIRA (2008)、Ando (2009)、Takahashi and Urata (2008) などを参照。

参考文献

阿部一知・浦田秀次郎・NIRA (2008)、『日中韓 FTA』日本経済評論社。
石川幸一・馬田啓一・高橋俊樹 (2015)、『メガ FTA 時代の新通商戦略』文眞堂。
馬田啓一・木村福成 (2014)、『通商戦略の論点―世界貿易の潮流を読む』
木村福成・椋寛 (2016)、『国際経済学のフロンティア―グローバリゼーションの拡大と対外経済政策』東京大学出版会。
経済産業省 (2012)、『通商白書 2012』。
前野高章 (2014)、「貿易円滑化の進展と貿易コストの変化」『JAFTAB Journal』第 51 号、pp.26-39、日本貿易学会。
Ando, M. (2009), "Impacts of FTAs in East Asia: CGE Simulation Analysis", *RIETI Discussion Paper Series* 09-E-037.
Ando, M. and Kimura, F. (2012), "How Did the Japanese Exports Respond? The Global Financial Crisis and the Great East Japan Earthquake," *The Asian Economic Journal*, Vol. 26(3), pp. 261-287.
Baldwin, R. (2011), "21st Century Regionalism: Filling the Gap between 21st Century Trade and 20th Century Trade Rules," *Center for Economic Policy Research Polcy Insight* No.56 (May).
Baldwin, R., Kawai M., and Wignaraja, G. (2013), *The Future of the World Trading System: Asian Perspectives*, 11 June 2013.
(http://www.voxeu.org/sites/default/files/Future_World_Trading_System.pdf)
Finger, J. M. and Kreinin, M. E. (1979), "A measure of 'export similarity' and its possible use," *The Economic Journal*, Vol. 89, pp. 905-912.
Hummels, D. (2009), "Trends in Asian trade: implications for transport infrastructure and trade costs," in D. H. Brooks and D. Hummels (eds.), *Infrastructure's Role in Lowering Asia's Trade Costs*, ADB Institute and Edward Elgar Publishing.
Kimura, F. and Ando, M. (2005), "Two dimensional fragmentation in East Asia: Conceptual framework and empirics," *International Review of Economics and Finance*, Vol. 14(3), pp. 317-348.
Lee, H. (1997), "A Perspective on the Effects of NAFTA on Korea", in *Regionalism versus Multilateral Trade Arrangements*, eds. Takatoshi Ito and Anne O. Krueger, the University of Chicago Press, Chicago and London.
Persson, M. (2008), "Trade Facilitation and the Extensive and Intensive Margins of Trade," *Working Paper 2008*:13, Lund University, Department of Economics.
Pomfret, R. and Sourdin, P. (2010), "Why do trade costs vary?," *Review of World Economics*, Vol.

146(4), pp. 709-730.
Takahashi, K. and S. Urata (2008), "On the Use of FTAs by Japanese Firms," *RIETI Discussion Paper Series* No. 08-E-002.
Wakasugi, R. (2007), "Vertical Intra-Industry Trade and Economic Integration in East Asia," *Asian Economic Paper*, Vol. 6(1), pp. 26-39.
Yi, K. M. (2003), "Can Vertical Specialization Explain the Growth of World Trade?," *Journal of Political Economy*, Vol. 111(1), pp. 52-102.

第15章

先行き不透明となったTPPとFTAAP：
アジア太平洋の新通商秩序に暗雲

はじめに

　2016年2月，環太平洋パートナーシップ（TPP）協定の調印が参加12カ国の間で行われた。これによって，アジア太平洋の新たな通商秩序の構築は，今後，TPPを軸に進展するかと思われた。ところが，まさかの事態が起こった。米大統領選でTPP離脱を明言していたトランプが次期大統領に就任することになり，TPPの発効が全く見通せなくなってしまった。米国のこれまでの通商戦略のシナリオもまさに崩壊寸前といえる。米国はTPP離脱で「墓穴を掘る」のか。

　一方，TPPの頓挫は，米主導のTPPに警戒を強めていた中国にとっては，喜ばしいことに違いない。TPPに代わって，中国が肩入れする東アジア地域包括的経済連携（RCEP）がアジア太平洋の新たな通商秩序の基盤となるかもしれないからだ。

　トランプ・ショック後のアジア太平洋におけるメガFTAの行方をどう読み解くか。米中の角逐が強まる中，TPPは果たして生き残れるのか。TPPが将来，より広範なアジア太平洋自由貿易圏（FTAAP）に収斂する可能性はあるのだろうか。

　本章では，先行き不透明となったTPPの行方を睨み，FTAAPの実現に向けた新たな動きと日本の役割について鳥瞰したい。

第 15 章　先行き不透明となった TPP と FTAAP：アジア太平洋の新通商秩序に暗雲　245

第 1 節　FTAAP 構想と TPP の役割

　FTAAP 構想は，アジア太平洋地域に APEC 加盟国をメンバーとする広域の FTA を構築し，貿易・投資の自由化と幅広い分野の経済連携を目指すものである。2004 年に APEC ビジネス諮問委員会（ABAC）がサンチャゴでの首脳会議に，この構想を提案した。
　当初，実現可能性の点から冷遇されていたが，2006 年にベトナムのハノイで行われた APEC 首脳会議で米国が FTAAP 構想を打ち出すと，一気に関心が高まった。FTAAP は長期的な目標として位置づけられ，これを促進する方法と手段について作業部会で検討することになった。
　米国が FTAAP を提案した背景には，東アジア地域主義の台頭がある。東アジア経済共同体を視野に入れた広域 FTA（ASEAN＋3 や ASEAN＋6）の構想はいずれも米国を排除したもので，そうした動きを牽制する狙いがあった。
　しかし，FTAAP 実現に向けて APEC 内の合意を形成することは容易な話でなかった。東アジアには中国や ASEAN の一部に，米国主導を嫌い，FTAAP よりも東アジア経済共同体の実現を優先したいという考えが根強くあった。FTAAP の推進によって ASEAN と日中韓を軸とする東アジア経済統合の枠組みが崩壊しかねないとの懸念も少なくなかった。
　さらに，APEC はこれまで FTA を結ばず，「緩やかな協議体」として非拘束の原則を貫いてきた。APEC から FTAAP への移行は拘束ベースの導入を意味する。中国など拘束を嫌って FTAAP の実現に慎重な国も東アジアには多く，全会一致を原則とする APEC での協議は，下手をすると FTAAP を骨抜きにする恐れがあった。
　このため，米国は APEC を FTAAP 交渉の場にすることを諦め，TPP の拡大を通じて FTAAP の実現を図るという戦略に軌道修正し，2008 年 9 月，TPP 交渉へ参加する方針を議会に表明した。APEC では，2001 年に「パスファインダー（pathfinder）・アプローチ」が採択され，加盟国の全部が参加

第15-1図　アジア太平洋地域における経済連携の重層関係

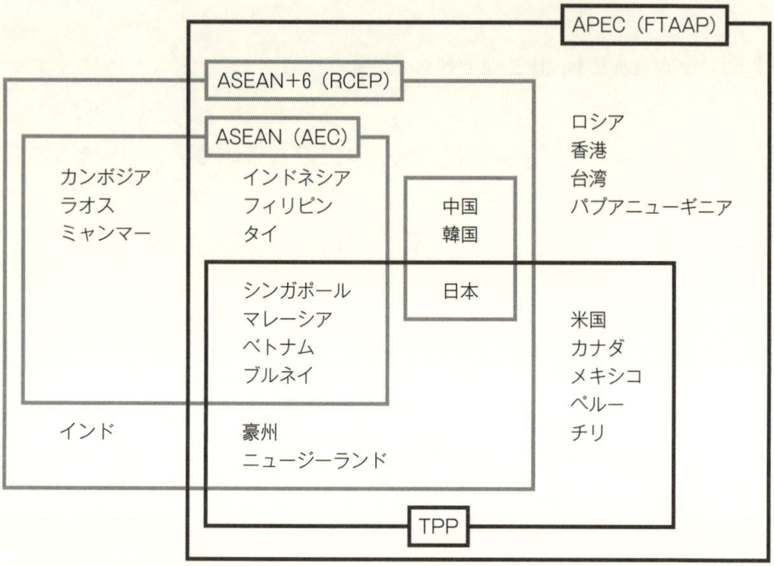

```
┌─────────────────────────────────────────── APEC (FTAAP) ──┐
│   ┌────────────────── ASEAN+6 (RCEP) ──────────────┐      │
│   │   ┌─── ASEAN (AEC) ───┐                        │      │
│   │   │                   │           ロシア        │      │
│   │   │  インドネシア      │           香港          │      │
│   │   │  フィリピン        │           台湾          │      │
│   │   │  タイ             │  ┌──────┐ パプアニューギニア│   │
│   │   │                   │  │ 中国 │                │      │
│   │   │                   │  │ 韓国 │                │      │
│   カンボジア                 │  │      │                │      │
│   ラオス                     │  │      │                │      │
│   ミャンマー                 │  │ 日本 │                │      │
│   │   │  ┌──────────────┐ │  └──────┘                │      │
│   │   │  │シンガポール    │ │           ┌──────────┐ │      │
│   │   │  │マレーシア      │ │           │ 米国      │ │      │
│   │   │  │ベトナム        │ │           │ カナダ    │ │      │
│   │   │  │ブルネイ        │ │           │ メキシコ  │ │      │
│   │   │  └──────────────┘ │           │ ペルー    │ │      │
│   │   │                   │           │ チリ      │ │      │
│   │   │  豪州              │           └──────────┘ │      │
│   インド  ニュージーランド    │                        │      │
│   └───────────────────────┴── TPP ─────────────────┘      │
└────────────────────────────────────────────────────────────┘
```

（資料）　筆者作成

しなくても一部だけでプロジェクトを先行実施し，他国は後から参加するという方式を認めている。米国はTPPにこの先遣隊のような役割を期待した。

　TPPは，2006年5月にAPECに加盟するニュージーランド（以下，NZ），シンガポール，チリ，ブルネイの4カ国の間で発効されたP4（Pacific 4）と呼ばれるFTAを母体とする。米国がTPP交渉参加を表明すると，オーストラリア（以下，豪州），ペルー，ベトナムも追随した。2010年3月に8カ国により交渉が始まり，10月にマレーシアが参加した。その後，2011年12月からカナダ，メキシコ，2013年7月からは日本も交渉に参加，現在，TPP参加国は12カ国に拡大している。

　なお，日本が議長国となった2010年のAPEC首脳会議では，「横浜ビジョン」が採択され，FTAAPへの道筋としてTPP，ASEAN+3，ASEAN+6の3つを発展させることで合意した[1]。その後，ASEAN+3とASEAN+6はRCEPに収斂したため，現在は，TPPとRCEPの2つのルートによるFTAAPの実現可能性に注目が集まっている。

第2節　21世紀型の貿易ルールとTPP

　世界貿易機関（WTO）のドーハ・ラウンドが停滞する中で，主要国の通商政策の軸足は広域で多国間のメガFTAに加速的にシフトしている。WTO離れは止まりそうもない。メガFTA締結が世界の潮流となった。

　TPPをはじめとするメガFTA締結に向けた動きの背景には，加速するサプライ・チェーン（供給網）のグローバル化がある。企業による生産拠点の海外移転が進むなか，今や原材料の調達から生産と販売まで，グローバル・サプライ・チェーンの効率化が企業の競争力を左右する。これが21世紀型貿易の特徴である[2]。企業の国際生産ネットワークの結びつきを妨げる政策や制度は，すべて貿易障壁となった。ルールの重点は，関税のような国境措置（on the border）から国内措置（behind the border）へシフトしている。

　他方，サプライ・チェーンのグローバル化に伴い，二国間FTAの限界も明らかとなった。二国間FTAでは，サプライ・チェーンが展開される国の一部しかカバーされない。サプライ・チェーンをカバーするために複数の二国間FTAを締結しても，FTAごとにルール（例えば，原産地規則）が異なれば，企業にとっては煩雑で使い勝手が悪いものとなる。

　サプライ・チェーン全体をカバーするには，メガFTAが必要だ。域内産と認定し関税をゼロにする条件を定めた「原産地規則」が，メガFTAによって統一され，かつ，現地調達比率において域内での「累積方式」が認められれば，原産地証明がかなり容易となる。グローバルなサプライ・チェーンの効率化という点からみると，メガFTAによって「地域主義のマルチ化」が進み，ルールが収斂・統一されていくことのメリットは大きい。

　このように，企業による国際生産ネットワークの拡大とそのサプライ・チェーンのグローバル化に伴い，これまでの枠を超えた21世紀型の貿易ルールが求められている。そのルールづくりの主役はWTOでなく，メガFTAである。新通商秩序の力学は，TPP，RCEP，日中韓FTA，日欧FTA，さらに米欧間のTTIP（環大西洋貿易投資パートナーシップ）などのメガFTAを中

第 15-1 表　TPP 協定の対象分野

第 1 章　冒頭規定・一般定義	第 16 章　競争政策
第 2 章　内国民待遇・物品の市場アクセス	第 17 章　国有企業・指定独占企業
第 3 章　原産地規則・原産地手続き	第 18 章　知的財産
第 4 章　繊維・繊維製品	第 19 章　労働
第 5 章　税関当局・貿易円滑化	第 20 章　環境
第 6 章　貿易上の救済	第 21 章　協力・能力開発
第 7 章　衛生植物検疫（SPS）措置	第 22 章　競争力・ビジネスの円滑化
第 8 章　貿易の技術的障害（TBT）	第 23 章　開発
第 9 章　投資	第 24 章　中小企業
第 10 章　国境を越えるサービスの貿易	第 25 章　規制の整合性
第 11 章　金融サービス	第 26 章　透明性・腐敗行為の防止
第 12 章　ビジネス関係者の一時的入国	第 27 章　運用・制度に関する規定
第 13 章　電気通信	第 28 章　紛争解決
第 14 章　電子商取引	第 29 章　例外
第 15 章　政府調達	第 30 章　最終規定

（資料）　内閣官房 TPP 政府対策本部

心に動き始めている。

　そうした中，メガ FTA 交渉のうち最も先行しているのが TPP である。交渉を主導した米国は，TPP を「21 世紀型の FTA」と位置付けて，高いレベルの包括的な FTA を目指した。TPP 交渉は，関税撤廃よりも，非関税障壁の撤廃につながる「WTO プラス」のルールづくりに大きな意義を見出すことができる。

　TPP 交渉の対象 21 分野（条文は全 30 章から成る）には，第 15-1 表が示すように，米国が特に重視した投資，知的財産権，国有企業，政府調達，環境，労働などのほか，従来の FTA にはない分野横断的事項（中小企業，規制の整合性など）も盛り込まれた。

第 3 節　土壇場で決着した TPP，トランプ・ショックで風前の灯

　妥結か漂流か，その行方が注目された TPP 交渉が，2015 年 10 月初，米アトランタでの閣僚会合で大筋合意に達した。5 年半ぶりの決着である。最後まで難航した分野は，物品市場アクセス（関税撤廃），知的財産権，国有企業，

第 15 章　先行き不透明となった TPP と FTAAP：アジア太平洋の新通商秩序に暗雲　249

投資など，各国の国内事情で譲歩が難しいセンシティブなものばかりであった。

　TPP 交渉の潮目が変わったのは，2014 年 11 月の米議会中間選挙後である。上下両院とも自由貿易に前向きな野党の共和党が勝利したことで，レームダック（死に体）に陥りそうなオバマ政権であったが，皮肉にも，TPP に後ろ向きな与党民主党に代わって共和党の協力を取り付けた。

　TPP 交渉に不可欠とされた通商交渉の権限を大統領に委ねる TPA（貿易促進権限）法案を 2015 年 6 月下旬に，上下両院とも薄氷の採決であったが可決，成立させた。これにより TPP 交渉の合意内容が米議会によって修正される恐れがなくなり，交渉参加国は最後のカードを切ることができるようになった。

　TPA 法案の成立を追い風に，農産物 5 項目（コメ，麦，砂糖，牛・豚肉，乳製品）と自動車で難航した日米関税協議も決着の見通しがつき，TPP 交渉妥結への機運が高まるなか，2015 年 9 月下旬，参加 12 カ国は米アトランタで閣僚会合を開き，大筋合意を目指した[3]。米国の政治日程を考えれば，2016 年の米大統領選の予備選が本格化する前に，TPP 交渉を決着させる必要があった。レガシー（政治的業績）が欲しいオバマ大統領にとっては，アトランタ閣僚会合が最後のチャンスであった。

　漂流の懸念も高まるなか，TPP 交渉は，医薬品データの保護と乳製品の関税に加え，自動車・部品の原産地規則をめぐって縺れに縺れたが，度重なる日程延長の末，土壇場で大筋合意にこぎつけた。TPP 交渉が漂流すれば，中国が一帯一路構想とアジアインフラ投資銀行（AIIB）をテコにアジア太平洋地域の覇権争いで勢い付いてしまうとの警戒心が，米国を大筋合意へと突き動かした。

　参加国は大筋合意を受けて，TPP 協定の発効に向けた国内手続きに入ったが[4]，米議会の対応に焦点が集まった。米国ではポピュリズム（大衆迎合主義）が台頭し，トランプ旋風が吹き荒れた大統領選の影響で，民主，共和両党の候補がそろって TPP 反対を表明するなか，オバマ大統領は TPP 法案を早期に議会に提出したい考えだった。しかし，民主党だけでなく，共和党の一部からも米政府が譲歩し過ぎたとの不満が噴出，協定の見直しを求める声も上が

るなど，TPP法案成立のメドは立たなくなった。このため，法案の審議入りを選挙後に先延ばしする案が浮上するなど，TPP法案の議会審議の行方は予断を許さない状況となった。

そうした中で，米大統領選は大方の予想に反して，TPP離脱を明言していた共和党候補のトランプが勝利した。これにより，オバマが「レームダック会期」[5]に議会からTPP法案の承認を得る可能性は消え，米新政権の下で，TPPが批准される見通しも立っていない。米国が批准しなければTPPは発効できない。トランプ・ショックによってTPPは今や風前の灯となった。

第4節　日本の成長戦略とTPPの意義

ところで，TPP交渉の合意は，アベノミクスの成長戦略にとって喫緊の課題であった。TPPはアジア太平洋の活力を取り込み，日本経済を持続的な成長軌道に乗せる重要な手段とされているからだ。成長戦略の重要な柱とされたTPPが躓けば，アベノミクスにとって大きな痛手だ。ここで，日本の成長戦略から見たTPPの意義について，改めて確認しておこう。

TPP合意にもとづき，日本は95％の関税を撤廃するが，第15-2表が示すように，参加国の中で最低である。その理由は，工業品の関税撤廃率は100％でも，農産品が81％にとどまったからだ。非撤廃の割合を19％にした日本の交渉力を褒めるべきか，それとも頑張りすぎて，アジア太平洋における自由貿易のリーダーを目指す国としては恥ずかしい数字だと見るべきか，評価は分かれる[6]。

いずれにせよ，聖域とされた農産物5項目は，586品目のうち3割が撤廃される。聖域が完全に守れなかったと責め立てる野党の批判は論外だが，たとえ「無傷」で済んでも，もはや日本農業はジリ貧である。TPP参加を好機と捉え，これまで先送りしてきた農業の構造改革を断行すべきだ。

ポストTPPの重要な視点は，「守り」ではなく「攻め」の姿勢である。関税撤廃のマイナス面ばかりを問題にすべきでない。TPPによって参加11カ国に輸出する工業品のほぼ100％，農産品についても大半の関税が撤廃され，市

第15-2表　TPP12カ国の経済規模と関税撤廃率（品目数ベース）

	GDP（10億ドル）	関税撤廃率（％）		
		全体	農産品	工業品
米国	16,663	100	98.8　(55.5)	100　(90.9)
日本	4,920	95	81.0　(51.3)	100　(95.3)
カナダ	1,839	99	94.1　(86.2)	100　(96.9)
豪州	1,497	100	100　(99.5)	99.8　(91.8)
メキシコ	1,262	99	96.4　(74.1)	99.6　(77.0)
マレーシア	323	100	99.6　(96.7)	100　(78.8)
シンガポール	302	100	100　(100)	100　(100)
チリ	277	100	99.5　(96.3)	100　(94.7)
ペルー	202	99	96.0　(82.1)	100　(80.2)
ニュージーランド	185	100	100　(97.7)	100　(93.9)
ベトナム	171	100	99.4　(42.6)	100　(70.2)
ブルネイ	18	100	100　(98.6)	100　(90.6)

（注）　カッコ内の数字は，即時撤廃率。
（資料）　内閣官房TPP政府対策本部資料より作成。

場拡大につながることが期待される。

　ただし，米国向け自動車のように関税の完全撤廃までの猶予期間が長い品目が多いとか，日本企業の多くがすでに海外へ生産拠点を移しているため，関税撤廃の恩恵はさほど大きくないといった冷めた見方もある。

　しかし，21世紀型FTAであるTPPの本当の意義は，関税撤廃だけでなく，知的財産権の保護，国有企業に対する優遇撤廃，電子商取引やサービスの規制緩和，投資をめぐる紛争処理など，既存のFTAにない新たなルールが盛り込まれた点にある。これによって，日本企業が海外に進出したときのリスクも大幅に減る。

　中長期的には人口減少により国内市場が縮小傾向にあるなかで，日本企業は海外市場の獲得に活路を見出すしかない。TPPによってアジア太平洋に新たな貿易ルールが確立すれば，日本を拠点とした国際生産ネットワークの拡大とサプライ・チェーンの効率化が一段と進むだろう。TPPは，グローバル化する日本企業にとって大きなビジネス・チャンスである[7]。

第5節　TPPと中国の国家資本主義

　2015年10月にTPP交渉が妥結した直後，台湾，韓国，タイ，フィリピン，インドネシアなどがTPP参加の意向を表明した。中国が焦らない筈はない。米国はポストTPPを睨み，将来的には中国も含めてTPP参加国をAPEC全体に広げ，FTAAPを実現しようとしていたからだ。投資や競争政策，知的財産権，政府調達などで問題の多い中国に対して，TPPへの参加条件として，政府が国有企業を通じて市場に介入する「国家資本主義」[8]からの転換とルール遵守を迫るというのが，米国の描くシナリオであった。
　TPPによる中国包囲網の形成に警戒を強める中国は，対抗策としてRCEPの実現に動いている。RCEPはTPPに比べると自由化のレベルは低いが，中国やインドを含むルールづくりの枠組みとして大きな意義を持つ。ASEAN経済共同体（AEC）や日中韓FTAの交渉とも連動しながら，RCEPの交渉が行われている。
　2011年11月のASEAN首脳会議でASEANが打ち出したのが，RCEP構想である。ASEANは，同年8月の日中共同提案を受けて，膠着状態にあったASEAN＋3とASEAN＋6の2構想をRCEPに収斂させ，ASEAN主導で東アジア広域FTAの交渉を進めようとしている。
　中国は，そうしたASEANの野心（ASEAN Centralityと呼ぶ）を承知の上で，ASEANをRCEPの「運転席」に座らせ，ASEAN＋6の枠組みにも柔軟な姿勢をみせた。米国が「アジア回帰」を打ち出し，安全保障と経済の両面でアジア太平洋地域への関与を強めるなかで，米国に対抗するにはASEANを自陣営につなぎ留めておくことが欠かせないと考えたからだ。ただし，中国の本音は，黒子としてRCEPの操縦桿を握るつもりかもしれない。
　2012年11月の東アジアサミットで交渉開始が承認され，2013年5月から交渉が始まった。しかし，参加国の思惑が交錯し，TPPをテコにして高い水準の自由化を目指す日本，豪州などと，急速な自由化に慎重な姿勢を見せる中国，インドなどが激しく対立するなど溝は埋まらず，2016年末までの大筋合

意は17年に先送りとなった。

　米中の角逐が強まる中で，TPPとRCEPの動きが同時並行的に進行しつつあるが，注意しなければならない点は，その背景に「市場経済対国家資本主義」という対立の構図が存在していることである。中国は，TPPの動きを横目で見ながら，国家資本主義の体制を維持しながらRCEPの交渉を進めようとしている。

　米国がTPPを離脱すれば，アジア太平洋のFTA交渉が深刻な「負の連鎖」に陥ってしまう。TPPの頓挫で余裕を取り戻した中国が，低レベルの緩い枠組みでまとめたいとする姿勢を崩していない。TPPとRCEPをめぐる米中の角逐は，米国のTPP離脱によって中国の不戦勝という結果になっても本当に構わないのか。

第6節　APECの新たな争点：不透明となったFTAAPへの道筋

　ところで興味深いのは，第15-3表が示すように，FTAAPの実現によって最も大きな利益を受けるのは，皮肉にもFTAAP構想をAPECで提唱した米国ではなく，中国なのである。このため，中国はTPPを警戒しつつも，FTAAPの実現には積極的であり，その道筋をめぐってAPECの場で米国と激しい主導権争いを繰り広げてきた。

　APECは，2010年の首脳宣言「横浜ビジョン」によって将来的にFTAAPの実現を目指すことで一致しているが，TPPルートかそれともRCEPルートか，さらに，両ルートが融合する可能性があるのか否か，FTAAPへの具体的な道筋についてはいまだ明らかでない。

　そうしたなか，2014年11月のAPEC北京会合では，FTAAP実現に向けたAPECの貢献のための「北京ロードマップ」策定が主要課題となった[9]。議長国の中国は，FTAAP構想に関してAPECでの主導権を握ろうと考え，FTAAP実現のための具体的な交渉をAPECで開始するために，首脳宣言にFTAAP実現の目標時期を2025年と明記し，その具体化に向けて作業部会の設置を盛り込むよう主張した。

第15-3表　TPP, RCEP, FTAAPの経済効果

(2025年のGDP増加額，カッコ内は増加率，単位10億ドル，％，07年基準)

	TPP12	TPP16	RCEP	FTAAP
米国	76.6 (0.38)	108.2 (0.53)	-0.1 (0.00)	295.2 (1.46)
日本	104.6 (1.96)	128.8 (2.41)	95.8 (1.79)	227.9 (4.27)
中国	-34.8 (-0.20)	-82.4 (-0.48)	249.7 (1.45)	699.9 (4.06)
韓国	-2.8 (-0.13)	50.2 (2.37)	82.0 (3.87)	131.8 (6.23)
ASEAN	62.2 (1.67)	217.8 (5.86)	77.5 (2.08)	230.7 (6.20)
シンガポール	7.9 (1.90)	12.3 (2.97)	2.4 (0.58)	18.1 (4.37)
ベトナム	35.7 (10.52)	48.7 (14.34)	17.3 (5.10)	75.3 (22.15)
マレーシア	24.2 (5.61)	30.1 (6.98)	14.2 (3.29)	43.5 (10.09)
タイ	-2.4 (-0.44)	42.5 (7.61)	15.5 (2.79)	30.0 (5.38)
フィリピン	-0.8 (-0.24)	22.1 (6.88)	7.6 (2.35)	17.4 (5.42)
インドネシア	-2.2 (-0.14)	62.2 (4.02)	17.7 (1.14)	41.3 (2.67)
豪州	6.6 (0.46)	9.8 (0.68)	19.8 (1.38)	30.1 (2.10)
NZ	4.1 (2.02)	4.7 (2.36)	1.9 (0.92)	6.4 (3.16)
インド	-2.7 (-0.05)	-6.9 (-0.13)	91.3 (1.74)	226.2 (4.32)

（注）　TPP12は現在の交渉参加国，TPP16は韓国，タイ，フィリピン，インドネシアが参加。
（資料）　P.A.Petri, M.G.Plummer, *ASEAN Centrality and ASEAN-US Economic Relationship*, East-West Center, 2014より筆者作成。

　しかし，FTAAPをTPPの延長線に捉えている日米などがTPP交渉への影響を懸念し強く反対したため，FTAAPの「可能な限り早期」の実現を目指すと明記するにとどまり，具体的な目標時期の設定は見送られた。

　他方，作業部会については，TPPやRCEPなど複数の経済連携を踏まえ，FTAAPへの望ましい道筋についてフィージビリティ・スタディ（実現可能性の研究）を行い，その成果を2016年末までに報告することとなった[10]。ただし，研究報告の後すぐにAPEC加盟国がFTAAP交渉（もしくは政府間の協議）に入るわけではない。研究とその後の交渉は別というのが，日米の立場であった。

　習近平国家首席は，北京ロードマップを「歴史的一歩」と自賛した。しかし，米国の横車によって，ロードマップはすっかり骨抜きにされた感は否めない。FTAAPのロードマップ策定についての提案は，中国の焦りの裏返しと見ることができる。TPP交渉に揺さぶりをかけるのが真の狙いだったようだ。TPP交渉が妥結すれば，FTAAP実現の主導権を米国に握られ，中国は孤立

第 15 章　先行き不透明となった TPP と FTAAP：アジア太平洋の新通商秩序に暗雲　255

する恐れもある。そこで，TPP 参加が難しい中国は，TPP 以外の選択肢もあることを示し，ASEAN の「TPP 離れ」を誘うなど，TPP を牽制した。

　FTAAP への具体的な道筋について，中国としては米国が参加していない RCEP ルートを FTAAP 実現のベースにしたいのが本音だ。もともと自由貿易の推進に強いこだわりがあるわけでなく，例外を認めた FTA を「お仲間づくり」の手段と位置づけているのが中国だ。RCEP についてもそうした考え方が基本にある。したがって，どのルートかで FTAAP のあり方も変わってくる。中国が FTAAP 実現を主導するかぎり，国家資本主義と相容れない高いレベルの包括的なメガ FTA は望めそうもない。

　TPP か RCEP か，FTAAP への道筋をめぐる米中のつばぜり合いが繰り広げられるなか，今後の展開については，TPP を軸として FTAAP 実現に向けた動きが一段と加速していくと，誰もが予想していた。ところが，「北京ロードマップ」が採択されて 2 年後，トランプの米大統領選勝利で「まさか」の事態となった。

　2016 年 11 月，トランプ・ショックで TPP の発効が困難視されるなか，ペルーのリマで APEC 首脳会議が開かれた。FTAAP に関する「リマ宣言」では，「FTAAP は TPP や RCEP を含む地域的枠組みを基礎に構築される」ことを再確認し，「TPP 参加国による国内発効手続きの完了，RCEP 交渉の加速化に向けて努力する」との認識を共有した。各国は TPP の発効に向けて協調を演出した形だ。

　しかし，FTAAP への道筋について APEC 内の力学は一変した。TPP が視界不良となる中で，これまで TPP の脇役でしかなかった RCEP の存在感が増したことは否めない。TPP の崩壊危機を絶好の機会と意識した習近平は，途上国でも参加し易い低レベルの RCEP を軸に据える考えを鮮明に打ち出すなど，米国に代わり中国が FTAAP の実現を主導する構えを見せた。

　米国の TPP 離脱が確実になれば，包括的で質の高い TPP を米国抜きで実現するインセンティブは失われ，TPP からの「離脱ドミノ」が起こる可能性も否定できない。トランプ新政権は TPP だけでなく，米国が提唱した FTAAP 構想にも冷淡になってしまうのか。いずれにしても，トランプ・ショックによって TPP が頓挫すれば，FTAAP 実現への道筋が視界不良と

なってしまう。

第7節　TPP頓挫で一番喜ぶのは中国

　TPPの崩壊は中国にとって喜ばしいことに違いない。中国はハードルの高いTPP交渉には参加しなかった。しかし，韓国，台湾，タイ，フィリピン，インドネシアなど，APEC加盟国が次々とTPPに参加し，中国の孤立が現実味を帯びるようになれば，中国は参加を決断せざるを得ない。TPPへの不参加が中国に及ぼす不利益（貿易転換効果と呼ぶ）を無視できないからだ（第15-3表）。
　TPPによってカバーされる国際生産ネットワークから中国がはみ出すことになれば，グローバルなサプライ・チェーンの効率化を目指す日本企業などは，対米輸出のための生産拠点を，中国から，TPP参加国のベトナムやマレーシアなどに移す可能性が高い。中国リスクの高まりがそれに拍車をかけるであろう。タイ，フィリピン，インドネシアなどもTPPに参加すれば，その流れはもっと加速するに違いない。
　TPPによる国際生産ネットワークの拡大とサプライ・チェーンのグローバル化の影響を無視できなくなりつつあるなかで，中国では，最終的にTPP参加は避けられないとの見方が強まっていた。しかし，高い自由化率と米国が重視しているTPPルール（知的財産権保護，国有企業規律，政府調達，環境，労働など）は中国にとっては受け入れがたい。これが，中国の「TPPジレンマ」であった。
　中国がこのジレンマを克服するためには，国家資本主義からの体質改善を図るか，TPP参加のハードルを下げさせるしかない。2013年9月上海に設立された「中国（上海）自由貿易試験区」は，中国が選択肢の1つとして将来のTPP参加の可能性を意識し始めていることの表れだった[11]。
　さらに，2008年から交渉中で最終合意が近いとされる米中の二国間投資協定（BIT）も，中国にとってはTPP参加のための布石であった。米国がどこまでハードルを下げるのか，BITを通じて探りを入れていたのである。

ところが、トランプ・ショックによってTPPの発効が全く見通せなくなった。もしTPPが頓挫すれば、それは米国の自滅によるもの、オウンゴールみたいなもので、中国は「命拾いした」と笑いが止まらないだろう。

米国がTPPを離脱すれば大きな「墓穴を掘る」ことになるが、それで本当にいいのだろうか。中国の影響下で通商ルールがつくられる絶好の機会を、中国に与えることになるからだ。TPPに代わって、中国が肩入れするRCEPがアジア太平洋の新たな通商秩序の基盤となろう。

米国の自爆によってTPPが葬り去られれば、影響力の拡大を狙う中国の思う壺である。トランプは、いま起きている米国にとって「不都合な現実」を直視すべきだ。覇権国の座を狙う中国の台頭という新たな地政学的リスクに対応しなければならない。トランプ新政権の対応がまずければ、米国はきっと東アジアから締め出されてしまうだろう。

第8節　日本の通商戦略は正念場：TPPの落としどころ

「待てば海路の日和あり」というが、トランプの嵐もそのうち過ぎ去る。多少は時間がかかるが、衣替えし厚化粧もさせた「TPPの修正版」という形で、最終的には成立するのではないかという見方は、楽観的すぎるだろうか。トランプが米国のTPP離脱を表明しても、英国のEU離脱交渉とは違い、面倒な離脱手続きなどはなく、ただ米議会が批准しなければよいだけの話である。逆に見れば、離脱表明しても気が変われば、いつでも議会の承認を取り付けることができる。

したがって、トランプがTPPを離脱すると言っても、各国が国内手続を進めることにはそれなりの意味がある。TPPの戦略的な重要性をトランプ新政権に再認識させるため、APECリマ宣言に基づき、日本は率先してTPP協定案を承認したが、それは大いに評価すべきであろう。現行のTPPは大事に「冷凍保存」しておけばよい。

ポピュリズム（大衆迎合主義）に悪乗りし、保護主義を煽ったツケは大きい。TPPを悪者にした大統領選の後遺症は、そう簡単には癒えないだろう。

トランプが「就任100日行動計画」の中でTPP離脱を明言している以上，2年後の中間選挙を意識すれば，「米国にとってプラスになるように変えた」という形をつくらずに，米新政権が現行のままTPPを批准するのは極めて困難な状況である。

　トランプ新政権の下でTPP離脱が回避され，TPP発効に向けて首の皮一枚残るとしても，TPPの見直し，すなわち，協定内容に実質的な変化がなければ，米国でTPPの批准は得られそうもない。落としどころは良くても再交渉である。しかし，それは，他のTPP参加国からすれば，さらなる譲歩を迫られる「ふざけた話」に映るに違いない。各国の利害が交錯するなか，5年半にわたる交渉の末にようやくまとまったガラス細工のようなTPP合意だ。もし再交渉になったとしても調整は難しい。

　日本はこれまで公式には，ヒラリー・クリントンの当選を前提に，TPPの再交渉には応じられないという姿勢をとってきた。だが，トランプ新政権の誕生で，事態は急変したのである。日本のTPP戦略の練り直しが必要だ。現行のままでTPP発効というファースト・ベストに固執しすぎるのは，TPPにとって危険である。セカンド・ベストの選択も考えておくべきだろう。

　トランプは，TPPから離脱する代わりに，主要な貿易相手国と2国間FTAを締結していくと言い出した。それは世界貿易の潮流に逆らうものであるが，もし，日本が2国間の日米FTAの交渉を行う覚悟があるならば，TPPの補完協定のための再交渉に舵を切るべきだ。米国の対日要求をかわすという点からみると，再交渉の対象となる項目が圧倒的に絞られ，要求も各国に分散するため，日本への風当たりは弱くなろう。

　日本は米国のTPP離脱を思い止まらせるよう，落としどころを睨みながら，最大限の外交努力をすべきである。TPPを支持する米国の産業界や政界が，それを「渡りに船」と考えて，トランプ新政権を突き動かせば，NAFTAと同じように，別途，補完協定を締結するための再交渉の道を開くことになるかもしれない。最後のアトランタ会合で揉めた知的財産権や原産地規則などに絞れば，影響も限定的となろう。

　米議会の上院と下院の選挙では，いずれも共和党が過半数を取った。TPP発効を求める米国の産業界と共和党議員たちが，あの手この手でトランプへの

説得工作を強めていくだろう。プロレスのように，トランプを羽交い絞めにすることが果たして可能か，新政権のカギを握るペンス次期副大統領のほか，議会を牛耳るマコネル上院院内総務，ライアン下院議長など共和党主流派の今後の対応が注目される。

これまでのような受動的な「様子見」の姿勢は，今や日本には許されない。アジア太平洋の新たな通商秩序の基盤となる TPP の発効に向けて，日本が主導的な役割を果たすことができるか，21 世紀型貿易の「ルール・メーカー」を目指す日本の新たな通商戦略にとってまさに正念場といえよう。

（馬田啓一）

注
1) APEC（2010）。
2) Baldwin（2011）。
3) 7 月下旬にも，12 カ国は米ハワイで閣僚会合を開き，大筋合意を目指したが，想定外の「伏兵」の登場で溝が埋まらず，交渉は物別れに終わった。誤算は，ニュージーランドが医薬品での譲歩と引き換えに，日米やカナダに乳製品の大幅な輸入拡大を要求し，強硬姿勢を崩さなかったことだ。
4) TPP は，すべての参加国の国内手続きが完了すれば，60 日後に発効する。しかし，署名後 2 年が経過しても批准できない国があった場合には，6 カ国以上が批准し，かつ，それらの国の GDP 合計が 12 カ国全体の 85% 以上を占めれば発効する。ただし，米国が 60.5%，日本が 17.7% を占めるため，両国が批准しないかぎり TPP は発効されない。
5) 米政界では，いわゆる「レームダック（死に体）会期」（11 月の大統領選・連邦議会選後から翌年 1 月に召集される新議会までの空白期間）に法案が提出されるとの見方が有力だった。再選不出馬や落選した議員は，利害団体からの影響を気にせずに「最後っ屁」の投票ができる。
6) 畠山（2016）。
7) 浦田（2016）。
8) 市場原理を導入しつつも，政府が国有企業を通じて積極的に市場に介入するのが国家資本主義。米国は，中国政府が自国の国有企業に民間企業よりも有利な競争条件を与え，公正な競争を阻害していると厳しく批判している。
9) APEC（2014）。
10) 2016 年の APEC ペルー会合で FTAAP に関する研究成果が報告されるが，米中が共同議長を務めるような報告書に，明確な道筋の提示は期待できる筈がなかった。実際，ペルー会合では，FTAAP 交渉の開始には触れず，2 年間行ってきた共同研究に基づいて，「各国は 2020 年までに，FTAAP 実現に向けた道筋の貢献についての検証を行い，課題が多く残っている分野を特定し，作業計画を策定し対処していく」との方針を確認した。
11) 自由貿易試験区は 2015 年には広東省，福建省，天津市など 4 カ所に拡大している。

参考文献
石川幸一・馬田啓一・国際貿易投資研究会編著（2015），『FTA 戦略の潮流：課題と展望』文眞堂。

馬田啓一（2014），「TPP 交渉とアジア太平洋の通商秩序」日本国際問題研究所『国際問題』No.632。
馬田啓一（2015），「TPP とアジア太平洋の新通商秩序：課題と展望」石川幸一・馬田啓一・高橋俊樹編著『メガ FTA 時代の新通商戦略：現状と課題』文眞堂。
馬田啓一（2016a），「ポスト TPP とアジア太平洋の新秩序：日本の役割」日本国際問題研究所『国際問題』No.652。
馬田啓一（2016b），「米国の TPP 離脱の衝撃：トランプは本当に墓穴を掘るのか」国際貿易投資研究所『フラッシュ』No.310（12 月 13 日号）。
浦田秀次郎（2016），「メガ FTA と日本経済再興」国際貿易投資研究所『世界経済評論』1 月・2 月号。
木村福成（2012），「TPP と 21 世紀型地域主義」馬田啓一・浦田秀次郎・木村福成編著『日本の TPP 戦略：課題と展望』文眞堂。
菅原淳一（2013），「アジア太平洋の経済統合と TPP」山澤逸平・馬田啓一・国際貿易投資研究会編著『アジア太平洋の新通商秩序：TPP と東アジアの経済連携』勁草書房。
畠山襄（2016），「TPP 交渉の成果と評価」国際貿易投資研究所『世界経済評論』5 月・6 月号。
渡邊頼純（2013），「メガ FTA の潮流と日本の対応」石川幸一・馬田啓一・渡邊頼純編著『TPP 交渉の論点と日本』文眞堂。
山澤逸平（2012），「APEC の新自由化プログラムと FTAAP」山澤逸平・馬田啓一・国際貿易投資研究会編著『通商政策の潮流と日本：FTA 戦略と TPP』勁草書房。
APEC（2010），*Pathways to FTAAP*, 14 November 2010（外務省「FTAAP への道筋」2010 年 11 月 14 日）．
APEC（2014），*The Beijing Roadmap for APEC's Contribution to the Realization of the FTAAP*（外務省「FTAAP の実現に向けた APEC の貢献のための北京ロードマップ」2014 年 11 月 11 日。）．
Baldwin, R.（2011），"21st Century Regionalism: Filling the Gap between 21st Century Trade and 20th Century Trade Rules," Centre for Economic Policy Research, *Policy Insight*, No. 56.
Petri, A.P and M.G. Plummer（2012），"The Trans-Pacific Partnership and Asia-pacific Integration: Policy Implications," Peterson Institute for International Economics, Policy Brief, No.PB12-16, June.

第16章

中国の一帯一路構想の可能性：
習近平国家主席の一帯一路外交から見た視点

はじめに

　発表から3年余，一帯一路戦略に関心が高まってきている。しかしながら，その関心の多くが，一帯一路戦略の行方に懐疑的である。本章では，一帯一路戦略の可能性につき，一帯一路戦略の生みの親である習近平国家主席の外交に焦点をあてて論じている。一帯一路戦略は中国外交の最前線にある。この点につき，2016年に入ってからの習主席の外遊（中東3国，チェコ，中・東欧3国）において，一帯一路戦略が訪問国でどうプレゼンテーションされ，どんな対応があったかに焦点をあてている。一帯一路戦略は，各国での首脳会談で常に主要議題となっており，その推進において，各国の期待が明らかに高まってきている。

　今回の7カ国の訪問から見えてくるものは，一帯一路戦略が目指しているものは何かということである。即ち，中国は，一帯一路戦略で運命共同体を建設するという。この運命共同体とは，いったいどんなものなのか。そのプロセスには，新たな終経圏（一帯一路FTA）の構築があるのではないか。一帯一路戦略には100余カ国・国際組織が参画しているとされる。各国とも経済の発展段階，宗教，民族が異なり，また，多様な価値観が存在する。一帯一路FTAの構築は，そう簡単ではない。が，中国には，独自な視点で，二国間，多国間との関係を構築するプラットフォームがある。即ち，17種類の伙伴関係（huoban／フオバン　パートナーシップ，注10参照）がそれである。中国の伙伴関係ネットワークは，すでに世界の全域といってよい規模で構築されている。伙伴関係の構築や再構築（中文：提升，格上げのこと）は，習主席の外遊

時，あるいは，海外要人の訪中時の首脳会談で，決まって主要議題となっている。一帯一路FTAの構築には，この伙伴関係が核となるのではないか。

　一帯一路戦略は，改革開放政策と同じく，あるいは，それ以上の影響を，世界に及ぼすことになるのではないか。読者には，こうした点を念頭に置いて，ご一読いただければ何よりである。

第1節　一帯一路戦略の要点

　一帯一路戦略[1]が2013年に世に出てから3年余，今や，世界的関心になっ

第16-1表　一帯一路戦略の要点

経緯：習近平国家主席が2013年9月（一帯）と10月（一路），それぞれ，カザフスタンとインドネシアにおいて提起。
主旨：沿線国・地区のインフラ整備をテコにしたウインウインの『運命共同体』の建設
原則：共商・共建・共享（共に協議，建設，享受する），互利合作（ウインウインのための協力）
強調点：政策溝通，設施聯通，貿易暢通，資金融通，民心相通 　　　　　（政策の疎通，インフラの連結，不断の貿易，相互理解）
範　囲：アジア太平洋地域，ユーラシア，欧州，アフリカの一部含む65国・地区
経済規模（2013年）：GDP：約21兆ドル（世界全体の29％），人口：44億人（同63％） 　　　　　中国との貿易総額（2014年，以下同じ）：1.12兆ドル（中国の貿易総額の約26％） 　　　　　中国からの直接投資額：125億ドル（中国の対外直接投資の10％強） 　　　　　中国の対外工事請負営業額：643億ドル（同営業額の45％強）
一帯一路戦略を提唱した中国側の事情： 　　人民元の国際化 　　外貨準備の有効活用 　　国内過剰設備の軽減 　　国際産能合作を中心とした走出去（対外投資）の展開
特色と目的： 　　改革開放の対外発展版 　　雁行型経済発展の継続版 　　欧州への隘路なき通商交易路の確保（欧州との経済交流時間の縮小） 　　AIIBなど国際金融機関の設立・活用 　　新型大国関係構築への布石 　　<u>伙伴関係</u>の構築（再構築）を軸とした<u>新経済圏の形成・一帯一路FTAの構築</u>

（出所）　筆者作成。

た。その関心の多くは，一帯一路戦略の行方を疑問視している。果たしてそうであろうか。

"世界的関心になりつつある"いう視点から見ると，一帯一路戦略は，1978年に鄧小平氏が提起し，世界経済に大きく影響した改革開放政策より，世界の関心形成の時間的スピードははるかに速い。中国を取り巻く環境は今と当時とでは大きく異なっており単純には比較できないが，それでも速い。中国は，改革開放政策で社会主義市場経済を発展させたが，一帯一路戦略では，運命共同体の構築を模索している。今後，一帯一路戦略は，世界経済に対し，改革開放政策と同じく，あるいは，それ以上の影響を及ぼすことになるのではないか。

3年余の短期間に，一帯一路戦略が世界的関心を得るまでになった背景として，まず，習近平国家主席（以下，習主席）の積極的な一帯一路外交が指摘できる。同外交で，特に目立つのが，① 一帯一路沿線国・地区（以下，関係国）・機関との積極的コンセンサスつくり，② 国内外メディア・有識者への積極的パブリシティ，③ 関係国への新たな経済交流・協力の提案，④ 伙伴関係（パートナーシップ，後述）の構築（再構築）による関係国との関係強化である。以下では，2016年前半の事例を紹介しつつ，習主席の一帯一路外交の行方とその可能性にスポットを当てて論じてみる。

第2節　一帯一路戦略は習外交の最前線

2016年7月26日，北京で人民日報社が主催する2016年一帯一路メディア協力フォーラム（テーマ：運命共同体　協力の新局面）が開催された。このフォーラムには，101カ国から212のメディアが参加したという。これだけのメディアの参加があったことは，一帯一路戦略への評価がどうであれ，世界的関心が高まっている何よりの証左といえる。

習主席は，同フォーラムの開幕にあたり祝辞を送っているが，その冒頭で，「一帯一路は各国人民の共同財産である」と前置きし，「中国は，（一帯一路で）新たな協力モデルを共に創造し，緑色・健康・智力・和平の道を建設することを望んでいる」[2]と表明している。中国は，一帯一路戦略を，「世界の公

第 16-1 図　習近平国家主席の外遊先（2016 年上半期）

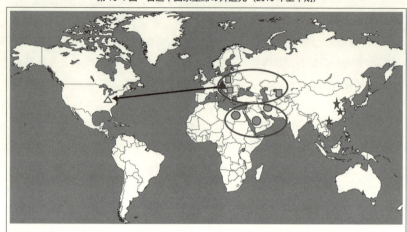

● サウジアラビア，イラン，エジプト
▲ チェコ
■ セルビア，ポーランド，ウズベキスタン
△ 米国（ワシントンで開催の第 4 回核安全保障サミット出席）
★ 天津（ダボス夏会議）/ 博鰲（海南島）
★ 杭州（G20）図上の 3 つの☆の中央に位置

（出所）　筆者作成。

共財」としているが，習主席は，祝辞で，「一帯一路戦略は新たな国際貿易ルールやグローバル・ガバナンスの再構築のためのプラットフォームでもある」との暗示を世界のメディアが結集したフォーラムで，世界発信したとみることもできよう。今や，一帯一路戦略は，中国外交の最前線にあるといっても過言ではない。

　このことは，習主席の外遊時や海外要人の訪中時に，一帯一路戦略が最重要議題の一つとなっていることからもうかがい知ることができる。まず，この点につき，習主席の外遊（2016 年 1 月～6 月）に絞って見てみたい。

　2016 年に入ってから，習主席は，1 月の中東 3 国訪問（サウジアラビア，イラン，エジプト），3 月のチェコ訪問に続き，6 月には，セルビア，ポーランド，ウズベキスタンを訪問している。このうち，ウズベキスタンでは，同国の首都タシケントで結成 15 周年を迎えた上海協力機構（SCO）首脳会議に出席している。2016 年の上半期に限っていえば，習主席の外遊先が，「一帯一路」

関係国，具体的には，ヨーロッパへのゲートウェイに面した国々を訪問したことになる。

筆者は，一帯一路戦略の目的の一つに「欧州への隘路なき通商交易路の確保」（欧州との経済交流時間の縮小）を上げているが，今年に入ってからの習主席の外遊時の訪問先国の首脳発言などから，そのことがいよいよ本格化しつつあることがわかる。例えば，

「エジプトは一帯一路戦略を支持しており，これに積極的に参加し，中国と欧州の貿易をつなぐ通路となることを望んでいる」（エジプトのイスマイール首相）。

「一帯一路の枠組みでのコネクティビティ強化に積極的に参加し，中国と欧州・アフリカの経済・貿易協力の重要な通路となりたい」（サウジアラビアのムハンマド皇太子）。

との表明があったことは，一帯一路戦略に込められた中国のねらいが関係国に伝わっていることをうかがわせる。中国は，一帯一路戦略を通じて，政治的，経済的影響力を着実に西へ伸ばしつつあるみられる。

第3節　関係国の発展戦略と連携することで一帯一路戦略を推進

では，こうした外遊で，習主席は，一帯一路戦略をどうクローズアップしてきたのか。その要点を一つに絞るとしたら，「一帯一路戦略と関係国の発展戦略との連結」[3]を強調している点であるといえる。例えば，サウジアラビア訪問では，ムハンマド皇太子に対し，

「サウジアラビアは，一帯一路の関係国であり地理的優勢が明らかだ。双方はそれぞれの発展戦略の連携強化を検討し，中東・湾岸地域のインフラ，コネクティビティの建設を推進する機会に恵まれている」

また，イラン訪問では，ハメネイ師との会談で，

「中国とイランは，一帯一路戦略の自然なパートナーだ。中国は，イランと発展計画を連携させ，一帯一路の枠組でインフラ，コネクティビティ建設，産能合作（生産能力協力）[4]，エネルギーなど各分野の協力を推進することを望

んでいる」と表明している。こうした一帯一路戦略との連携強化の必要性を説く習主席に対し，例えば，エジプトのシシ大統領は，習主席の「両国の発展戦略とビジョンを連携し，インフラ整備と産能合作を積極推進することで，エジプトを一帯一路沿線の支点国とする必要がある」との発言を受け，「エジプトは，各分野で中国との協力の緊密化に尽力しており，自国の発展計画と一帯一路戦略を連携し，アジアインフラ投資銀行（AIIB）の枠組でインフラ整備などの協力を推進することを望んでいる」と応じるなど，習主席が強調する「一帯一路戦略と訪問国の発展戦略との連携」に関し，概ね，訪問国首脳からは歓迎の意が表明されているとみられる。この「連携」を執拗に強調するところに，一帯一路戦略の推進で，新たな経済圏（FTA）を構築しようとする中国の意図が読み取れる。

　もう一点，一帯一路戦略は，「国際・地域問題に対するコンセンサスつくり」にも深く関わっていることを指摘しておきたい。例えば，エジプトのシシ大統領との会談で，習主席は，

「両国は国連問題で調整・協調を強化し，中東や気候変動など国際・地域問題で意思疎通を継続し，両国および数多くの発展途上国の共通利益を守る必要がある」

　また，イランのハメネイ師との首脳会談では，

「中国はイランと国際・地域問題で支持し合い，世界と地域の平和・安定・発展を共に維持することを望んでいる」

と表明している。中国には，一帯一路戦略で関係国との経済連携を強化することで，同戦略を国際・地域問題におけるコンセンサスつくりのプラットフォームとしたいとの期待があるのではないだろうか。長期的視点から見れば，一帯一路戦略でのコンセンサスつくりは新型大国関係構築への布石でもある。

　なお，一帯一路戦略は，海外要人の訪中時，また，海南省博鰲で開催される博鰲アジアフォーラム，天津と大連で毎年交互に開催される夏季ダボス会議（2016年は天津開催）など中国での国際会議や国際フォーラムでも大きくクローズアップされている。一帯一路戦略は，習外交と中国の発展戦略の代名詞といっても過言ではない。

第 16 章　中国の一帯一路構想の可能性：習近平国家主席の一帯一路外交から見た視点　　267

第 4 節　中・東欧諸国との経済交流・協力事業

　習主席は，2016 年 6 月 22 日，訪問先のウズベキスタン（最高会議立法院での重要演説）で，一帯一路戦略の成果を次のように評価した[5]。
　「現在，一帯一路戦略に積極的に参加している国と国際組織は 70 あまりある。中国は一帯一路戦略の推進に向け，30 余カ国と協力協定に，20 余カ国と国際産能合作協定に調印した。一帯一路沿線 17 カ国と 46 の海外合作区（主に，中国政府・企業が現地政府・企業と協力して設置する外資導入（第 3 国企業を含む）のための拠点，経済特区）を建設しつつある。アジアインフラ投資銀行（AIIB）の参加国数は，57 カ国に達しており，シルクロード基金や中国・ユーラシア経済協力基金[6]も発足した。中国は一帯一路沿線国に毎年 1 万人分の政府奨学金を提供し，中国において学習あるいは研修の機会を提供している。2015 年，中国と一帯一路関係国との貿易額は 1 兆ドルを突破，中国対外貿易総額の 25％ を占めた。関係 49 カ国に対する中国企業の直接投資額は約 150 億ドル（前年同期比 18％ 増）に達し，現地雇用 7 万人を創出した。一帯一路参加国の中国に対する投資は 82 億ドル（同 25％ 増）を超えた」
　一帯一路沿線国との経済交流（2015 年）は，伸び率において，中国と世界全体との経済交流（対外貿易：前年比 8％ 減，対外投資同 14.7％ 増）に比べかなり高い。中国は，一帯一路沿線国との経済交流を，今後，さらに拡大すべく，着々と手を打っている。
　では，中・東欧諸国についてはどうか，中国商務部の発表によると，2015 年の同諸国との貿易額は 562 億ドル，また，同諸国に対する中国企業の投資額は累計 50 億ドル超で，投資分野は，機械，化学工業，IT，電気通信，家電，自動車，自動車部品，物流・貿易，新エネルギー，研究開発，金融，農業など多岐にわたっている。投資の形式は M&A，グリーンフィールド投資，株式投資などである。その一端を見てみる。
　中国と中・東欧諸国との経済交流を見る視点として，「16 プラス 1 協力」（16 は中・東欧諸国，1 は中国）[7]の「枠組み」の存在が指摘されなければな

らない。

　中・東欧16カ国は，欧州へのゲートウェイに位置し，中国にとって，欧州との経済交流の拡大や一帯一路戦略の推進において，地政学的に極めて重要な地域である。「16プラス1協力」の「枠組み」は，その前線基地と位置づけられる。このことは，中・東欧16カ国は，その11カ国がEU加盟国であり，一帯一路の沿線60数カ国の4分の1を占めていることからも明らかである。習主席が訪問したポーランドとセルビアを，中国は「16プラス1協力」における，それぞれ，EU加盟国と非EU加盟国のリーダーと位置づけている。習主席は，セルビアのチッチ首相と会談した折（2016年6月18日），「『16プラス1協力』を，一帯一路戦略の欧州経済圏への重要な受け入れ先とし，中国と欧州の4大伙伴関係（平和，成長，改革，文明）を実行する上での優先事項にするのがよい」と指摘したとされる。中国は，中・東欧の協力を中国と欧州の関係発展への重要な構成要素とみなしていることがわかる。中国にとって，一帯一路戦略における「16プラス1協力」は，いわば，東アジアにおける「ASEAN（10カ国）プラス1（中国）」ほどの意味があるといえる。今回の習主席の中・東欧3国訪問には，一帯一路戦略の受け皿として，「16プラス1協力」が，今後，欧州経済，世界経済の行方に深く関わってくることをうかがわせるものがある。

第5節　中・東欧諸国との経済交流・協力事業の最近の事例：セルビア，ポーランド，ウズベキスタンを中心に

　第16-2表は，中・東欧3国訪問時，習主席と3国元首の発言の要点をまとめたものである。この表から，1月の中東3国訪問時の首脳会談でみせた習主席の一帯一路戦略にかける期待と当該国の対応が同一線上にあることがわかる。以下では，中・東欧3国を中心に，一帯一路戦略に関わる経済交流・協力事業にスポットをあてて論じてみたい。一帯一路戦略の最前線で，今，何が起こっているのかをみる視点を提供している。

　第16-2表を見ると，習主席の発言では，相互支持・信頼・利益・理解など

第16章　中国の一帯一路構想の可能性：習近平国家主席の一帯一路外交から見た視点　269

第16-2表　中・東欧3国訪問時，習主席と3国元首の発言の要点

訪問国	習近平主席発言	3国元首発言
ウズベキスタン	・両国は相互支持を拡大し互いの核心的利益を守る ・経済・貿易，産能協力，エネルギーなどの実務協力を全面的に深め共同発展を推進する ・安全保障協力の水準を高め地域の平和と安定を維持する ・国際問題での戦略協力を強化する。	カリモフ大統領： ・経済・貿易，民生，人・文化，安保，インフラ分野の協力を深める ・国際問題における中国の積極的な役割を称賛する ・重大な国際・地域問題で中国側との意思疎通を図り，上海協力機構の枠組みで緊密に協力する
ポーランド	・両国は相互信頼を強化し，政治的発展の方向を把握する ・発展戦略を連携し政治的相互信頼を実務協力の成果に反映する ・中国－欧州間国際貨物列車の運行などの協力事業を，一帯一路戦略で優先する ・協力事業を通じ両国のコネクティビティと産能協力を推進する ・経済，貿易，金融，農業，ハイテク分野の協力を深める ・友好，人的・文化的交流を全面的に推進し人的往来を円滑化する	ドゥダ大統領： ・両国の全面戦略伙伴関係の枠組で，中国が中国－中・東欧諸国及び「一帯一路」協力プラットフォーム，さらにAIIBを通じて，中国との経済，貿易，人，文化など各分野の協力を深化させ，ポーランドを中国の欧州進出の窓口とすることを望む ・中国側が第18回中国・EU首脳会談を成功させることをEU諸国と支持する
セルビア	・両国の友好関係は新たな発展チャンスに直面している ・両国関係が高水準で発展していくことは両国国民の共通の願いである ・両国は共に政治的な相互信頼関係を強化し相互利益の協力を深め，国民の相互理解を増進し協力プラットフォームを開拓拡大していく	ニコリッチ大統領： ・セルビアと中国の双方は高い相互信頼関係を維持し幅広い分野で相互利益の協力を展開し重要な国際問題で同方向の立場をとってきた ・習主席のこのたびのセルビア公式訪問がセルビア・中国関係の全面的発展を促進し，双方の全方位協力を深化させると確信する

（出所）　各種資料から筆者が整理。

「相互」という「2字」が目立つ。総じて，"共に"という意味であるが，実際はどうであれ，"目線を相手国と同じくして事にあたる"という「運命共同体」構築への姿勢が表明されている。今回の習主席の3国訪問の目的は，ポーランドでの発言（「発展戦略を連携し，政治的相互信頼を持続可能な実務協力に発展させる」）に顕著である。"発展戦略を連携する"とは，前述したとお

り，中国が提起した一帯一路戦略とポーランドの発展戦略と結びつけるということであり，また，政治的相互信頼とは，両国間の政治，経済面での関係強化であり，突き詰めれば，「伙伴関係」の構築，再構築（後述）にあるといえる。

以下の事例は，一帯一路戦略と3カ国発展戦略の連携の一端である。ここでは，コネクティビティ（主に，交通網などのインフラ整備），中国企業および外資企業の生産拠点でもある合作区，中国企業（産業）の海外展開の新たな形態としての国際産能合作，国際金融交流・協力などの一帯一路戦略の核心事業が集約されている。

セルビア，ポーランド，ウズベキスタン，チェコにおける経済交流・協力事業の事例

〇ウズベキスタン：

① カムキックトンネルプロジェクト（アングレン-パプ鉄道）
ウズベキスタン国営の鉄道会社が複数の欧米企業との建設契約を断念し，2013年に中国鉄道トンネル集団と調印した設計・施工・調達の総請負契約事業（2016年完工）。習主席は，中国とウズベキスタンによる一帯一路共同建設の重大な成果と評価。

② ハンガリー・セルビア鉄道プロジェクト（2018年開通予定）
中国と中・東欧諸国の戦略的かつ一帯一路戦略のシンボル的プロジェクト。開通後，ハンガリーの首都ブダペストからベオグラードまでの列車の所要時間は現在の8時間から3時間以内に短縮。

③ 鵬盛工業パークの建設。
中国がウズベキスタンと協力して建設した初の合弁工業パーク（国家級工業パーク，投資額9940万ドル）。中国温州の民営企業（金盛貿易有限公司）とウズベキスタン企業聯合によって設立。タイル，蛇口，携帯電話，皮革製品，靴類等を生産。

・蛇口：ウズベキスタン全体の78％の市場シェアーを占め，中国および周辺諸国に輸出。

・タイル：中-ウズベキスタン産能合作により小規模生産状態にあったウズベキスタンでのタイル生産状況を改善，かつ，中国の過剰生産能力に対応

（中国の産業輸出）。
- 皮革製品：ウズベキスタンの主要産業である牧畜業を基に，工業パーク内工場で皮革生産，ペット食品生産等を行うほか，中国の原料確保難にも対応。2015 年の工業パーク内生産額は 8300 億ドル，1300 余の就業を確保。

④ 中国銀行・中国工商銀行：ワルシャワ支店開設

○セルビア：
① セルビア E763 高速道路プロジェクト（全長約 50 キロ，山東高速集団）。完成後，ベオグラードから近隣諸国，海港都市までの所要時間が大幅に短縮。
② ドナウ川沿岸工業団地建設計画（中国路橋公司）。完成後，中国と欧州諸国の企業に開放。
③ セルビアのスメデレボスチールの買収（河北鋼鉄集団，2015 年 12 月）。
- 河北鋼鉄集団がスメデレボスチールの資産の 98%（4600 万ユーロ）を取得。欧州で最も競争力ある鉄鋼企業となる見込み。

○ポーランド：
① 倒産したポーランド最大のベアリング製造工場の買収（湖北三環集団）。
② ポーランド最大の建設機械企業の建設部門および同傘下企業の買収（広西柳工機械股份有限公司）。
③ 中国とウッチ－成都間の「蓉欧快線」，蘇州－ワルシャワ間の「蘇満欧」など欧州とアジアを結ぶ交通網の整備。欧州とアジアのコネクティビティの懸け橋としてポーランドの優位性の発揮を期待。
④ 産能合作の推進
中国はポーランドと産能協力を通じて，ポーランドの再工業化の過程に参加し，資源，インフラ建設，交通・物流，通信，宇宙等領域での協力を通じて，両国の協力の質を高めていきたい（習主席によるポーランド共和報への署名投稿文書の一部，新華網 2016 年 6 月 17 日）。

○チェコ：
① 欧州の銀行の株式を支配する初の中国民営企業（中国華信が J&T ファイナ

ンスグループの株式保有率を増加) の誕生。
② Slavia Prague サッカークラブの買収。
Pivovary Lobkowicz Brewery グループに出資 (中国市場に進出)。
③ チェコ最大の航空運輸会社トラベルサービスと戦略協力合意 (プラハ空港を中国人観光客・投資家の中・東欧地域への門戸へ)。
④ 中国銀行, 2015 年プラハに支店を開設。
⑤ 海南航空:北京とプラハを結ぶ直行便を就航。

第6節　一帯一路FTAに向けた習外交の布石

　習主席は, 一帯一路戦略で運命共同体を建設するという。これをどう読むか。一帯一路戦略では, 関係国との政策溝通 (政策疎通), 設施聯通 (インフラ連携), 貿易暢通 (貿易開放), 資金融通 (資金提供), 民心相通 (相互理解) が強調されている。この点, FTA交渉の範疇に準じるところが少なくない。実際, 中国は, 一帯一路FTAの構築を希求している[8]。運命共同体の建設にとって, 一帯一路FTAの構築は, 避けては通れない重要なプロセスといえる。2016年に入ってからの習外交には, 一帯一路FTAの構築のための布石が打たれていた認められる。

　2016年に入って, 習主席が訪問した7カ国のいずれの国も, 中国とはFTAが構築されていない。唯一, 進展があったのは, GCC (湾岸協力会議)[9] とFTA交渉を再開させたことである。経済発展水準の大きく異なる一帯一路関係国とのFTA構築には課題が少なくないが, 中国には, 今後のFTA構築を見据えた「プラットフォーム」が用意されている。即ち, 「伙伴関係」(HUOBAN〈フオバン〉関係, パートナーシップ) がそれである。

　第16-3表は, 2016年に入って, 中国が構築 (再構築) した伙伴関係をリストアップしたものである (エジプトのみ2015年)。2016年 (上半期) に, 習主席が訪問した7カ国すべてで, 伙伴関係の構築 (再構築) があったことがわかる。

　筆者が整理したところによれば, 「伙伴関係」は17種類[10]ある。現在, 90

第 16 章　中国の一帯一路構想の可能性：習近平国家主席の一帯一路外交から見た視点　273

第 16-3 表　2016 年に入ってからの「伙伴関係」の構築・再構築

署名年月日	国	伙伴関係の種類	備考（署名場所）
2015 年 12 月 24 日	エジプト	全面戦略伙伴関係	北京
2016 年 1 月 19 日	☆サウジアラビア	全面戦略伙伴関係	リヤド
23 日	☆イラン	全面戦略伙伴関係	テヘラン
3 月 29 日	☆チェコ	戦略伙伴関係	プラハ
4 月 8 日	☆スイス	創新戦略伙伴関系	北京
5 月 3 日	ラオス	全面戦略伙伴関係	北京
11 日	☆モロッコ	戦略伙伴関係	北京
18 日	○モザンビーク	全面戦略伙伴関係	北京
6 月 18 日	○セルビア	全面戦略伙伴関係	ベオグラード
20 日	○ポーランド	全面戦略伙伴関係	ワルシャワ
22 日	○ウズベキスタン	全面戦略伙伴関係	タシケント

☆：伙伴関係新規構築，○：再構築
（出所）　各種資料から筆者作成。

余力国・機関と構築されている。ただし，機関（EU，AU〈アフリカ連合〉，ASEAN，ラテンアメリカ・カリブ諸国共同体など）の加盟国を加えると，日本と米国などごく一部の国を除く，ほぼ世界的規模で「伙伴関係」が構築されている。最近，一帯一路関係国との構築（戦略伙伴関係や再構築〈例えば，戦略伙伴関係から全面戦略伙伴関係への移行など〉が目立っている[11]。その最大の特徴は，条約や協定でなく元首の共同声明をもって構築されるという点である。伙伴関係に限っての共同声明，例えば，2016 年 4 月，習主席の招きで中国を訪問したスイス連邦のヨハン・ニクラウス・シュナイダー＝アマン大統領と習主席が行った共同声明（中華人民共和国とスイス連邦との創新戦略伙伴関係を構築するための共同声明など）もあれば，2014 年，パク・クネ韓国大統領の招きで訪韓した習主席とパク・クネ大統領との間で発表された共同声明（中華人民共和国および大韓民国の共同声明など）の中に盛り込まれる場合もある（下記参考を参照）。一帯一路関係国との共同声明には，一帯一路戦略に関わる文面が多くを占めるのが常である。価値観や経済発展水準が大きく異なる国との FTA 構築では，共同声明で当事国の事情のあった経済交流の内容を大筋で決める伙伴関係の構築は，拘束力の強い FTA 交渉に比べ，時代の要請

にかなっているところが少なくない。一帯一路FTAの構築プロセスは，伙伴関係の構築を入口に，出口をFTAの構築とすることなどが考えられよう。

参考：中国とスイスの創新戦略伙伴関係を構築するための共同声明（要約）

中国とスイスとの伙伴関係の構築に関わる共同声明では，まず，1950年の国交正常化以来の両国の交流の歴史にふれた後，2013年に締結（2014年に発効）された中国とスイスのFTAの締結は，両国関係をさらに深め，発展させるための新たな一里塚となったばかりか，中国と欧州の交流の促進に先鞭をつけることになったと前置し，中国－スイス創新戦略伙伴関係の構築にいたった経緯をこう説明している。

「両国が協力をさらに深めたことで，巨大な可能性が出てきた。今後，両国が創新協力（イノベーション協力）をさらに深く開拓するということであり，このことは，両国および両国人民の基本的利益に合致し，両国の共同発展と繁栄に有利であり，遠大なかつ戦略的意義がある」

そのあと，中国は，スイスの中立政策が国際危機において積極的作用を発揮すると期待していること，スイスは，一つの中国政策を堅持すること，を謳い，具体的な協力内容が列挙されている。最後に，

「双方は，一帯一路戦略に着目し，アジアインフラ投資銀行（AIIB），欧州復興開発銀行等の枠組みにおいて，さらに協力を深め，インフラ領域において三方協力をさらに強化する」

「スイスは，中国がホストとなる2016年の杭州サミット（G20）を支持し，中国は，これに，スイスを招待し，スイスが，各種事業で積極かつ建設的な作用を発揮することを歓迎する」

「両国は，国際連合，IMF，および，WTOなど国際，地域的機構での交流協力を深め，共に，地域と世界の繁栄と安定を，共に維持促進する」

「両国は，地域的な議題につき，定期的に交流し，協力を拡大する。両

国は，中国 – 中・東欧国家（16 + 1）協力を積極的に評価し，それが，中国と欧州の関係を有効的に発展させるとの認識で一致し，中国は，スイスが，中国 – 中・東欧国家協力にオブザーバー国として参加することを歓迎する」としている。

　欧州で中国が FTA を締結している国は，スイス（非 EU 加盟国），アイスランド（同前），チェコ（EU 加盟国）の 3 カ国のみである。
　スイスは欧州における FTA 締結国の 2 国のうち重要な国である。伙伴関係の構築に関わる共同声明では，スイスを介在として，欧州，特に，中・東欧諸国（16 + 1）との関係強化を図ろうとしている姿勢がうかがえる。
　一帯一路戦略との関連では，AIIB，三方協力（国際産能合作），（16 + 1）協力などが強調されている。また，国連，IMF，WTO など国際・地域機構との交流・協力を深化させるとしているところは，伙伴関係の構築を通じて，グローバルガバナンスの改革を求める中国の姿勢が読み取れる。

第 7 節　一帯一路 FTA に向けた習外交の次の一手に期待

　第 16-2 図は，中国が関係する地域協力ネットワークを整理したものである。このうち，一帯一路戦略の推進に深くかかわっているのが，上海協力機構（SCO）である。2016 年 6 月，その第 16 回首脳会議がウズベキスタンのタシケントで開催された。その際，発表された「SCO 成立 15 周年タシケント宣言」では，メンバー国間の発展戦略の連携，経済ルールの協調強化，国際産能合作の発展，多角的「伙伴関係」構築の進展など一帯一路戦略への言及が少なくない[12]。第 16-2 図の地域協力の「枠組み」は，中国の対外発展戦略の布陣でもある。囲碁に例えれば，一帯一路が碁盤上の最大の陣地であることが分かる。2017 年 1 月，スイスで開催された世界経済フォーラムに初めて"出席した習主席は，その開幕式での基調講演で，2017 年 5 月，北京で一帯一路国際

第 16-2 図　中国と密接に関係する地域協力ネットワーク

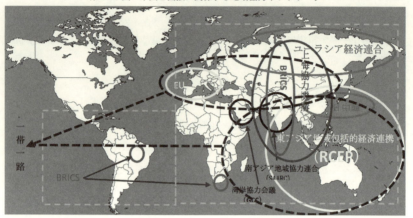

協力トップフォーラムを開催する"と明言した。今後，中国は世界に対し，一帯一路 FTA の構築に向けたどんな次の一手を打つのかに注目したい。

(江原規由)

注
1)　中国語では，一帯一路倡議という。日本では，一帯一路イニシアチブ，一帯一路構想，一帯一路建設，一帯一路戦略などと訳されているが，本稿では一帯一路戦略に統一した。
2)　緑色・健康・智力・和平の道の建設とは「環境保護分野での協力，生態環境の保護，医療・衛生分野での協力，人材育成分野での協力，一帯一路職業技術協力連盟（中国が提唱）の設立，安全保障分野での協力，アジアの特色あるセキュリティ・ガバナンスモデルの構築などを指す（習主席のウズベキスタン最高会議立法院で重要演説の要点「人民網」（2016 年 6 月 23 日），カッコ内は筆者が加筆）。
3)　具体的には，サウジアラビアの新 5 カ年計画，エジプトのスエズ運河回廊と新行政首都建設，イランの経済発展の第 6 次五カ年計画，セルビアの再工業化戦略などの各国の発展戦略・構想と一帯一路戦略の連携が指摘できる。
4)　中国（企業）が主導ないし先進国（企業）と連携して第三国（主に発展途上国）に投資し市場を共同開拓する投資形態。李克強総理は，産業輸出と形容している。中国経済の国際化（中国企業の海外展開）の新たな形態として注目される。
5)　人民網　2016 年 6 月 23 日
6)　2013 年の SCO 首脳会議で設立が宣言。資金規模は当初 10 億ドル，最終的に 50 億ドルに拡大する。
7)　アルバニア，ボスニア・ヘルツェゴビナ，ブルガリア，クロアチア，チェコ，エストニア，ハンガリー，ラトビア，リトアニア，マケドニア，モンテネグロ，ポーランド，ルーマニア，セルビア，スロバキア，スロベニア（2015 年，オーストリアとギリシャが初めてオブザーバー国とし

第 16 章　中国の一帯一路構想の可能性：習近平国家主席の一帯一路外交から見た視点　277

て参加）。
8）2015 年 12 月，国務院は中国の FTA 戦略のバイブルというべき「FTA 戦略の実施を速めることに関する若干の意見」を公布しているが，その仲で，「一帯一路 FTA を積極推進する。周辺諸国との FTA 建設と連携させ，かつ，国際産能合作を推進し，積極的に一帯一路沿線国家との FTA の構築を図り，一帯一路大市場を形成させ，一帯一路を『自由通行の道』，『ビジネス・交易の道』，『開放の道』とする」としている。
9）1981 年に設立されたペルシャ湾岸 6 産油国で構成する地域 協力機構でサウジアラビアが主要国。
10）① 戦略伙伴関係，② 全面戦略伙伴関係，③ 互恵戦略伙伴関係，④ 戦略合作伙伴関係，⑤ 更加緊密的戦略合作伙伴関係，⑥ 全面戦略合作伙伴関係，⑦ 全面戦略協作伙伴関係，⑧ 全天候戦略合作伙伴関係，⑨ 全方位戦略伙伴関係，⑩ 合作伙伴関係，⑪ 友好合作伙伴関係，⑫ 全面合作伙伴関係，⑬ 全面友好合作伙伴関係，⑭ 全方位友好合作伙伴関係，⑮ 友好伙伴関係，⑯ 創新戦略伙伴関係，⑰ 伙伴関係。
11）戦略伙伴関係とは，政治関係レベルが高く，中国にとって政治，安全等においてカギとなる国家関係，かつ，協力が高次元で，その領域が広く，核心利益と将来の発展方向が一致している国家関係，全面戦略伙伴関係とは，政治，経済，文化，文化等を含むすべての国際協力の領域で，方向が一致している国家関係を指すとされる。
12）このほか，SCO 開発銀行および発展基金の設立に関わる研究を継続，2015 年のウファでの SCO 首脳会議の決議に基づくインドおよびパキスタンを SCO メンバー国とするための手続きの進展，SCO 開発銀行および発展基金の設立に関わる研究継続，2025 年までの SCO 発展戦略」＜2016 年 - 2020 年の実行計画＞の批准など。

参考文献
呉建民（2016），『呉建民談話外交：中国如何做大国？』中信出版社。
金立群 林毅夫等（2015），『"一帯一路"引領中国』中国文史出版社。
石川幸一・馬田啓一・渡邊頼純（2014），『TPP 交渉の論点と日本―国益をめぐる攻防―』文眞堂。
石川幸一・馬田啓一・高橋俊樹（2015），『メガ FTA 時代の新通商戦略―現状と課題―』文眞堂。
江原規由（2016），「中国外交の要となった『一帯一路』戦略の構想の推進と『伙伴関係の構築』」『季刊 国際貿易と投資』国際貿易投資研究所，No.105。
江原規由（2016），「新常態下における『供給側改革』と『国際産能合策』の意義～「一帯一路」戦略との関連を踏まえて」『季刊 国際貿易と投資』国際貿易投資研究所，No.103。
江原規由（2015），「一帯一路（シルクロード）発展戦略と中国東北経済の復権～国際産能合作の進展，国有企業改革方案の意義，走出去の新たな展開を踏まえて～」『季刊 国際貿易と投資』国際貿易投資研究所，No.102。
江原規由（2015），「中国の FTA 戦略の中心へ～一帯一路（シルクロード）FTA 構想」『季刊 国際貿易と投資』国際貿易投資研究所，No.101。
江原規由（2015），「21 世紀海上シルクロード建設の意義とアジア太平洋地域の共同発展」『季刊 国際貿易と投資』国際貿易投資研究所，No.99。
江原規由（2015），「中国の新たな発展戦略―一帯一路発展戦略と伙伴関係の構築」『Think Asia ―アジア理解講座』（霞山会）第 6 回講演記録 2015 年 3 月。

索　引

[数字・アルファベット]

1国2制度　174
16プラス1協力　268
21世紀型新通商ルール　91
21世紀型のFTA　248
21世紀型貿易　259
ABMI　156, 159
ACFTA　131
AEC（ASEAN経済共同体）　28, 90, 196, 202, 205, 228
AEC2015　208
AEC2025　208
AECブループリント　197, 203, 206
AFTA（ASEAN自由貿易地域）　66, 67, 129, 131, 196, 202, 213
AIIB（アジアインフラ投資銀行）　163, 183, 184, 191, 249, 266
AMBIF　160
AMRO　154, 156
APEC　253
APECビジネス諮問委員会（ABAC）　245
APECボゴール宣言　214
ASEAN＋1FTA　66, 69, 74, 216
ASEAN＋3　152, 153
ASEAN＋3債券市場育成イニシアティブ　156
ASEAN協和宣言　202
ASEANサービス枠組み協定（AFAS）　201
ASEANシングル・ウインドウ（ASW）　201
ASEAN中国FTA（ACFTA）　129
ASEAN中心性（ASEAN Centrality）　88, 219, 252
ASEAN統合イニシアチブ（IAI）　201
ASEAN累積付加価値基準（RVC）　201
ASEAN連結性マスタープラン　203
BRICs　51
CEPEA（東アジア包括的経済連携）　203, 204, 215

CLM　28, 33
CLMV　94, 95, 107, 114, 156, 217
EAFTA（東アジア自由貿易地域）　203, 204, 215
EMS（電子機器受託生産企業）　120
EPA（経済連携協定）　76
FOB価格　86
FTAAP（アジア太平洋自由貿易圏）　224, 244, 253
FTA税率　129
GATT第24条　75
GVC　18
HSコード　83
MFN税率　129
NAFTA（北米自由貿易協定）　67
OBM（自社ブランド生産）　120
ODM（設計も含めた受託生産）　120
OEM（相手先ブランド供給）　120
RCEP（東アジア地域包括的経済連携）　78, 196, 204, 209, 212, 215, 216, 244, 252
SARS（重症急性呼吸器症候群）　101
SCO（上海協力機構）　264
SDR（特別引き出し権）　167, 170
SDR構成通貨　178
TEN-T　189, 191
TPP（環太平洋パートナーシップ）　196, 204, 209, 213, 214, 217, 244, 252
TPP離脱　255
TRIMs　212
TRIPS　224
TTIP（環大西洋貿易投資パートナーシップ）　247
WCO（世界関税機構）　83
WTO（世界貿易機関）　247
WTOプラス　91, 248

[ア行]

アウトソーシング　53

索　引

アジア回帰　252
アジア通貨危機　152
アベノミクス　250
アーリーハーベスト　69
アンバンドリング　117
一括受諾方式（シングル・アンダーテイキング）　71
一帯一路構想　249, 261
一帯一路戦略　261, 263, 272
インダストリー4.0　191
インフラ開発　163, 164
インフラファイナンス　163, 164
インボイス　86, 87
欧州2020　187
オフショア人民元　174

[カ行]

改革・開放政策　2
過剰債務問題　9
過剰生産能力　8
カースト　57
関税削減効果　133
関税削減率　129
関税番号変更基準（CTC）　78, 201, 222
関税率差　133
完全累積　222
キャッチダウン戦略　119
供給側改革　7, 11
共通効果特恵関税（CEPT）　68
共通通貨　167
ギリシャ危機　167
クロスボーダー債券取引　158
クロスボーダー人民元決済　173, 175
グローバル・インバランス　22
グローバル化　66
グローバル・ガバナンス　264
グローバル・サプライ・チェーン　202, 247
グローバル・バリュー・チェーン　17
経済回廊　108
経済特区（SEZ）　108
原産地規則　78, 81, 201, 222, 247
現地調達率　81
広域FTA　213, 245
高レバレッジ　22

国有企業改革　4, 10
国家資本主義　252
雇用なき成長　56, 58
コンディショナリティ　23, 154

[サ行]

最恵国待遇　88, 101
債務の株式化　10
サービス・リンク・コスト　125
サプライチェーン　91, 105, 121, 125, 130, 219, 247, 256
産業クラスター政策　42
産業集積　94, 123, 125
産業内貿易指数　236
ジェンダー　58
シークエンスの経済　42, 46
自己証明制度　87, 201, 222
市場の失敗　60
自由化率　71, 75, 91
集団的外資依存輸出指向型工業化戦略　202
授権条項　75
譲許表　129
食料補助金制度　61
人口ボーナス期　55
新常態　3, 6
人民元　2, 25
人民元の国際化　170, 172, 175
裾野産業　123
スパゲティ・ボウル現象　67, 78
生産ネットワーク　116, 117, 203, 229
生産年齢人口　3
製品アーキテクチャー　123
世界金融危機　203
世界の成長センター　29
セーフティーネット　162
全国人民代表大会（全人代）　7
センシティブ品目　76
前方への参加度　19
ゾンビ企業　10

[タ行]

タイ+1　94, 107, 114
第13次五カ年計画　13
第2 ASEAN協和宣言　202

第三者証明制度　87
太平洋トライアングル構造　127
ダブル・ミスマッチ　152, 156, 160
ダンケル・ペーパー　67
地域主義のマルチ化　247
地域通貨単位　167
地域累積付加価値基準（RVC）　78
チェンマイ・イニシアティブ（CMIM）　23, 153, 158
チャイナ＋1　94, 100, 114
中間財貿易　94
中国（上海）自由貿易試験区　256
中国包囲網　252
中国リスク　100
中所得国の罠　2, 4, 28, 32, 40
通貨危機　22
通貨・金融協力　152, 153, 161
通貨スワップ取極　16, 23, 24
東西回廊　100
投資家と国家の紛争解決規定（ISDS）　223
ドミノ現象　66, 70
トランプ・ショック　248, 255

［ナ行］

南部回廊　100
二国間交渉　74
ネガティブリスト　218
農産物5項目　249, 250
農・食・観光（産業）クラスター　28, 42
農民工　11

［ハ行］

パスファインダー（pathfinder）・アプローチ　245
ハードカレンシー　17
パフォーマンス要求　223, 224
バリュー・チェーン　18, 19, 116
東アジア・トライアングル構造　127

東アジアの奇跡　152
非関税障壁　78, 229
一人っ子政策　3
ヒンドゥー的成長　52
伙伴関係　270, 272
付加価値基準　222
フラグメンテーション　116, 117, 123
プラザ合意　167, 202
不良債権　9, 10
フローチャート・アプローチ　43, 50
分野横断的事項　248
北京ロードマップ　253
貿易コスト　240
貿易転換効果　225, 256
貿易特化係数　236
ポピュリズム（大衆迎合主義）　249, 257

［マ行］

緑の革命　52, 55
メコン経済回廊　100
メコン地域　100
メルコスール（南米南部共同市場）　67
モダリティ　77, 216, 221

［ヤ行］

緩やかな協議体　245
横浜ビジョン　246, 253

［ラ行］

リージョナル化　66
リマ宣言　255
リーマン・ショック　2, 6, 16, 23, 105, 118
累積方式　247
ルック・イースト政策　53
レーガノミクス　7
レームダック会期　250
ロックイン効果　123

執筆者紹介 (執筆順)

遊川　和郎	亜細亜大学アジア研究所教授	(第 1 章)
高安　雄一	大東文化大学経済学部教授	(第 2 章)
朽木　昭文	日本大学生物資源科学部教授	(第 3 章)
吉竹　広次	共立女子大学国際学部教授	(第 4 章)
助川　成也	中央大学経済研究所客員研究員	(第 5 章)
大木　博巳	国際貿易投資研究所事務局長・研究主幹	(第 6 章)
春日　尚雄	福井県立大学地域経済研究所教授	(第 7 章)
高橋　俊樹	国際貿易投資研究所研究主幹	(第 8 章)
赤羽　裕	亜細亜大学都市創造学部教授	(第 9 章)
中條　誠一	中央大学経済学部教授	(第 10 章)
川野　祐司	東洋大学経済学部教授	(第 11 章)
清水　一史	九州大学大学院経済学研究院教授	(第 12 章)
石川　幸一	亜細亜大学アジア研究所所長・教授	(第 13 章)
前野　高章	敬愛大学経済学部専任講師	(第 14 章)
馬田　啓一	杏林大学名誉教授	(第 15 章)
江原　規由	国際貿易投資研究所研究主幹	(第 16 章)

編著者紹介

石川　幸一（いしかわ　こういち）

1949年生まれ。東京外国語大学外国語学科卒業。ジェトロ国際経済課長，国際貿易投資研究所研究主幹等を経て，現在，亜細亜大学アジア研究所所長・教授。国際貿易投資研究所客員研究員。主要著書に，『現代ASEAN経済論』（共編著，文眞堂，2015年），『アジアの開発と地域統合』（共編著，日本評論社，2015年），『新・アジア経済論』（共編著，文眞堂，2016年），『メガFTAと世界経済秩序』（共編著，勁草書房，2016年）など多数。

馬田　啓一（うまだ　けいいち）

1949年生まれ。慶應義塾大学大学院経済学研究科博士課程修了。杏林大学総合政策学部教授，客員教授を経て，現在，杏林大学名誉教授。（一財）国際貿易投資研究所理事・客員研究員。主要著書に，『アジア太平洋の新通商秩序』（共編著，勁草書房，2013年），『FTA戦略の潮流』（共編著，文眞堂，2015年），『メガFTA時代の新通商戦略』（共編著，文眞堂，2015年），『TPPの期待と課題』（共編著，文眞堂，2016年）など多数。

清水　一史（しみず　かずし）

1962年生まれ。北海道大学大学院経済学研究科博士課程修了。博士（経済学）。現在，九州大学大学院経済学研究院教授。国際貿易投資研究所客員研究員。主要著書に，『ASEAN域内経済協力の政治経済学』（ミネルヴァ書房，1998年），『ASEAN経済共同体』（共編著，ジェトロ，2009年），『ASEAN経済共同体と日本』（共編著，文眞堂，2013年），『ASEAN経済共同体の創設と日本』（共編著，文眞堂，2016年）など多数。

検証・アジア経済
――深化する相互依存と経済連携――

2017年3月31日　第1版第1刷発行　　　　　　　　　　検印省略

編著者　石　川　幸　一
　　　　馬　田　啓　一
　　　　清　水　一　史

発行者　前　野　　　隆

発行所　株式会社　文　眞　堂
東京都新宿区早稲田鶴巻町533
電　話　03（3202）8480
FAX　03（3203）2638
http://www.bunshin-do.co.jp/
〒162-0041　振替00120-2-96437

印刷・シナノ印刷／製本・イマキ製本所
©2017
定価はカバー裏に表示してあります
ISBN978-4-8309-4944-9　C3033

好評既刊

激変の世界経済！ 現状と課題，そして展望！

グローバル・エコノミーの論点 世界経済の変化を読む

馬田啓一・小野田欣也・西　孝 編著
ISBN978-4-8309-4931-9／C3033／A5判／226頁／定価2800円＋税

英国の EU 離脱（Brexit）や米国のトランプ・リスクなど様々な不安要素を抱え，先行きに不透明感が漂う世界経済。今後の世界経済秩序のカギを握る米中の危うい関係。いま起きている世界経済の変化をどう読み解くか。本書では，グローバル・エコノミーの最新かつ重要な問題を取り上げ，その現状と課題，今後の展望について考察。

我が国を代表する専門家が南部経済回廊を徹底分析！

躍動・陸のASEAN、南部経済回廊の潜在力 メコン経済圏の新展開

浦田秀次郎・牛山隆一 編著
ISBN978-4-8309-4915-9／C3033／A5判／270頁／定価3500円＋税

日本企業の進出先として一段と注目される ASEAN のメコン圏で最も大きな発展潜在力を秘めると言われる南部経済回廊を取り上げ，タイやベトナム，ミャンマー，カンボジアからの視点，日本企業の展開例など様々な面から，我が国を代表する専門家が南部経済回廊を徹底分析。研究者，企業関係者，学生など幅広い層に向けて執筆されたメコン圏理解のための必読書。

Amazonジャンル別売上最高2位！【ヨーロッパ（各国経済事情）部門】

ヨーロッパ経済とユーロ

川野祐司 著
ISBN978-4-8309-4920-3／C3033／A5判／314頁／定価2800円＋税

インダストリー 4.0，イギリスの EU 離脱問題，移民・難民問題，租税回避，北欧の住宅バブル，ラウンディング，マイナス金利政策，銀行同盟，欧州 2020…ヨーロッパの経済問題を丁寧に解説。写真付き観光情報も充実。

日本のTPP戦略を総括した決定版！

TPPの期待と課題 アジア太平洋の新通商秩序

馬田啓一・浦田秀次郎・木村福成 編著
ISBN978-4-8309-4911-1／C3033／A5判／318頁／定価2750円＋税

TPP 交渉がようやく妥結した。TPP への期待は大きいが課題も多い。TPP 合意をどう評価すべきか。TPP によってアジア太平洋の通商秩序はどう変わっていくのか。本書は，TPP の意義と課題，TPP 交渉の争点，域外国への影響，ポスト TPP の通商秩序など，焦眉の視点・論点を中心に日本の TPP 戦略を総括。豪華執筆陣による待望の一冊。

ASEAN経済共同体研究の決定版！
ASEAN経済共同体の創設と日本
石川幸一・清水一史・助川成也 編著
ISBN978-4-8309-4917-3／C3033／A5判／379頁／定価2800円＋税

創設50周年を迎えるASEANは経済統合でも新たな段階を迎えた。ASEAN経済共同体（AEC）によりレベルの高いFTAを実現。2025年を次の目標年次としてサービス貿易，投資，熟練労働者の移動の自由化により統合の深化を進めるとともにRCEPにより東アジアの経済統合を主導する。日本経済にもきわめて重要なASEANの経済統合の現状と課題を専門家が詳述。

ASEAN経済圏を分野別に分析・展望！
現代ASEAN経済論
石川幸一・朽木昭文・清水一史 編著
ISBN978-4-8309-4875-6／C3033／A5判／360頁／定価2500円＋税

現代世界経済で最も重要な成長センターであるASEANは，経済統合を推進し，AEC（ASEAN経済共同体）を実現する。実現すれば，AECは中国やインドにも対抗する経済圏となり，日本，そして日本企業にとっても最重要な地域となる。急速な経済発展を続ける現代のASEAN経済を各分野の専門家が分析。現代ASEAN経済を学ぶための必読書。

国別の経済・地域の課題を展望！
ASEAN経済新時代と日本 各国経済と地域の新展開
トラン・ヴァン・トゥ 編著
ISBN978-4-8309-4897-8／C3033／A5判／390頁／定価2800円＋税

ASEAN経済共同体（AEC）創設，加盟各国が中所得以上に発展したASEAN新時代が到来。高所得国シンガポール，高位中所得国マレーシアとタイ，低位中所得国インドネシア，フィリピン，ベトナムとラオス，低位中所得国の仲間に入りつつあるカンボジアとミャンマーの現段階と持続的発展の条件を分析し，AEC，対中・対日関係，メコン河流域開発，平和環境の今後を展望。

来るべきアジアFTA新時代に備える必携の一冊！
日本企業のアジアFTA活用戦略 TPP時代のFTA活用に向けた指針
助川成也・高橋俊樹 編著
ISBN978-4-8309-4888-6／C3033／A5判／235頁／定価2400円＋税

アジアは自由貿易協定（FTA）を構築する時代から企業戦略に生かす時代に入った。21世紀型新通商ルールを持つTPPの発効を控え，企業の知恵比べが始まっており，FTAに対する理解度は，海外事業展開の「成否」に直結する。FTAの研究者，利用者，実務者，各々の視点から制度，実態，事例，問題点を多角的に洗い出した必携の一冊。

日中の第一線の研究者が，中国の構造改革の実像に迫る！

2020年に挑む中国 超大国のゆくえ

厳　善平・湯浅健司・日本経済研究センター　編

ISBN978-4-8309-4909-8／C3033／A5判／269頁／定価2800円＋税

短期的な経済の動向だけでは中国の実力は判断できず，中国指導部が目指す方向を見誤ると，将来は予想できない。本書は日中の第一線の研究者がテーマ別に分析，2020年の「100年目標」達成に向けて現在，中国の指導部が何を考え，どのような方向に導こうとしているのかを明らかにする。

中国がアジアを変えるのか，アジアが中国を変えるのか！

新・アジア経済論 中国とアジア・コンセンサスの模索

平川　均・石川幸一・山本博史・矢野修一・小原篤次・小林尚朗　編著

ISBN978-4-8309-4896-1／C3033／A5判／239頁／定価2800円＋税

驚異的な経済成長に伴い，人民元の国際化から軍事費の増大，一帯一路戦略，AIIBなど，世界は中国の拡大に関心を高めている。「ワシントン・コンセンサス」と「北京コンセンサス」の限界を分析，「アジア・コンセンサス」と呼ぶ新たなアジアの開発協力モデルを気鋭の研究者が提示する。

様々な視点から中国経済を捉え直した，元経済紙記者の中国経済論！

中国経済を読み解く 誤解しないための8つの章

室井秀太郎　著

ISBN978-4-8309-4928-9／C0033／46判／154頁／定価1600円＋税

日本人の中国経済に対する見方は極端ではないか？本書は，日本人の中国経済の理解が，歴史的な経緯や中国の広大さ，多様さ，特殊性を踏まえないことが多いのに対し，こうした観点から中国経済を捉え直すことにより，中国経済への理解を深めることを意図している。中国との事業にかかわるビジネスマンだけでなく，広く中国に関心を持つ読者に読んでもらいたい本。

貧困削減を「開発経営学」構築を意図しつつ論述！

新興国市場の特質と新たなBOP戦略 開発経営学を目指して

林　倬史著

ISBN978-4-8309-4912-8／C3034／A5判／222頁／定価2600円＋税

新興国の所得構造の底辺を構成する Base of the Pyramid（＝BOP）の貧困削減を，新興国市場の特質と経営戦略論の視点から明らかにする。従来は，開発経済学の領域から論じられてきた発展途上国・新興国の貧困問題を，「開発経営学」という新たな理論的フレームワークの構築を意図しながら，フィリピンとバングラデシュの事例分析を中心に論じる。